GERHARD KADE

Die logischen Grundlagen der mathematischen Wirtschaftstheorie als Methodenproblem der theoretischen Ökonomik

Wirtschaftswissenschaftliche Abhandlungen

Volks- und betriebswirtschaftliche Schriftenreihe der Wirtschafts- und Sozialwissenschaftlichen Fakultät der Freien Universität Berlin

herausgegeben von

Dipl.-Kfm. Dr. phil. Erich Kosiol
o. Prof. der Betriebswirtschaftslehre

und

Dr. phil. Andreas Paulsen
o. Prof. der Volkswirtschaftslehre

Heft 9

Die logischen Grundlagen der mathematischen Wirtschaftstheorie als Methodenproblem der theoretischen Ökonomik

Von

Dipl.-Volksw. Dr. Gerhard Kade

DUNCKER & HUMBLOT / BERLIN

Gedruckt 1958 bei Hans Winter, Berlin SW 61
Printed in Germany

Meiner Mutter

Sine mathematica nihil sciri potest.

Roger Bacon

If economics is to be a science at all, it must be a mathematical one. *W. St. Jevons*

Es ist aber eben nicht so etwas Unerhörtes, daß nach langer Bearbeitung einer Wissenschaft, wenn man Wunder denkt, wie weit man schon darin gekommen sei, endlich sich jemand die Frage einfallen läßt, ob und wie überhaupt eine solche Wissenschaft möglich sei. Denn die menschliche Vernunft ist so baulustig, daß sie mehrmals schon den Turm aufgeführt, hernach aber wieder abgetragen hat, um zu sehen, wie das Fundament desselben wohl beschaffen sein möchte. *I. Kant*

Vorwort

Die vorliegende Arbeit wurde von der Wirtschafts- und Sozialwissenschaftlichen Fakultät der Freien Universität, Berlin, als Dissertation angenommen. Es ist mir ein aufrichtiges Bedürfnis, meinen akademischen Lehrern, den Herren Prof. Dr. F. Bülow und Prof. Dr. A. Paulsen, für die Betreuung dieser Arbeit zu danken.

Einige Abschnitte dieser Untersuchung sind aus zwei Aufsätzen hervorgegangen, die im 169. Band der „Jahrbücher für Nationalökonomie und Statistik", Verlag Gustav Fischer, Stuttgart, erschienen sind.

Gerhard Kade

Inhalt

A. Einleitung

B. Die mathematische Nationalökonomie

C. Schluß

A. Einleitung

I. Die Fragestellung

Methodologische Untersuchungen in den Einzelwissenschaften verlangen heute in verstärktem Maße ihre Rechtfertigung, weil sich immer mehr ein pragmatischer Wertmaßstab für die Beurteilung eines Verfahrens verbreitet; das gilt besonders für solche Wissensbereiche, denen unmittelbare Bedeutung für die Sphäre des Handelns zukommt. Die Grundlagenforschung befindet sich dort in der Defensive, sie muß ihre Daseinsberechtigung als *spezielle* Methodologie zunächst beweisen und gilt nicht mehr als die notwendige Stütze aller positiven Forschung, es sei denn, ihre Existenz läßt sich von dem Prinzip der Denkökonomie her rechtfertigen. Die Gründe für diesen Zustand sind mannigfaltig, sie lassen sich für die Sozialwissenschaften jedoch auf zwei zurückführen: den von den äußeren Ereignissen bestimmten Vorrang der positiven Forschung und den unbefriedigenden Verlauf zweier größerer Methodendiskussionen im Laufe des letzten halben Jahrhunderts. Das führte nun in all den Teilbereichen der Sozialwissenschaften, die sich nicht des Interesses der allgemeinen Wissenschaftstheorie erfreuen, zu einem Stand der Grundlagenforschung, der vom philosophischen Gesichtspunkt aus nur als unzureichend bezeichnet werden kann. Die Debatten bewegen sich auf einem Niveau, das einerseits durch einen gewissen Dogmatismus im erkenntnistheoretischen Ausgangspunkt, andererseits durch einen weitverbreiteten Traditionalismus gekennzeichnet ist. Beide erwiesen sich dann auch bis auf den heutigen Tag als Hemmschuh für eine umfassende und erschöpfende logische Fundierung eines Verfahrens, das während der letzten hundert Jahre einen großen Teil der Fortschritte der Nationalökonomie ermöglicht hat: die mathematische Denkweise.

Die Verwendung der Mathematik in der Wirtschaftstheorie hat in den letzten Jahrzehnten erheblich zugenommen. Bestimmte Problemkreise der ökonomischen Theorie haben durch die Anwendung mathematischer Denkformen wertvolle Ergänzungen und Verfeinerungen erfahren, andere sind — bedingt durch die logische Grundstruktur der Fragestellung — durch die Benutzung mathematischer Methoden überhaupt erst möglich geworden. Dieser Siegeszug der Mathematik tritt uns als eine unumstößliche Tatsache gegenüber, und zwar mit einer Überzeugungskraft, die geneigt ist, alle methodologischen Reflektionen überflüssig zu machen.

Die mathematische Methode in der theoretischen Nationalökonomie scheint keiner erneuten Rechtfertigung zu bedürfen, solange man ihre praktischen Erfolge als hinreichenden Beweis ihrer Existenzberechtigung ansieht oder eine logisch befriedigende Begründung dieses Verfahrens als abgetan betrachtet. Während sich nun aber das erstgenannte Kriterium durch einen Mangel an Wissenschaftlichkeit auszeichnet — auch bei einem Forschungsbereich von eminent praktischer Relevanz —, soll die Position des zweiten durch einen entsprechenden Gegenbeweis erheblich geschwächt werden.

Eine dogmengeschichtliche Besinnung wird nämlich ergeben, daß die Einführung und die Entwicklung der mathematischen Denkweise in den Wirtschaftswissenschaften weitgehend ohne eine ausreichende methodologische Reflektion vor sich ging, und wenn überhaupt, so wurde sie mit Argumenten gestützt, die noch heute — nach einer fast 150jährigen Geschichte dieser Wissenschaftsform — den Anlaß für die logisch absolut unzureichenden, dafür aber mit großer Beständigkeit vorgetragenen Anschauungen *gegen* eine mathematische Wirtschaftstheorie abgeben. Erst mit den Mitteln der modernen Logik läßt sich das tiefliegende Paradoxon aufklären, unter dem die Einführung ebenso wie die Weiterbildung dieses Verfahrens standen: Eine empirische Wissenschaft machte sich eine Arbeitsweise zu eigen, die wir vom heutigen Standpunkt aus nicht nur als vorteilhaft, sondern als notwendig bezeichnen müssen; diese wahrhaft revolutionäre Erneuerung der Methodik wurde jedoch mit Argumenten gerechtfertigt, die uns heute als unzureichend, in den meisten Fällen sogar als absolut falsch erscheinen müssen.

Diese Behauptungen, die im folgenden näher zu begründen sind, geben der vorliegenden Untersuchung nicht nur ihre generelle Berechtigung, sondern legen schon von sich aus den beherrschenden Gliederungsgesichtspunkt nahe. Das eigentliche Ziel der Arbeit — soviel ist bereits aus der Thematik ersichtlich — ist ein systematisches: mit den Hilfsmitteln der modernen Logik soll das Fundament der mathematischen Wirtschaftstheorie gesichert werden. Die Entstehungs- und Entwicklungsgeschichte dieses Wissenschaftstypus ist aber von so erheblicher Bedeutung für die Argumentation des systematischen Teils, daß eine dogmenhistorische Behandlung der Fragestellung vorausgeschickt werden muß, deren Zweck allerdings nur darin gesehen werden kann, den Ansatzpunkten der erkenntnislogischen Problematik bei den Klassikern der mathematischen Nationalökonomie nachzugehen, ohne dabei die Entwicklung der positiven Ergebnisse dieser

Wissenschaftsform im einzelnen zu berücksichtigen. Dabei wird sich zeigen, daß diesem lehrgeschichtlichen Abriß im Gesamtaufbau der Untersuchung durchaus systematische Funktion zukommt.

Die Anwendungsbedingungen der Mathematik sollen allerdings nur dort untersucht werden, wo es sich um das „generell-bestimmende" Verfahren der sog. reinen Ökonomik handelt, nicht dagegen oder nur soweit, als das aus Gründen der Abgrenzung notwendig erscheint, wird die mathematische Methode als „konkret-rechnendes", numerisches Forschungsinstrument einbezogen werden, weil hierfür grundlegende Erörterungen über das Induktions- und Wahrscheinlichkeitsproblem erforderlich wären, die die Grundproblematik unnötig verzweigen und in zwei logisch ganz unterschiedliche Teilbereiche aufspalten würden. Diese große Gruppierung des mathematischen Verfahrens in den empirischen Wissenschaften, die in der modernen ökonometrischen Forschung auf eindrucksvolle Weise zusammengeführt wird, kann auf den Unterschied zwischen „stochastischen" und „nichtstochastischen" Verwendungsformen mathematischer Methoden zurückgeführt werden[1]. Von hier aus läßt sich der Gegenstand dieser Untersuchung dann in der Hauptsache als der nicht-stochastische Bereich der theoretischen Wissenschaftsform in der Nationalökonomie umreißen. Diese Verengung der Fragestellung muß um der Einheitlichkeit der Gedankenführung willen hingenommen werden, obgleich die beiden Antriebskräfte für die Entwicklung der mathematischen Wirtschaftstheorie — der Drang zur Formalisierung, das Bedürfnis nach logischer Einheit und Stetigkeit einerseits, praktische Fragen der Anwendbarkeit, Voraussicht und Beeinflussung zukünftigen Geschehens andererseits — wenigstens lehrgeschichtlich kaum getrennt werden können[2].

---

[1] Vgl. zur erstgenannten Unterscheidung: *Schams* 477 S. 393 ff.; zum zweiten Begriffspaar: *Fréchet* 351 S. 16 ff. — Außerdem: *Hagstroem* 363 S. 40 ff. — *Haavelmo* 362. — *Reichenbach* 265 S. 121 ff. — *Arrow* 218 S. 129 ff. — *Morlat* 434 S. 889 ff. — *Meadows* 420 S. 3 ff. — *Beshers* 317 S. 32 ff.

[2] Die Beantwortung der Frage, wie der Begriff der mathematischen Wirtschaftstheorie seinem Umfang nach abzugrenzen sei, kann für die Behandlung des Themas nicht unbedeutend sein. Zweifellos stehen wir hier mehr als auf anderen Gebieten der Sozialwissenschaften in einer Zeit des Umbruchs. Wenn wir an Entwicklungsstufen, wie die Theorie der Spiele, das „linear programming" und die „input-output Analyse" denken, an deren Ausbildung die Mathematik in entscheidendem Maße beteiligt war, so läßt sich schon erkennen, daß hier die Richtung für den neueren Theorietyp angedeutet ist. Die statische Wirtschaftstheorie des allgemeinen Gleichgewichts und der vollkommenen Konkurrenz hat ihren Höhepunkt in den dreißiger Jahren unseres Jahrhunderts überschritten und die Marginalanalyse — bis dahin das dem Untersuchungsgegenstand (Maximierungsproblem) adäquate Instrument — wurde durch die Einführung des Strategiebegriffs anläßlich der sog. gleichgewichtslosen Marktformen fundamental in Frage gestellt. Wenn unsere methodologischen Er-

Die Arbeit gliedert sich ihrem methodologischen Grundcharakter entsprechend in drei größere Teilabschnitte, denen einleitend eine Analyse des allgemeinen Methodenproblems in den Wirtschaftswissenschaften vorausgeht. Nach einer Kennzeichnung des wissenschaftstheoretischen Charakters der Mathematik und des Anwendungsproblems wird in einer lehrgeschichtlichen Besinnung auf die größtenteils unbefriedigenden Rechtfertigungsversuche der mathematischen Form der theoretischen Ökonomik und die durch sie ausgelöste Kritik der geisteswissenschaftlichen Tradition hinzuweisen sein. Den Kernpunkt der allgemeinen methodologischen Erörterungen wird die Untersuchung des stark vernachlässigten Anwendungsproblems bilden, weil eine ungenügende Einsicht in diese Zusammenhänge offensichtlich als Ursache für die häufigen Fehlinterpretationen der mathematischen Denkform in den Realwissenschaften verantwortlich gemacht werden muß. Schließlich werden die Anwendungs*bedingungen*, denen sich der mit der Erfahrung gegebene Stoff der Wirtschaftswissenschaften fügen muß, aufzuzeigen sein, was in dem Versuch ausmünden wird, die mathematische Nationalökonomie mit den Mitteln der modernen Logik auf ein wissenschaftstheoretisch gesichertes Fundament zu stellen; daß hiermit die Debatte um die Grundlagenproblematik der Wirtschaftstheorie in Zukunft nicht als überflüssig gelten kann, versteht sich von selbst, nur soll sich als Richtschnur

---

örterungen dennoch an diese ältere Theorieform anknüpfen, so lassen sich hierfür eine Reihe von Gründen angeben. Zunächst darf das revolutionäre Moment an diesen neuen Entwicklungsstufen *von der Methodik her* nicht überschätzt werden. Daß hier ein bisher irrelevantes Teilgebiet der Mathematik für die Lösung wirtschaftswissenschaftlicher Probleme erschlossen wurde, ist vom Standpunkt der Grundlagenforschung zweitrangig, weil das nur auf dem Hintergrund eines neuformulierten Erkenntnisgegenstandes geschehen konnte; dieser schließt aber das Maximierungsproblem der Gleichgewichtstheorie als Spezialfall in sich, genau so wie etwa die Keynes'sche Theorie das klassische Vollbeschäftigungsgleichgewicht als einen besonderen Fall des allgemeinen makro-ökonomischen Gleichgewichtsproblems behandelt. Was hier von der Methodik her als Spezialisierung erscheint, muß vom Untersuchungsobjekt als Generalisierung gedeutet werden. Diese unterschiedliche Interpretation ist aber für die logische Klärung des Anwendungsproblems bedeutungslos, weil sich sowohl von der Methodik als auch vom Erkenntnisgegenstand her eine Beschränkung auf die Theorie alten Typs als zulässig erweist. Eine Spezialisierung des mathematischen Instrumentariums kann der erkenntnislogischen Fragestellung keine neuen Aufgaben zuteilen, sobald die Einheitlichkeit und Konsistenz des mathematischen Gedankengebäudes gesichert erscheint; die Verallgemeinerung des Untersuchungsobjekts betrifft im wesentlichen die Verhaltensweisen, und der Mittelpunkt, den die von der Marginalanalyse zu bearbeitende Problemgruppe in unseren Erörterungen einnimmt, wird später gerechtfertigt erscheinen, wenn wir zu zeigen versuchen, daß der Ansatzpunkt für die Lösung des Anwendungsproblems auf einer tieferliegenden Ebene wirtschaftlicher Grundphänomene zu suchen ist.

der hier dargelegten Ergebnisse die Möglichkeit bieten, daß aus künftigen Methodendiskussionen um die mathematische Volkswirtschaftslehre jene veralteten und unkritischen Gegenargumente ferngehalten werden, die schon seit Jahrzehnten mit Nachdruck und großer Beständigkeit vorgetragen werden[3]. Den Abschluß der Untersuchung werden Darlegungen über Erkenntniswert und Grenzen des mathematischen Verfahrens in der theoretischen Nationalökonomie bilden.

Für das ganze Unternehmen wird der Vorsatz programmatisch sein, die Erörterungen allein auf dem Boden der gesicherten Erkenntnisse der *formalen* Logik und der *allgemeinen* Methodologie zu führen, ohne einen festumrissenen erkenntnistheoretischen Standpunkt einzunehmen; auch wo das zunächst auf Grund einer Identifizierung mit Einzelerkenntnissen bestimmter Philosophenschulen so scheinen mag, wird der Fortgang der Untersuchung beweisen, daß wir diesem Grundsatz treu geblieben sind und uns nur den logisch relevanten Teil des Philosophems zu eigen gemacht haben. Die Ausschließlichkeit, mit der dieser Gedanke zum verbindlichen Leitsatz der Erörterungen gemacht wird, erklärt sich aus der Tatsache, daß die wirklich unangenehmen Erinnerungen an Methodendiskussionen in den Sozialwissenschaften auf Epochen der Dogmengeschichte zurückgehen, für die eine höchst unfruchtbare Verbindung der Methodologie mit einer dogmatischen Erkenntnistheorie kennzeichnend war.

---

[3] Dieser Tatbestand, aus dem letztlich der oft vernommene Vorwurf der Unfruchtbarkeit von Methodendebatten resultiert, wird häufig als ausschließlich für die Sozialwissenschaften charakteristisch angesehen. Die Geistesgeschichte zeigt demgegenüber aber eine Anzahl von gleichartigen Situationen in anderen Wissensbereichen, die beweisen, daß diese Erscheinung nicht nur in den Sozialwissenschaften anzutreffen ist, wenn sie hier auch mit besonderer Hartnäckigkeit und Häufigkeit auftritt. Es sei in diesem Zusammenhang an ein ähnliches Phänomen aus der Philosophiegeschichte erinnert: den Streit um den Psychologismus in der Logik. *Husserl* 100 S. 50 ff. hatte (er wiederum auf *Bolzano* 24 und auf *Frege* 81, die sich erstmalig gegen eine psychologisch begründete Logik wandten, aufbauend) augenscheinlich mit der Ansicht, Logisches sei ganz oder doch im wesentlichen psychologisch fundiert, endgültig aufgeräumt. Die Argumentation Husserls wurde jedoch in der Folgezeit immer wieder unkritisch übergangen, so daß der Streit um den Psychologismus zwanzig Jahre später wieder lebendig wurde und auch heute noch dann und wann auflebt. — Vgl. *Linke* 407 S. 372 ff. — *Linke* erwähnt dort auch die zwei Kriterien für eine berechtigte Wiederaufnahme einer Grundlagendiskussion: a) die Beweisführung war nicht gründlich und tief genug und b) die Widerlegung war mit dogmatischen Vorstellungen belastet, die nicht minder fragwürdig waren als die „widerlegten" Anschauungen. Das erste trifft in unserer Wissenschaft für viele Vertreter der mathematischen Nationalökonomie zu, die das Verfahren selbst virtuos handhaben, seine Rechtfertigung aber mit unzulänglichen logischen Mitteln durchführen, während wir das zweite auf alle Gegner der mathematischen Methode in den Wirtschaftswissenschaften beziehen können.

Von dieser Warte aus läßt sich auch das allgemeine Unbehagen an Methodendiskussionen gerade in den Sozialwissenschaften beseitigen und ein verbindliches Kriterium für den Fruchtbarkeitsgrad solcher Debatten, oder anders formuliert, ein Maßstab für das optimale Verhältnis zwischen Grundlagenforschung und positiver Erkenntnis in den empirischen Wissenschaften ergründen. Den Nutzen der sozialwissenschaftlichen Grundlagenforschung hat man daran zu messen, inwieweit die jeweils neuen Ergebnisse der formalen Logik und der allgemeinen Methodologie rezipiert werden, um so der positiven Forschung nutzbar gemacht zu werden oder Mißverständnisse auszuräumen, die möglicherweise entstanden sind, wenn die Arbeit an praktischen Problemen vordringlich war und tiefgreifende Erörterungen über die Verfahrensweisen als zeitraubend galten. Darüber hinaus kommt methodologischen Untersuchungen noch eine korrigierende Funktion zu, und zwar immer dann, wenn die Entwicklung der Wissenschaftslogik einfach übersehen wird und Erörterungen von Verfahrensfragen sich auf einem Niveau bewegen, das von veralteten wissenschaftstheoretischen Ansichten bestimmt wird.

II. Die Beziehung zwischen Logik, Methodologie und Einzelwissenschaft

1. Philosophie und Einzelwissenschaft

Die Grundlagenforschung der Sozialwissenschaften hat sich bei weitem nicht so kontinuierlich entwickelt wie die anderer Wissensbereiche. Zeiten ungenügender Besinnung auf Verfahrensfragen wechseln mit Perioden, die sich durch ein hypertrophes Anwachsen von Methodendebatten auszeichnen. Trotzdem war das methodologische Kernproblem, das wir später als die Frage nach der Möglichkeit einer hypothetisch-deduktiven Wissenschaftsform zu kennzeichnen haben, auch dann, wenn sich das berechtigte Übergewicht der positiven Forschung zur Alleinherrschaft auswuchs, immer latent im Entwicklungsgang der Sozialwissenschaften vorhanden, so wie es — ungeachtet aller Unterschiede in den einzelnen Fragestellungen — die wenigen methodologischen Blütezeiten beherrschte.

Die Gründe für einen derartig diskontinuierlichen Entwicklungsgang der sozialwissenschaftlichen Methodologie sind gewiß mannigfaltiger Natur, nur scheinen sie alle auf einen gemeinsamen Ursprung zurückzugehen, den wir in der abendländischen Geistesgeschichte dort zu suchen haben, wo sich die Ablösung der Einzelwissenschaften von der Philosophie vollzog. Dieser Verselbständigungsprozeß war von einer bestimmten Zeit an für einige Wissenschaften abrupter und endgültiger als für andere, die noch lange eine Zwischenstellung einnahmen;

gerade diese unentschiedene Position scheint dann in jenen Wissenschaftsgruppen für das mangelnde methodische Selbstbewußtsein und die Verzögerung der Emanzipationsbestrebungen verantwortlich zu sein, weil das Interesse der Fachphilosophie an den Grundlagenproblemen der betreffenden Einzelwissenschaften in dem Maße verlorenging, als sie sie inhaltlich noch zum großen Teil als philosophische Fragenkomplexe postulierte und ihre Beziehung zu ihnen — wenn überhaupt — nur noch darin bestand, die positiven Ergebnisse der empirischen Wissensbereiche der Konstruktion eines philosophischen Weltbildes einzufügen oder ihre Fragestellungen metaphysisch zu vertiefen.

In den Wirtschaftswissenschaften hat die zeitweilige Häufung von Verfahrensdebatten zu einem Unbehagen an methodologischen Untersuchungen geführt, das sich auf die Behauptung stützt, das Verhältnis zwischen Grundlagenforschung und positiver Arbeit sei in keiner Realwissenschaft so stark zugunsten der Methodologie verschoben wie gerade in der Nationalökonomie. Zunächst wird eine Rechtfertigung dieses Tatbestandes immer mit dem Hinweis auf das relativ geringe Alter der Sozialwissenschaften (ihre Emanzipation — oder besser eben: der Beginn der Verselbständigung — wird gewöhnlich in die Mitte des achtzehnten Jahrhunderts gelegt) unternommen. Dieses angebliche Mißverhältnis besteht nun aber nicht in dem Umfang, wenn man es auf dem Hintergrund der entwicklungsgeschichtlichen Wandlung in der Beziehung von Philosophie und Einzelwissenschaften sieht. Will man die Naturwissenschaften als beispielhaft in ihrer methodischen Klarheit anführen, so muß man bedenken, daß sich ihr Verhältnis zur Philosophie auf Grund einer konsequenten Emanzipation grundsätzlich anders gestaltete: die Grundlagenforschung verblieb weitgehend im Zuständigkeitsbereich der Fachphilosophie. Die Folge davon war, daß die allgemeine Methodologie, soweit sie sich im Rahmen der Formalwissenschaften entwickelte, in der Neuzeit in verstärktem Maße an dem Fortschritt der Naturwissenschaften orientiert war[1], so daß sich das methodische Selbstbewußtsein anderer Wissens-

[1] In diesem Sinne schreibt *Rothacker* 266 S. 235, daß die ganze moderne Logik aus der Analyse der Erkenntnisweise *Galileis* und *Newtons* entstanden sei, wenngleich diese Formulierung auch irreführen könnte, weil sie eine unzutreffende erkenntnistheoretische Voraussetzung beinhaltet, mit der wir uns später auseinanderzusetzen haben. Was hier zum Ausdruck kommen soll, ist allein die Tatsache, daß die neuzeitliche Erkenntnistheorie und Logik, soweit sie in ihrem Fortschreiten überhaupt das Verhältnis zu den Realwissenschaften gesucht haben und eine streng dogmatische Grundlage ihnen das Eingehen auf die methodischen Probleme der Einzelwissenschaften nicht versagten, immer stärker den Naturwissenschaften verbunden waren als irgendeinem anderen Wissenszweig.

bereiche häufig an diesem logisch wohlfundierten Wissenschaftstypus ausrichtete[2], es sei denn, man denkt an die oppositionellen Bemühungen um eine „Logik der Geisteswissenschaften“, die sich gerade gegen jede Art von methodologischer Bevormundung zur Wehr setzten.

Wenn diese geistesgeschichtlichen Zusammenhänge hier mit einiger Ausführlichkeit beschrieben wurden, so geschah das, um einen Ausgangspunkt für die philosophische Grundhaltung zu gewinnen, die für die moderne Wissenschaftslehre bestimmend wurde, und das Verhältnis von Philosophie und Einzelwissenschaften so zu erörtern, wie es sich uns heute darstellt und für die Methodologie der Sozialwissenschaften relevant ist. Dabei kann die Frage, was Philosophie sei, weitgehend unentschieden bleiben; lediglich wird zu entscheiden sein, welche Stellung sie zu den Wissenschaften einnimmt, ob Philosophie in ihrer Gesamtheit etwas außerhalb der *wissenschaftlichen* Erkenntnis sein kann oder wesentlich darin besteht, das Bemühen der Einzelwissenschaften kritisch zu unterstützen[3], letztlich also selbst Wissenschaft zu sein. Daß diese Frage nicht mit der gewünschten Eindeutigkeit zu entscheiden ist, und jedes „Entweder-Oder“ sich für beide Be-

---

[2] In den Sozialwissenschaften, besonders in der Nationalökonomie, wird das nicht nur aus der Art der Begriffsbildung deutlich, sondern es sind unter dem Einfluß der Naturwissenschaften auch Strukturvorstellungen übernommen worden, denen man erheblichen Wert als Erklärungsprinzipien beimaß. Wenn man an die Mechanismus- oder Organismusidee, an Begriffe, wie Gleichgewicht, Kreislauf, Statik, Dynamik und so fort, denkt, werden die hier geschilderten Zusammenhänge deutlich. Wenn diese Übertragung von artfremden Konzeptionen in der älteren Nationalökonomie auch zu falschen Vorstellungen über das Erkenntnisobjekt führten und damit den berechtigten Vorwurf der mechanischen Analogie hervorriefen, so darf man doch nicht vergessen — und das gilt vornehmlich für die vier letztgenannten Begriffe —, daß sie in der modernen Wirtschaftstheorie jedes ontologischen Inhalts ermangeln und als rein „heuristische“ Analogien vom Erkenntnisziel des formalen Aussagegefüges bestimmt werden; sie sind nicht mehr „Behauptung oder Forderung, sondern lediglich methodisches Hilfsmittel“ (*Schumpeter* 188 S. 82). Was in der älteren Nationalökonomie sklavische Übernahme der naturwissenschaftlichen Weltsicht war, ist heute auf die berechtigte Forderung reduziert worden, die methodische Grundhaltung, den Geist der exakten Disziplinen in die Sozialwissenschaften einzuführen.

[3] Für eine derartige Umgrenzung der philosophischen Disziplin hat es seit jeher Zuspruch und krasseste Ablehnung gegeben. Am entschiedensten hat wohl M. Scheler die seit den achtziger Jahren des vorigen Jahrhunderts lebendigen Versuche, eine „wissenschaftliche Philosophie“ zu begründen, verurteilt, wenn er sie als „Verkehrung der wahren Verhältnisse“, als „Umsturz aller Wertordnung“ und als „Sklavenaufstand in der Welt des Intellektuellen“ bezeichnet, der die Philosophie „mehr und mehr zu einer würdelosen Sklavin und Hure bald dieser, bald jener Einzelwissenschaft ... gemacht hat“ (*Scheler* 185 S. 73 f.). — Vgl. hierzu auch: *Husserl* 372.

reiche nachteilig auswirkt, zeigt die Entwicklung der neueren Philosophie. „Was Philosophie eigentlich sei, ob eine Wissenschaft oder ein rationalisierter Mythos, ob die Tätigkeit, durch welche der Sinn der Aussagen und Begriffsbildung der Wissenschaft festgestellt wird, oder der systematische Mißbrauch einer eigens zu diesem Zwecke ersonnenen Terminologie“[4], bleibt weiterhin umstritten. Die Wahrheit wird, wie so oft, in der Mitte liegen.

Wenn hier nun der Standort jener philosophischen Richtung bezogen wird, die den Wissenschaftscharakter der Philosophie betont und alles darüber Hinausgehende als Metaphysik bezeichnet hat, so geschieht das deshalb, weil im Gegensatz zu allen größeren Neuerungen, die sich seit dem Bestehen der Nationalökonomie als Wissenschaft in der systematischen Philosophie ereignet haben, nur die Ergebnisse dieser „neuen“ Philosophie noch nicht hinreichend rezipiert wurden, obwohl der Gewinn, der für die Methodologie der Einzelwissenschaften durch eine intime Beziehung zur wissenschaftlichen Philosophie resultieren würde, schon weitgehend als unbestritten gilt. Die drei großen Denkrichtungen innerhalb der allgemeinen Wissenschaftslehre, die für den Fortschritt der sozialwissenschaftlichen Methodologie relevant waren, sind der Neukantianismus, der Historismus und der Neopositivismus; darüber hinaus gab es keine nennenswerten Entwicklungsstufen der Wissenschaftslehre innerhalb der philosophischen Erkenntnistheorie. Die Anpassung an die beiden erstgenannten ist für die Nationalökonomie — zum Teil mit zweifelhaftem Nutzen und einem Aufwand, der in keinem Verhältnis zu den praktisch verwertbaren Ergebnissen stand — vollzogen oder gar selbst durch die Unterstützung der Philosophie gefördert worden, während die fruchtbare Aneignung der letzten bis heute noch aussteht, wenn sie auch in Ansätzen schon vorliegt[5]. Der Grund hierfür ist wohl in der Entstehungsgeschichte des

---

[4] *Dubislav* 71 S. 1.

[5] Will man hier nur die wirklich neuartigen Arbeiten nennen, die sich bewußt um die Rezeption des logischen Empirismus für die Nationalökonomie bemühten, so muß man anführen: *Schams* 474 S. 385 ff. — *Schams* 475 S. 491 ff. — *Schams* 476 S. 393 ff. — *Schams* 477 S. 453 ff. — *Schams* 478 S. 27 ff. — *Schams* 480 S. 513 ff. — *Schams* 479 S. 617 ff. — *Kaufmann* 380 S. 614 ff. — *Kaufmann* 382 S. 754 ff. — *Kaufmann* 245 S. 209 ff. — *Kaufmann* 113. — *Morgenstern* 430 S. 1 ff. — Man ist gewillt, auch *Schumpeters* zwei methodologische Frühschriften 495 S. 30 ff. und 188 in diesem Zusammenhang anzuführen, nur muß man erkennen, daß es sich hierbei um eigenständige Leistungen handelt, nicht um eine Rezeption, weil das Denkgebäude des logischen Positivismus zu der Zeit noch in den Anfängen steckte; Schumpeter zeigt hier aber schon eine betonte Abwendung vom Neukantianismus und bewegt sich — was die Bestimmung der theoretischen Wissenschaftsform in der Nationalökonomie betrifft — auf gleichen Bahnen wie die neupositivistische Wissenschaftslehre.

logischen Empirismus[6] zu suchen, in jener eigenartigen Verquickung von formaler Logik und positivistisch-empiristischer Erkenntnistheorie, die für die Sozialwissenschaften fraglos nicht nachzuvollziehen war und ihrerseits zu einem Vorurteil gegenüber den formallogischen und methodologischen Fortschritten geführt haben, die sich innerhalb des Neupositivismus ergaben — dergestalt etwa, als würde die Befürwortung der theoretischen Wissenschaftsform in den Wirtschaftswissenschaften als Anwendung des axiomatischen Denkens auf den entsprechenden Erfahrungsbereich menschlichen Handelns die Annahme der positivistischen Erkenntnistheorie erforderlich machen, was — wie noch im einzelnen zu zeigen sein wird — zur behavioristischen Interpretation menschlichen Verhaltens führen würde.

Der Kerngedanke dieser „neuen" Philosophie kommt schon in ihrem Anspruch zum Ausdruck, als Wissenschaft zu gelten und die Überwindung der Metaphysik erreicht zu haben. Hatte die Philosophie früher „durch alle Zeiten hindurch unter der Verwechslung von Logik mit Dichtung, von wissenschaftlicher Erklärung mit Phantasiebildern, von Gesetzen mit Analogien gelitten"[7], so verfolgte der logische Empirismus bei der Entwicklung seines philosophischen Systems das Ziel, der Philosophie die Sonderstellung im Gesamtaufbau systematischer Erkenntnisleistungen zu nehmen und ihr die Aufgabe der Grundlagenforschung zuzuweisen; nur in diesem Bereich vermag die Philosophie ihre Existenzberechtigung zu erweisen, indem sie die formalen Bedingungen der einzelwissenschaftlichen Erkenntnis, die Beziehungsformen der sprachlichen Darstellungselemente und das Verhältnis der Begriffe und Sätze zu den Tatbeständen des beschriebenen

---

[6] Der Begriff „Logischer Empirismus" — oft synonym gebraucht mit den Bezeichnungen „analytische Philosophie", „logischer Positivismus", „Neopositivismus", „wissenschaftliche Philosophie" — meint jene philosophische Richtung, die Anfang dieses Jahrhunderts ihren Ausgang von dem sog. „Wiener Kreis" nahm, dem Philosophen, wie R. Carnap, Ph. Frank, H. Hahn, V. Kraft, O. Neurath, M. Schlick und F. Waismann, angehörten, um nur die bekanntesten Namen hier zu nennen. Gleichzeitig wurde die wissenschaftliche Philosophie von den Herausgebern und Mitarbeitern der Zeitschrift *Erkenntnis* — W. Dubislav, C. G. Hempel, H. Reichenbach usw. — in Berlin entwickelt. Ähnliche Anschauungen waren im angelsächsischen und skandinavischen Sprachbereich verbreitet und wurden später in den USA durch die Emigration einiger hervorragender Vertreter des logischen Empirismus gefördert. Daneben gab es in Polen (Lemberg und Warschau) Anhänger der analytischen Philosophie mit betonter Ausrichtung auf die mathematische Logik und die Grundlagenforschung in den exakten Wissenschaften; hierzu zählen vor allem K. Ajdukiewicz, A. Tarski und der kürzlich verstorbene Logiker J. Łukasiewicz. — Vgl. hierzu: *Kraft* 117. — *Jørgensen* 244. — *Feigl* 229 S. 3 ff. — *Reichenbach* 463 S. 141 ff. — *Reichenbach* 171. — *Weinberg* 205. — *Barone* 11. — *Jordan* 109. — *Carnap, Hahn* und *Neurath* 48.

[7] *Reichenbach* 171 S. 19.

Realitätsausschnittes untersucht[8]. Damit entfällt für die Philosophie der eigene Erkenntnisgegenstand außerhalb derjenigen der Einzelwissenschaften, sie wird zur logischen Analyse der sprachlichen Beschreibung eines Objektbereiches.

Diese Eigenschaftsbestimmung der Philosophie und ihres Verhältnisses zu den Einzelwissenschaften wurde unter dem Einfluß von drei in ihrem Ansatzpunkt ganz unterschiedlichen, in der Intention jedoch durchaus gleichgesinnten Bemühungen in den neuzeitlichen Wissenschaften konzipiert[9]: (a) der Grundlagenforschung in der Mathematik (G. Frege, D. Hilbert, B. Russell und L. E. J. Brouwer), die im Anschluß an die Aufdeckung der sog. mathematischen Antinomien in der zweiten Hälfte des 19. Jahrhunderts aufkam; (b) der Revision der physikalischen Grundbegriffe (A. Einstein, M. Planck, N. Bohr, W. Heisenberg), die sich aus den Arbeiten zur Realitivitätstheorie und zur Quantenmechanik ergab, und (c) der „objektivistischen" Tendenzen in der Psychologie, die durch die physiologischen und tiersoziologischen Untersuchungen I. P. Pavlows, J. B. Watsons und anderer zum Behaviorismus führten. Die Verbindung von radikalem Empirismus und logischer Analyse bedingte die Auffassung, daß die Wissenschaft eine Einheit sei, die sich auf eine grundsätzlich gleichartige Wirklichkeit gerichtet sieht und deren Erkenntnisse den Bedingungen genügen müssen, welche Erfahrung und Logik ihr aufgeben. Die einzelnen Wissensbereiche sind nicht durch verschiedene Objekte zu differenzieren, so daß eine Unterscheidung nach Erkenntnisquellen und Methoden resultiert, sondern fallen in einer Einheitswissenschaft zusammen, die mit den Begriffen und Methoden der Physik arbeitet; die Ausschaltung eines synthetischen a priori führt zu der Vorstellung, die Sätze aller anderen Wissenschaften, deren Aufteilung nur durch die Vorteile eines arbeitsteiligen Forschungsbetriebes zu rechtfertigen ist, sind übersetzbar in die physikalische Sprache. Dadurch „wird die

[8] Vgl. *Juhos* 111. — Der Gedanke, der Philosophie die logische Analyse der Sprache zuzuweisen, geht auf *Wittgenstein* 214 zurück.

[9] Vgl. *Feigl* 229 S. 6: „Russell through his discovery of logical and mathematical paradoxes, could show that traditional logic had to be revised and that certain laws, like his rule of types, had to be incorporated in logic in order to avoid inconsistencies in the very foundations of mathematics. Einstein, in his analysis of the electro-dynamics of moving bodies, was led to a most revolutionary critique of such basic concepts as simultaneity, lenght, duration, and mass ... Analogous revisions of basic concepts, touching also on the principle of causality, resulted from the elaboration of the theory of quanta. Finally, by developing objective procedures for the study of mental life, the behaviorists made us aware of the fact that all of the scientific content of psychology can be formulated in the physical language and that the assumption of a ‚something more', a surplus of factual meaning attached to mentalistic terminology, is an illusion."

gesamte Wissenschaft zur Physik"; „alle Gebiete sind Teile der Einheitswissenschaft, der Physik"[10].

Die Konsequenz, mit der der logische Empirismus diese Physikalismusthese vertritt, hatte gleichermaßen den Vorteil einer neuen Konzeption der Wissenschaften und den Nachteil einer dogmatischen Verhärtung der erkenntnistheoretischen Position. Gerade diese Forderung des Neopositivismus, der Physik eine Vorrangstellung unter den Erfahrungswissenschaften einzuräumen und alle Erkenntnisse der anderen Wissensbereiche auf den von ihr geprägten Begriffs- und Gesetzestypus zu reduzieren, mußte die große Gruppe der Nicht-Naturwissenschaften abstoßen und hat gleichzeitig das Eindringen der formallogischen Fortschritte in die Methodologie dieser Wissenschaften verhindert[11]. Der Nachteil, der für die Anerkennung der formalen Logik und der allgemeinen Methodologie aus dieser Verbindung erwuchs, wurde zum Teil aufgewogen durch die Tatsache, daß sich die Entwicklung der Formalwissenschaften in engerem Kontakt zur Grundlagenforschung der Realwissenschaften vollzog und nicht mehr das eigenständige, nur der Mathematik zugewandte Dasein führte, das seit der Mitte des 19. Jahrhunderts ihren Fortschritt bedingte.

Als positives Ergebnis der Bemühungen des logischen Empirismus resultierte für die Wissenschaftstheorie ein neues Gliederungskriterium der Einzelwissenschaften, für das die Sozialwissenschaften, deren Eigenschaftsbestimmung von jeher umstritten war, dankbar zu sein haben, weil sie hierdurch gleichzeitig dem von metaphysischen Ausgangspositionen geführten Streit um die Zugehörigkeit zu einer der bisher gültigen Gruppierungen der empirischen Wissenschaften enthoben sind und die weitgehend ungeklärte Frage der Abgrenzung ihres Erkenntnisobjekts der Lösung näher gebracht wurde. Unterstützt durch die Reduktionsbestrebungen in den Naturwissenschaften und das ständige Anwachsen von Grenzgebieten[12], ergab die logische

---

[10] *Carnap* 330 S. 464 f. (im Original gesp.). — Vgl. hierzu auch die Referate zum Problem der Einheitswissenschaft in: *Actes du Congrès International de Philosophie Scientifique*, Fasc. II. Paris 1936. — Die Beiträge in: *Ieus*, Vol. I, 1, 5th impr., Chicago 1952. — *Neurath* 443 S. 297 ff. — *Neurath* 442. — *Neurath* 444 S. 346 ff. — *Juhos* 377 S. 397 ff.

[11] Für die Sozialwissenschaften gilt das ganz sicher, wie sich aus der Gegenüberstellung von Rechtfertigungsversuchen und Gegenargumenten im Streit um die mathematische Wirtschaftstheorie zeigen wird, auf die wir in einem späteren Kapitel eingehen.

[12] Die Geschichte der Physik zeigt mannigfaltige Beispiele für die Reduktion bestimmter Teilbereiche auf andere; Astronomie, Akustik und Wärmelehre konnten auf das Aussagengefüge der Mechanik, die Optik auf das der Elektrodynamik zurückgeführt werden, Mechanik und Elektrophysik wurden ihrerseits durch die Relativitäts- und Quantentheorie zur Synthese gebracht, während gegenwärtig Bestrebungen andauern, die Chemie auf das theoretische System der Atomphysik zu reduzieren.

Analyse der wissenschaftlichen Sprachen, daß die ganze herkömmliche Einteilung der Wissenschaften heute von Grund auf revisionsbedürftig ist; sie hat ausschließlich klassifikatorischen Sinn und ist nur für die Aufteilung der konkreten Forschungsarbeit von Bedeutung. Die überlieferte Hierarchie der Wissenschaften — das bezeugen die neuesten Entwicklungen auf allen Gebieten — ist ins Wanken geraten; die Grenzen verwischen mehr und mehr oder verschieben sich mit dem Fortschritt der Erkenntnisse in den einzelnen Wissenszweigen. Eine Abgrenzung der Wissensbereiche mit bestimmten, durch das Erfahrungsobjekt festgelegten Verfahrensweisen ist für die Methodologie nichtssagend oder — in der Terminologie des logischen Empirismus — ein Scheinproblem. Jede derartige Einteilung — mag sie nun in dem Begriffspaar „Naturwissenschaften — Geisteswissenschaften (Dilthey) oder „Natur- und Kulturwissenschaften" (Neukantianismus) münden — ist von dem Augenblick an verfehlt, da man aus dieser Gruppierung eine eigenständige „Logik" oder Methodologie für die so abgesteckten Bereiche folgert[13]. Sinnvoll erscheint dagegen nur die Gegenüberstellung von *Formal*- und *Real*wissenschaften, die auf dem Unterschied in der logischen (syntaktischen) Form von analytischen und synthetischen Sätzen beruht. Erkenntnis ist dann jeweils Ausdruck eines Tatsächlichen in der Form von wahren Erfahrungssätzen. die sich vermöge ihrer *Ausdrucks*form unterscheiden, deren Gemeinsamkeit jedoch in der *logischen* Form solcher Sätze begründet liegt; denn alle Erkenntnis ist nur vermöge ihrer Form Erkenntnis[14].

Eine derartige Zweiteilung der Wissenschaften reduziert den Begriff

---

Weitere Vereinigungen können den Grenzgebieten, wie Biophysik, Biochemie, Gehirnphysiologie, Psychophysik, Sozialpsychologie usw. entspringen. — Vgl. hierzu *Feigl* 229 S. 25 f. — *Carnap* 223 S. 60 ff. — *Bavink* 12 — *Einstein* und *Infeld* 73 — *Jordan* 108 — *v. Laue* 126 — *Ludwig* 131.

[13] Vgl. *Dilthey* 69. Daneben v. a. *Rothacker* 267. — Vgl. dagegen von neopositivistischer Seite etwa *Dürr* 340 v. a. S. 76: „Die Gegenüberstellung der mathematisch-naturwissenschaftlichen Disziplinen einerseits und der historischen oder geisteswissenschaftlichen Disziplinen andererseits, die an und für sich möglich und im allgemeinen zur Erleichterung der Arbeitsteilung auch zweckmäßig ist, hat die Vorstellung entstehen lassen, daß die Disziplinen der beiden Gruppen einander gänzlich fremd gegenüberstehen und daß in jedem der beiden Gebiete eine besondere Methode zur Anwendung kommen müsse. Man ist in neuerer Zeit auf diesem Wege so weit gegangen, daß man glaubt, von einer Logik der Geisteswissenschaften sprechen zu können. Nach der Auffassung derer, die der Idee der Einheitswissenschaft zugetan sind, gibt es nicht besondere Formen der Logik, die je einem engeren Bereiche des Wissens zugeordnet wären, also nicht eine Logik der Mathematik, eine Logik der Naturwissenschaften und eine Logik der Geschichte oder der Geisteswissenschaften. Es gibt nur eine Logik, und die ist solcher Art, daß derjenige, welcher ihre Gesetze mißachtet, die wissenschaftliche Forschung auf keinem Gebiete zu fördern vermag." — Vgl. außerdem *Carnap* 44 und neuerdings *Kraft* 391 S. 333 ff.

[14] Vgl. *Schlick* 482 S. 7. — *Carnap* 331 S. 30 ff.

der einzelwissenschaftlichen Disziplin auf ein System von Sätzen, die intersubjektiv gültig sein müssen oder, formal gesehen, gleichartige Zeichenkomplexe (Aussagefunktionen) eines theoretischen Aussagengefüges darstellen[15]. Das Kriterium der Intersubjektivität kann eine wissenschaftliche Aussage (Satz) nun entweder dadurch erfüllen, daß sie sich in der Erfahrung bestätigt findet (Verifikation) oder aber ihrer Intention nach gar keine empirische Aussage ist und damit dem auf Festsetzung beruhenden Sprachgebrauch der Formalwissenschaften, Logik und Mathematik, entspricht.

Die Vorstellung einer allgemeinen Methodologie, der der logische Empirismus seine besondere Aufmerksamkeit zuwandte, ergab sich aus der Überzeugung, daß es eine für alle Realwissenschaften gleichartige Grundlagenproblematik geben müsse, die sich auf das Verhältnis der beiden wissenschaftlich möglichen Aussageformen (analytische und synthetische Sätze) oder, anders ausgedrückt, auf die formale Struktur einzelwissenschaftlicher Aussagensysteme bezieht Das hatte dann auch zur Folge, daß sich die Wissenschaftslehre anfänglich allein auf die Analyse solcher formaler Strukturen beschränkte, was den Eindruck hervorrief, die Darstellungsfunktion der Sprache in den Realwissenschaften sei auf *eine* Dimension begrenzt, soweit das gemeinsame Objekt der logischen Untersuchung in Frage steht[16]. Später zeigte sich, daß man wenigstens drei grundsätzlich verschiedene Bezugssysteme zu unterscheiden hat, auf die die Sprache hingeordnet sein kann, will man ihren ganzen Beziehungsreichtum auf wenige Grundformen reduzieren; diese drei Dimensionen der Sprache sind die pragmatische, die syntaktische und die semantische[17], so daß die Anwendung der Sprache in den empirischen Wissenschaften auf eine dreifache Art Gegenstand der logischen Analyse sein kann (hinsichtlich der Befolgung von Vorschriften, die sich aus Gründen der Konsistenz für diese drei Bezugssysteme ergeben). Während die pragmatischen Gebrauchsregeln die Beziehung der betreffenden Sprache zum Gesamt menschlicher Aktivität festlegen, die pragmatische Analyse also die Lebensbezüge der Ausdrücke zum Gegenstand hat, ordnen die semantischen die Zeichenkomplexe (Symbole) einer Sprache auf den Objektbereich hin, auf den sich die Aussage bezieht; die syn-

---

[15] Vgl. *Holzapfel* 371 S. 47.

[16] Vgl. *Carnap* 43. — *Carnap* 331 S. 30. — *Carnap* 222 S. 37. — Carnap hat später selbst auch einen weniger konsequenten Standpunkt vertreten; vgl. *Carnap* 45 und 46.

[17] Richtungsweisend für die Erschließung des semantischen Problemkreises waren die Arbeiten der polnischen Logiker (Lemberger und Warschauer Schule), hier vor allem die Untersuchungen A. Tarskis; vgl. *Tarski* 506 S. 261 ff. und die Weiterentwicklung dieser Gedankengänge in *Tarski* 276. Alle Aufsätze Tarskis sind jetzt gesammelt in *Tarski* 196.

taktischen Vorschriften bestimmen demgegenüber ausschließlich die Verbindung von Zeichen (Symbolen) untereinander, ohne auf ein Gemeintes zurückzugreifen, und lassen sich zweckmäßig in Form- oder Strukturregeln und Umformungsregeln unterteilen[18].

Die erstgenannten sind Vorschriften, die über die Zulässigkeit von Zeichenkombinationen befinden und den Übergang von Elementarzeichen zu Aussageformen, den sprachlichen Korrelaten objektiver Sätze, festlegen; die anderen dagegen geben an, wie ein Zeichen durch ein anderes ersetzt werden kann oder soll (syntaktische Definitionsregeln) und wie eine formale Aussageform aus einer anderen hervorgehen kann oder darf (syntaktische Transformationsregeln des Schließens). Werden diese Vorschriften verletzt, so folgen daraus sinnlose Sätze, d. h. ein Übergang von wissenschaftlichen zu metaphysischen Aussagen. Schließt man das pragmatische Bezugssystem als Konsistenzkriterium für die logische Analyse formaler Aussagensysteme vorläufig aus[19], so kann diese Verletzung in dem sinnwidrigen Gebrauch bestimmter Terme oder in einer syntaxwidrigen Verbindung der Zeichenkomplexe bestehen.

Die Untersuchung der möglichen Beziehungsformen (Syntax) sowie der Zuordnungsregeln zu Objektbereichen (Semantik), an die sich das Eindringen in das Wahrheitsproblem anschließt, gelten als Teilgebiete der philosophischen Disziplin, die wir als *Logik* zu bezeichnen gewohnt sind; über ihren Charakter und ihr Verhältnis zu den Sozialwissenschaften gilt es jetzt sowohl systematisch, als auch entwicklungsgeschichtlich Klarheit zu gewinnen.

2. Die Entwicklung der abendländischen Logik und Wissenschaftslehre und die Rezeption durch die Methodologie der Sozialwissenschaften

a) Das Entwicklungsproblem in der Logik

Wenn es zutreffend ist, daß einzelwissenschaftliche Methodologie sich um die Rezeption der jeweils zeitgenössischen Logik und Erkenntnistheorie (Wissenschaftslogik) zu bemühen hat[20], so wird unterstellt, daß es in der Logik — ähnlich wie in den Realwissenschaften — so etwas wie Entwicklung oder Fortschritt gäbe. Das scheint nun zunächst aber der Auffassung zu widersprechen, daß uns im Logischen selbst

---

18 Vgl. *Feigl* 229 S. 7 und *Bocheński* 21 S. 38 ff.

19 Die drei Dimensionen der Sprache sind keine selbständigen, unabhängigen Bezugssysteme, sondern die pragmatische setzt die semantische und die syntaktische, die semantische ihrerseits wiederum die syntaktische voraus, was nichts daran ändert, daß die syntaktische oder die semantische Beziehung bei Abstraktion von den umfangsmäßig übergeordneten Dimensionen für sich Gegenstand der logischen Analyse sein können.

20 Vgl. *Bocheński* 21 S. 19 f. — Außerdem: *Juhos* 110 S. 241 und *Juhos* 378 S. 593 f.

ein Gradmesser richtigen Denkens über die Tatbestände der Welt gegeben sei, ein Gebäude von Richtlinien und Denkgesetzen, die sich in der Sprache finden, mit deren Hilfe die Wissenschaften die Strukturen des Seienden abzubilden versuchen; dabei sind wir geneigt, der Summe dieser logischen Gesetze, deren Aufgabe allein darin besteht, den *Weg* von einer wahren Aussage zu einer anderen zu beschreiben[21], eine Existenz außerhalb oder jenseits und damit auch vor allem Realen zuzuschreiben.

Die Auffassung, daß ein Fortschrittsmoment in der Problemgeschichte der Logik aufzuweisen sei, kommt nicht zuletzt in Bezeichnungen, wie „moderne" oder „neue" Logik zum Ausdruck, die ihrer heutigen Gestalt zugedacht sind; fraglich ist nur, wie es zu bestimmen ist, denn daß hier Unterschiede zu den Fortschrittskriterien in den Realwissenschaften bestehen müssen, läßt schon der spezifische Gegenstandsbereich der Logik als Wissenschaft vermuten.

Es lassen sich nun aber Gründe dafür anführen, daß die heutige Gestalt der formalen Logik Vorzüge aufzuweisen hat, die wenigstens in *einer* Beziehung als Fortschrittsmomente gedeutet werden können[22]. Bestimmt man nämlich mit Bocheński[23] den Gegenstandsbereich der Logik so, daß er außer der formalen Logik auch noch die *allgemeine* Methodologie beinhaltet, so läßt sich als Maßstab für die Vervollkommnung neben dem Beziehungsreichtum, durch den sich die Gestalt der neuen Logik in mancher Hinsicht, wenn auch nicht in jeder, früheren Gestalten gegenüber auszeichnet, noch die Anwendbarkeit der entsprechenden Systeme als Leerformen für theoretische Aussagengefüge in den Realwissenschaften anführen. Daß man auf dieser

---

[21] Vgl. *Bocheński* 21 S. 15.

[22] *Bocheński* 22 S. 19 ff. wendet sich gegen die heute verbreitete Auffassung, die mathematische Logik als die bisher höchstentwickelte Gestalt zu bezeichnen. Er führt das auf das ungenügende Vergleichsobjekt der klassischen Logik und die Faszination der kalkülmäßigen Darstellung des logischen Systems zurück; allerdings gibt er den Fortschritt auf einem Teilgebiet der Logistik zu, das für die Behandlung sozialwissenschaftlicher Fragestellungen von eminenter Bedeutung ist: der Relationslogik. Im Ganzen ist allerdings weder eine lineare oder sprunghafte Vervollkommnung der Logik noch eine zyklische Entwicklung historisch zu belegen, nicht zuletzt, weil die Kenntnis einzelner Perioden noch heute mangelhaft ist. Dagegen lassen sich Beispiele für reichere Regelsysteme und wenigstens eine gleichwertige Präzisionssprache in früheren Gestalten der Logik nachweisen. Daraus wird der Schluß gezogen: „Der Historiker kann nur sagen: ob es einen Fortschritt in der Geschichte der Logik als Ganzes gibt, wissen wir nicht" (S. 21). — Das Fortschrittskriterium könnte über das Anwachsen der Problemfülle hinaus dennoch in dem Gestaltwandel erblickt werden, und Bocheńskis ablehnende Haltung ist aus der Begrenzung seiner Fragestellung auf die *formale* Logik zu erklären.

[23] *Bocheński* 21 S. 15 f. und *Bocheński* 22 S. 4.

Grundlage zu einem tatsächlichen Entwicklungsphänomen in der Geschichte der Logik gelangen kann, braucht nicht nur an den Naturwissenschaften bewiesen zu werden, deren Fortschritt in den letzten fünfzig Jahren durch die Übernahme solcher logischer (mathematischer) Sprachsysteme in erheblichem Maße bedingt war, sondern wird auch das Hauptargument in der Rechtfertigung der mathematischen Nationalökonomie abgeben müssen. Diese Auffassung braucht der Logik nun keineswegs den selbständigen Wissenschaftscharakter zu bestreiten, nur bringt sie die Überzeugung zum Ausdruck, daß den Ergebnissen der Formalwissenschaften letztlich nur Sinn und Wert zugestanden werden kann, soweit sie sich als Instrumente in den allgemeinen Erkenntnisprozeß eingliedern lassen.

Die Entwicklung der formalen Logik, die ihren Ursprung im alten Griechenland in der Sprachanalyse (Rhetorik) hatte, und sich dann, entweder losgelöst von allen anderen philosophischen Disziplinen, als reine Denktechnik oder aber als *philosophische* Methodenlehre fortsetzte, mußte in der Neuzeit in eine enge Beziehung zum Fortschritt der neubegründeten Realwissenschaften treten. Hier zeigte sich dann, daß eine Verselbständigung der formalen Logik zu einem Reichtum an logischen Regeln führte, der im einzelnen durch die Entwicklung der Realwissenschaften oder der Mathematik bestätigt werden konnte; wo immer die Logik im Gesamtfeld der philosophischen Disziplinen verblieb, wo sie die Verbindung mit Erkenntnistheorie, Psychologie oder Ontologie nicht aufgab, war sie zu Stillstand und Dekadenz verurteilt. Das gilt vor allem für die deutsche Philosophie seit Leibniz, für die ganze Epoche des Deutschen Idealismus[24], in die ein beträchtlicher Teil der Entwicklungsgeschichte der Sozialwissenschaften fiel, und außerdem noch für jene philosophischen Denkrichtungen, die ungeachtet der gewaltigen Fortschritte der formalen Logik seit der Mitte des vorigen Jahrhunderts an diesen Verbindungen festhielten (Neukantianismus, Phänomenologie, Psychologismus, Historismus) und in ihrem dogmatischen Anspruch mehr Einfluß auf die Methodenlehre der Sozialwissenschaften gewonnen haben als die Erkenntnisse der reinen Logik. Kennzeichnend hierfür ist die Tatsache, daß der Streit

---

[24] Vgl. hierzu *Bocheński* 22 S. 301: „Inhaltlich arm, jeder tieferen Problematik bar, mit einer Menge von nicht-logischen Philosophemen durchsetzt, dazu psychologistisch im schlimmsten Sinne des Wortes: so können wir zusammenfassen, was wir von der Art der ‚klassischen Logik' sagen mußten." „In dieser Logik und ihren Vorurteilen gebildet, konnten die modernen Philosophen, Spinoza, die britischen Empiristen, Wolff, Kant, Hegel usw., kein Interesse für die formale Logik haben. Im Vergleich mit den Logikern des 4. Jahrhunderts vor Chr., des 13. und 20. nach Chr., waren sie, was die Logik betrifft, einfach unwissend: sie wußten meist nur das, was in der Logique du Port Royal steht."

um die mathematische Methode in der theoretischen Nationalökonomie noch heute mit den logisch unzureichenden Argumenten der genannten Philosophenschulen geführt wird[25]. Sucht man nach den Gründen dieser veralteten Beweisführung in den Methodendebatten unserer Wissenschaft, so ist auf den Typ von Schullogik hinzuweisen, der bis tief in das zwanzigste Jahrhundert hinein Maßstab und Orientierungspunkt der einzelwissenschaftlichen Methodologie war, weil sich hier das unglückliche Erbe der sog. „klassischen" deutschen Logik widerspiegelt.

Die heutige Gestalt der Logik, um deren Rezeption für die Nationalökonomie es uns hier zu tun ist, hat jenen äußersten Grad der Formalisierung erreicht, der sie zum Sprachsystem *aller* Wissenschaften macht, weil sie die grundsätzlich denkbaren Beziehungsregeln enthält, die das Ordnungsschema für die Systematisierung der Erkenntnisse abgeben; dieser Gestalt der Logik hat im folgenden unser Interesse zu gelten.

b) Die neue Logik

Die Entwicklung der formalen Logik zu ihrer heutigen Gestalt hat ihren Ursprung in der Leibnizschen Konzeption der *mathesis universalis*, der Eigenschaftsbestimmung der Philosophie als eines exakten Gesamtsystems allen menschlichen Wissens: „eine in der Zeichenschrift ausgedrückte Wissenschaft, die alle speziellen Wissenschaften — als streng deduktive Systeme aufgebaut — umfassen sollte, so daß man alle Konsequenzen beliebiger Voraussetzungen rein kalkulatorisch herausfinden und alle Streitigkeiten durch ein schlichtes ‚calculemus' entscheiden könnte"[26]. Leibniz (1646—1716) hat als erster gesehen[27], daß der mathematische Formalismus, der das Operieren mit vorgegebenen Objekten auf ein Manipulieren von Symbolen reduziert, nicht auf die Gegenstände der Mathematik beschränkt ist, sondern auf beliebige Objekte angewendet werden kann, wodurch die Philosophie zur allgemeinen Grundlagenforschung („exakten Metaphysik") wird. Dabei ist erwähnenswert, daß die Logik, die Leibniz in diesem Zusammenhang entwickelte, schon alle kennzeichnenden Wesensmerkmale besitzt, mit denen wir die heutige Gestalt der Logik umschreiben: „eine für die Darstellung aller wissenschaftlichen Sätze grundsätzlich ausreichende Zeichenmenge (die characteristica universalis), ein auf diese Zeichenmenge abgestimmtes System von Umformungsregeln (der

---

25 Vgl. z. B. *Ottel* 448 S. 206 ff., bei dem der gekennzeichnete Tatbestand deutlich hervortritt, weil die philosophischen Voraussetzungen ausführlicher als anderswo angegeben sind.

26 *Jørgensen* 376 S. 76.

27 Vgl. zum folgenden: *Scholz* 272 S. 1 ff. — *Scholz* 490 S. 217 ff. — *Scholz* 493 S. 1 ff. — *Couturat* 61. — *Dürr* 341 S. 87 ff. — *Schischkoff* 269 S. 224 ff.

calculus ratiocinator) und eine Definitionslehre, durch welche die Einführung von Neuzeichen genau geregelt wird (die ars combinatoria)"[28]. Wenn sich von diesem Ansatzpunkt her jedoch keine genau bestimmbaren Wirkungen auf die einzelwissenschaftlichen Methodenlehren ergaben, so ist das zunächst darauf zurückzuführen, daß die logischen Untersuchungen Leibniz' als Einzelleistung dastehen und trotz einiger unabhängiger Versuche[29], seine Gedanken fortzuführen, nicht zu einer Schulbildung geführt haben, so daß die Konzeption einer kalkülmäßig aufgebauten formalen Logik bis zur zweiten Hälfte des 19. Jahrhunderts ihrer Wiederentdeckung harren mußte. Hinzu kommt, daß die wichtigsten logischen Schriften der Nachwelt unbekannt blieben und erst zu einem Zeitpunkt an die Öffentlichkeit traten[30], als der größte Teil des in ihnen enthaltenen Gedankenguts schon wieder selbständig erarbeitet war[31].

Die kontinuierliche Entwicklung[32] der neuen Logik setzte um die Mitte des vorigen Jahrhunderts ein und ist an Namen, wie G. Boole, A. de Morgan, W. S. Jevons, C. S. Peirce und E. Schröder geknüpft; allen hier genannten Logikern kommt jedoch nur vorbereitende Bedeutung zu, wenn man berücksichtigt, daß erst seit 1879 mit dem Erscheinen von G. Freges *Begriffsschrift*[33] ein systematisch geschlossenes Gebäude des Logikkalküls vorlag. An der Weiterführung und Interpretation des Fregeschen Gedankengutes waren vor allem G. Peano und auch E. Schröder beteiligt, bis alle Bemühungen zu einer großartigen Synthese zusammengefaßt wurden in den *Principia Mathematica* (1910—1913) von A. N. Whitehead und B. Russell. Die Bemühungen um die Formalisierung der Logik waren seit Frege mit einer kritischen Überprüfung der Grundlagen der Mathematik verbunden, welche durch das Auftreten von Widersprüchen (Antinomien) in der Mathematik (die sich später als allgemein logischer Natur erweisen sollten) angeregt wurde; aus diesem Grunde erregte die formale Logik in der Folgezeit erhebliches Interesse bei Fachmathematikern, wie D. Hilbert, L. E. J. Brouwer, A. Fraenkel, E. Zermelo,

---

[28] *Scholz* 272 S. 1. — Vgl. auch *Jørgensen* 376 S. 75 f.

[29] Vgl. *Bocheński* 22 S. 312.

[30] Vgl. *Couturat* 62. — Diese Tatsache erklärt aber nicht nur, warum Leibniz für die Entwicklung der Problemgeschichte der formalen Logik so wenig Bedeutung hatte, sondern darüber hinaus wohl außerdem noch das mangelnde Interesse an den Fragen der a l l g e m e i n e n Methodologie, das kennzeichnend für die Zeit von Leibniz' Tod bis zur Mitte des 19. Jahrhunderts ist.

[31] Vgl. *Bocheński* 22 S. 302.

[32] Vgl. zu dem kurzen geschichtlichen Überblick *Bocheński* 22 S. 311 ff. und *Bocheński* 21 S. 84 f.

[33] *Frege* 78.

H. Weyl u. a.[34]. Die Zeit nach 1920 ist charakterisiert durch ein Einfließen der logistischen Problematik in die Wissenschaftslogik des Neopositivismus, damit verbunden ein Anwachsen semantischer Fragestellungen seit 1930, und durch das Auftreten von logischen Systemen, die außerhalb desjenigen der *Principia Mathematica* stehen (intuitionistische Logik von Heyting, mehrwertige Logiken von Łukasiewicz und Post). Innerhalb des logischen Positivismus wurden Forschungen zur formalen Logik besonders im Wiener Kreis (R. Carnap, H. Hahn, F. Waismann) und in der Warschauer Schule (J. Łukasiewicz, St. Leśniewski, A. Tarski, M. Wajsberg, B. Sobociński) gepflegt.

Fragen wir nun, welche unterscheidenden Merkmale die heutige Gestalt der Logik gegenüber früheren aufweist, so scheint sich als Ansatzpunkt zunächst die mathematische Form, in der die logischen Systeme heute abgefaßt sind, anzubieten, und diese äußere Gestalt, der Symbolismus, ist es auch häufig genug, der schon als hinreichendes Kriterium für die Vorrangstellung anerkannt wird, die man der heutigen Logik einräumt. Die Formulierung logischer Regeln in einer künstlichen Sprache kann zwar ein rein technischer Vorteil in der Bewältigung der Denkprozesse sein, nicht dagegen das bestimmende Merkmal für die heutige Gestalt der Logik, weil sich grundsätzlich eine natürliche Sprache denken läßt, die so reich ist, um die heute bekannten Beziehungsformen zum Ausdruck zu bringen; ganz abgesehen davon, daß der Fortschritt der Symbolisierung nur die logischen Konstanten betrifft, Variable sind schon in der aristotelischen Logik durch Zeichen dargestellt worden[35]. Trotz allem scheint sich der unterscheidende Wesenszug der neuen Logik schon in dem Gebrauch einer formalisierten Sprache auszudrücken; denn dadurch, daß außer den Elementen auch die Schlußregeln symbolisiert sind, wird ein Operieren auf rein syntaktischer Ebene möglich, weil sich die Regeln der logischen Ableitungs- oder Umformungsprozesse nicht mehr auf den Sinn der Symbole, sondern allein auf deren Gestalt beziehen. Obgleich also eine natürliche Sprache generell denkbar ist, die zur *Darstellung* oder *Beschreibung* der bisher entwickelten Regelsysteme ausreicht, so scheint es doch zweifelhaft, daß sie zum *Aufbau* dieser Beziehungsformen in gleichem Maße geeignet gewesen wäre wie die formalisierte Sprache, so daß in der mathematischen Formelsprache, deren sich die Logiker seit Boole, de Morgan und Frege wieder bedienen, doch mehr

---

[34] Vgl. u. a. *Hilbert* 239 S. 174 ff. — *Hilbert* 370 S. 151 ff. — *Hilbert* und *Bernays* 97. — *Hilbert* und *Ackermann* 96. — *Fraenkel* 76. — *Zermelo* 523 S. 261 ff. — *Weyl* 516 S. 39 ff. — Vgl. zum Einfluß der mathematischen Grundlagenforschung auf die Entwicklung der neuen Logik den aufschlußreichen Aufsatz von *Grelling* 232 S. 8 ff. — Ausführliche bibliographische Angaben zu diesen Fragen in: *Schmidt* 270.

[35] Vgl. *Bocheński* 22 S. 4 u. 311.

als eine bloße Darstellungstechnik liegt, die überdies noch den Nachteil hat, daß sie von der Denkarbeit entbindet. Die heutige Logik stellt sich dar als ein Kalkül in mathematischer Formelsprache, der im Gegensatz zu den früheren Gestalten der formalen Logik, die ihre Gesetze aus einer natürlichen Sprache *abstrahiert* haben, *konstruiert* ist, und zwar mit Hilfe einer Zeichenmenge (Begriffsbildung), deren Identität bloß typographisch gewährleistet sein muß, und einem diesen Symbolen zugeordneten Ableitbarkeits- oder Folgerungsbegriff (Satzbildung), wodurch auf syntaktischem oder axiomatisch-deduktivem Wege die Sätze auf Grund einer Axiomenmenge und des angegebenen Umformungsprozesses definiert wären[36]. Ein abstrakter Kalkül wird durch semantische Bestimmung seiner Sätze zur formalisierten Sprache.

In dieser Form mußte die neue Logik seit ihrer Verbindung mit den philosophischen Bemühungen des logischen Positivismus bedeutsam werden, wenn man die Eigenschaftsbestimmung der Philosophie als Wissenschaftslogik bedenkt, weil die traditionelle Logik außerstande war, „den Ansprüchen an inhaltlichen Reichtum, formale Strenge und technische Brauchbarkeit zu genügen, die die neue Aufgabe an sie stellen mußte“[37]. Gerade in diesem Zusammenhang findet der mathematische Symbolismus auch seine Berechtigung, insofern er die logischen Deduktionsprozesse von der Äquivokation der verbalen Ausdrucksweise einer natürlichen Sprache befreit, die einem Bedeutungswandel stärker unterliegt und die Konstanz der Begriffsinhalte nicht in gleichem Maße zu garantieren vermag wie eine formalisierte.

Die wesentliche Hauptaufgabe, die sich dem Ansatz nach auch schon bei Leibniz findet, liegt tiefer als die rein technische Dimension des Symbolismus und der formalisierten Schlußregeln, die nichts im eigentlichen Sinne Logisches beinhalten, insofern auch als Fortschrittskriterium gar nicht oder doch nur an zweiter Stelle — im Hinblick

---

[36] Auf die semantische Satzbestimmung mit Hilfe des Begriffs der Allgemeingültigkeit soll hier nicht eingegangen werden, weil sie für die hier angestrebte Gedankenführung von geringerer Bedeutung ist. — Zum Kalkülbegriff vgl. *Schröter* 294. — Es ist in diesem Zusammenhang — gerade im Hinblick auf die methodologische Relevanz der neuen Logik — aufschlußreich, daß der Gedanke des kalkülmäßigen (axiomatisch-deduktiven) Aufbaus die logische Forschung erst sei Frege beherrscht, seit einem Zeitpunkt also, da die Verbindung mit der Grundlagenproblematik der Mathematik explizit zur Aufgabe der Logik geworden war, während die Vorgeschichte der mathematischen Logik durch Leibniz und Boole zwar mit dem Kalkülbegriff und seinen Bestimmungsstücken vertraut war, durch die Beschränkung auf die inner-logische Problematik jedoch nicht so weit gelangte, ihn als bestimmend für die Konstruktion des logischen Systems anzusehen. Boole, de Morgan und Schröder sahen in der Mathematisierung der Logik zunächst und vor allem ein denktechnisches Ziel.

[37] *Carnap* 327 S. 13.

auf die methodologische Relevanz — in Frage kommen; erst an der Lösung der konstitutionstheoretischen (Reduktion aller Begriffe auf eine geringe Anzahl von Grundbegriffen, aus denen sie mittels Definitionsregeln abgeleitet werden können) und der axiomatischen (Ableitbarkeit aller Sätze aus einer kleinen Zahl von Grundsätzen) Problematik[38] konnte sich die Vorrangstellung der mathematischen Logik erweisen, weil der axiomatisch-deduktive Aufbau zu einem Relationsgefüge führte, in das die alte Klassen- und Satzlogik nur als Einzelsysteme eingingen. Die Axiome konnten nämlich so formuliert werden, daß sie außer den klassischen Implikationen der reinen Subsumption (Klassen-Inklusion und Satz-Implikation) solche Beziehungsformen enthält, die durch mehrstellige Prädikate bezeichnet werden. Die aristotelische Logik zeigte allerdings auch schon Ansätze zu relationslogischen Fragestellungen; daß diese Ansätze unentwickelt blieben, liegt daran, daß sie die Relationen als einheitliche Prädikate auffaßte und so die Ableitung der Konverse mit Hilfe der ihr bekannten Schlußregeln unmöglich machte, weil ein Relatum der Beziehung **R** (a, b) oder a**R**b (a steht in der Relation **R** zu b) mittels der Ableitungsregeln nicht herausgelöst werden kann, um die Argumentstelle des anderen übernehmen zu können[39].

Dieser neuartigen logischen (syntaktischen) Aussageform müssen wir nun unsere Aufmerksamkeit zuwenden und vom Relationsbegriff her das Sprachsystem der neuen Logik darstellen, weil der Relationskalkül neben der logischen Fundierung der Mathematik beim Aufbau von axiomatisch-deduktiven Systemen empirischer Wissenschaften Bedeutung gewonnen hat und das Modell für die Abbildung des Realitätsbereichs „Wirtschaft" abgeben soll[40]; denn als Sprachsystem für alle Wissenschaften, deren Erfahrungsobjekt sich auf Ordnungen und Reihen reduzieren läßt, ist die Relationslogik unentbehrlich, weil die Bestimmung von Ordnungen wesentlich von den Beziehungsformen abhängt, die ihren Gegenstand bilden[41].

---

[38] Vgl. *Jørgensen* 376 S. 76.

[39] Die zweistellige Relation a **R** b, in der die Variablen a und b Argumentwerte annehmen können und **R** als Relator die Beziehungsform bestimmt, kann durch Interpretation in eine empirische (wahre oder falsche) Aussage übergehen, z. B. „Benno ist größer als Wolfgang" oder „Jürgen ist älter als Klaus" usw.; daraus die Konverse „W. ist kleiner als B." bzw. „K. ist jünger als J." abzuleiten, würde, wenn man die Relation klassenlogisch als einstelliges Prädikat interpretierte, erfordern, das Argument W. bzw. K. zu isolieren; das ist aber mit den klassischen Schlußregeln nicht möglich.

[40] Auf die generelle Relevanz der Relationslogik für theoretische Erfahrungswissenschaften weist *Carnap* 42 S. 2 hin; *Schams* 480 S. 519 macht darauf aufmerksam, daß eine Reihe der fundamentalen Begriffe der Wirtschaftswissenschaft und -praxis relationistischer Natur sind.

[41] Vgl. *Carnap* 327 S. 18.

Damit ist grundsätzlich der Erkenntnis- und Darstellungsbereich der Wissenschaften erweitert worden; denn ontologisch gesehen, erschöpfen sich die Tatbestände der Welt nicht in einem Gesamt von Dingen, die dadurch zu Tatbeständen werden, daß sie durch Eigenschaften charakterisiert sind, sondern darüber hinaus stehen wir denkend einer Fülle von Ordnungen und Beziehungen zwischen den Dingen gegenüber, einer „Vielheit des koordinierten Wirklichen jeder Art", zu dessen geistiger Bewältigung wir einer neuen Dimension des logischen Schließens bedürfen, die sich von der Vertikalgliederung der Implikation in der Begriffslogik unterscheidet. „Ist nicht die Welt, die Wirklichkeit, die physische wie die psychische Wirklichkeit für uns ebenso wie jede mathematische Ordnung, z. B. jede Reihenordnung, eine Mannigfaltigkeit koordinierter Glieder? Wie sollte es möglich sein, von Glied zu Glied zu kommen, wenn nicht durch den Relationsbegriff, der eine Brücke von Glied zu Glied schlägt?"[42]. Wenn die neue Logik durch die Herausbildung des relationslogischen Teilbereichs für einige Wissenschaften zur Erweiterung, für andere sogar zur Neubegründung eines hypothetisch-deduktiven Aussagengefüges geführt hat, so wird die instrumentale Bedeutung der Logistik für die Erkenntnis gerade hierin offenbar, denn die eigenartige Struktur unseres Erkenntnisvermögens bedingt es, daß wir Ordnungen nicht als gesetzmäßige Gliederungen erkennen können, bevor wir ihnen ein Gesetz unterlegen, das die Neubildung von Individuen des Ordnungsgefüges bestätigt oder vorherbestimmt und damit den Gesamtzusammenhang als geordneten erscheinen läßt[43]. Die horizontale Dimension der ontologischen Beziehungskategorie wird hierdurch nicht erst erschlossen, weil die raum-zeitliche An-Ordnung unabhängig von ihrem Gedachtwerden besteht, wohl aber durch ein relationslogisches Sprachsystem, in dem die Relata als prinzipiell gleichwertige, wenn auch semantisch individuierte und differenzierte Variable gedacht werden, recht eigentlich dem Denken zugänglich gemacht, und zwar dadurch, daß sie aus dem ontologischen Zusammenhang in das Ordnungsschema der logischen Beziehungen eingegliedert wird.

Wie muß sich nun das logische Sprachsystem gestalten, dem wir eine derartige Erkenntnisleistung abverlangen können, und worin bestehen seine abweichenden Merkmale gegenüber der traditionalen Logik, die sie zu dieser Aufgabe befähigen? Zunächst muß man sich von der Vorstellung freimachen, als handele es sich hier um eine ihrem Wesen nach neuartige Schöpfung, sondern die mathematische Logik ist, was den Relationskalkül betrifft, offensichtlich als Ver-

[42] *Burkamp* 37 S. 53.
[43] Vgl. *Burkamp* 37 S. 114.

allgemeinerung des begriffslogischen Systems zu interpretieren, innerhalb dessen die Klassenlogik für den begrenzten Bereich der einstelligen Prädikate ihre Gültigkeit bewahrt. Diese Verallgemeinerung tritt dadurch ein, daß der Begriff als Spezialfall der Relation gedeutet wird, als Relation, in der der Subjektvariablen eine Vorrangstellung zusteht: „So wie der einfache prädikativ aufgefaßte Begriff aus einem eigentlichen Begriffsgefüge, einem ‚Merkmalkomplex' einerseits und *einer* Variablen andererseits besteht..., so besteht der Relationsbegriff aus einem Begriffsgefüge, einem eigentlichen Beziehungskern einerseits und einer *Mehrzahl* von Variablen andererseits. Ebenso wie der einfache prädikative Satz aus einem Prädikat und einem Subjekt, aus einem prädikativ gebrauchten Begriff und einem Wert in bezug auf die Subjektvariable dieses Begriffes besteht, so besteht der Relationssatz aus dem Beziehungskern mit seinen Variablen und je einem Wert für jede dieser Variablen[44]."

Was sich so als eine Ausweitung der sprachlichen Abbildung auf der begrifflichen Ebene darstellt, hat sein Korrelat in dem Verhältnis von „Sachverhalt" und „Aussage". Eigenschaften und Relationen können wir streng genommen nicht wissen[45], sondern was wir wissen, sind Sachverhalte, die wir als Aussagen sprachlich zur Darstellung bringen. Werden in diesen Aussagen für Konstanten (Zeichen, die etwas Bestimmtes bezeichnen) Variable (Zeichen, die etwas Unbestimmtes bezeichnen) ersetzt, so entsteht eine *Aussagefunktion*, die immer dann in eine wahre bzw. falsche Aussage übergeht, sobald die Variable durch eine Konstante zulässigen Typs ersetzt wird[46]; nur unter dieser Bedingung können wir sinnvolle Sätze erhalten. Beachten wir die Einsetzungsvorschrift nicht, d. h. ersetzen wir die Variable durch Konstanten eines anderen Typs als den, der generell durch die Variable bezeichnet wird, so erhalten wir einen sinnlosen

[44] *Burkamp* 37 S. 53 f. (Im Original nicht gesp.). — Einige technische Begriffe der Eigenschaftsbestimmung logischer Funktionen, die für die Grundlegung der mathematischen Wirtschaftstheorie von Bedeutung sind, müssen hier noch angeführt werden: Folgt aus x **R** y und y **R** z immer eindeutig x **R** z, dann bezeichnet man die Relation als transitiv, ist das nicht der Fall, als intransitiv (Beispiel: „gleichwertig" — „Vater von"); gilt x **R** x, bezieht sich also eine Variable auf sich selbst, so spricht man von einer reflexiven Relation (Beispiel: „Selbstversorger", „Äquivalenz"), steht kein Element des Definitionsbereich von **R** zu sich selbst in der Relation **R**, so ist **R** irreflexiv (Beispiel: „Sohn von", „Nachfolger von"); enthält die Konverse der Relation **R** die gleichen Elementpaare wie **R**, so heißt die Relation symmetrisch, andernfalls ist sie asymmetrisch (Beispiel: „Geschwister" — „Kind von").

[45] Vgl. *Bocheński* 21 S. 11.

[46] Vgl. zum folgenden die Darstellungen der modernen Logik, wie *Tarski* 195. — *Carnap* 42. — *Carnap* 47. — *Hilbert* und *Ackermann* 96. — *Juhos* 110. — *Hermes* und *Scholz* 238, dort auch weitere Literatur.

Satz, der weder der Verifikation noch der Falsifikation fähig ist, sondern dadurch unbrauchbar wird, daß er die sprachlogischen Regeln verletzt. Der Satz „Eisen ist ein wirtschaftliches Gut" geht in eine Satz- oder Aussagefunktion über, indem die Konstante „Eisen" durch die Variable „x" ersetzt wird: „x ist ein wirtschaftliches Gut"; eine sinnvolle (wahre oder falsche) Aussage kann jetzt nur entstehen, wenn die Leerstelle „x" durch eine Konstante aufgefüllt wird, die der sprachliche Ausdruck für ein materielles Objekt ist: „Holz ist ein wirtschaftliches Gut" (wahr) oder „Luft ist ein wirtschaftliches Gut" (falsch). Ein sinnloser Satz entsteht dadurch, daß wir für „x" entweder einen abstrakten Begriff („das Integral ist ein wirtschaftliches Gut") oder einen Ausdruck höheren Typs[47] („weiß ist ein wirtschaftliches Gut") einsetzen.

Ein Begriff geht in den Funktionenkalkül nur als ein Spezialfall der Aussagefunktion ein, als ein unvollständiger Satz, eine Satzfunktion mit Leerstellen, wobei der Begriff die Struktur der Sätze gewissermaßen impliziert: „Die Begriffe haben schon die Form der Sätze, in denen sie vorkommen, zu denen sie ergänzt werden können"[48],insofern als die Leerstellen einer Funktion nur in Argumentwerte bestimmten Typs übergehen können, um sinnvolle Aussagen zu erzeugen. Die prädikative Satzfunktion (Eigenschaftsaussage) — für die alte Logik die allein mögliche Form der Verbindung von Begriffen — wird in der neuen Logik durch mehrstellige Satzfunktionen ergänzt, die sich *strukturell* von den Eigenschaftsaussagen unterscheiden und bei gewaltsamer Umformung in einstellige Prädikatsaussagen nicht nur den Beziehungscharakter verlieren, sondern darüber hinaus zu den schon erwähnten Schwierigkeiten im syntaktischen Transformationsprozeß Anlaß geben.

Die Reduktion der Begriffe auf die Funktionsform ist dabei nicht für alle Begriffe möglich, sondern nur bei solchen, die ein- oder

[47] Die Einteilung der Begriffe in Typen wurde zur Überwindung der logischen Antinomien von *Russell* 471 S. 222 ff. eingeführt. Die Hierarchie der Typen — Individuen, die nicht Eigenschaften sind (1. Stufe), die Eigenschaften von Individuen (2. Stufe), die Eigenschaften solcher Eigenschaften (3. Stufe) usw. — muß beachtet werden, um sinnlose Sätze zu vermeiden; eine Eigenschaft erster Stufe kann nur auf Individuen bezogen werden, sich selbst oder einer höheren Stufe kann sie nicht zukommen, eine Eigenschaft zweiter Stufe kann sich weder auf Individuen, noch auf sich selbst, noch auf eine höhere Stufe beziehen; allgemein gesprochen entstehen sinnlose Sätze also immer dann, wenn ein Begriff bzw. eine Eigenschaft n-ter Stufe auf eine andere bezogen wird, die nicht der (n-1)-ten Stufe angehört. Vgl. hierzu *Whitehead* and *Russell* 212 S. 63 ff. — *Carnap* 41. — Zur Vorgeschichte der Typentheorie, besonders zum Unterschied zwischen den rein logischen Antinomien und den semantischen, vgl. *Bocheński* 22 S. 448 ff.

[48] *Juhos* 110 S. 24.

mehrstellige Prädikate sind; solche Begriffe, die als Konstanten Individuen bezeichnen, können nur als Argumentwerte, nicht als Funktionen auftreten, ihr logischer Typus bezeichnet aber die Leerstelle, die sie ausfüllen können, um zu sinnvollen Aussagen zu führen. „Demnach gilt für *alle* Begriffe, sowohl für die Individualbegriffe wie für die Prädikatbegriffe ..., daß sie den Sätzen gegenüber, in denen sie vorkommen bzw. zu denen sie ergänzt werden können, keine selbständigen logischen Formen sind. Ihre Form, d. i. ihre Struktur bzw. ihr Typus, hängt von der Form der Sätze ab, deren nicht-selbständige Teile sie sind[49]." Die Satzfunktionen — das ist schon seit Frege[50] Gemeingut der formalen Logik — haben prinzipiell dieselbe Struktur wie die mathematischen Funktionen, wodurch eine Abbildung aller als Satzfunktionen auftretenden sprachlichen Elemente auf den mathematischen Funktionenkalkül möglich geworden ist.

Damit sind in aller gebotenen Kürze die Grundbegriffe und -beziehungen der mathematischen Logik dargestellt, wenigstens soweit wir uns ihrer zur Begründung einer mathematischen Wirtschaftstheorie bedienen müssen.

c) Das Problem der sozialwissenschaftlichen Methodologie und die Rezeption der neuen Logik

Die Darstellung der wissenschaftstheoretischen Position des logischen Empirismus ließ erkennen, daß einzelwissenschaftliche Methodologie in der Rezeption der jeweils neuen Gestalt der formalen Logik oder eines ihrer Teilbereiche zu bestehen hat. Nachdem wir diejenige Erweiterung des klassischen Systems der Logik geschildert haben, die sich für die logische Begründung einer mathematischen Wirtschaftstheorie als unumgänglich erweisen wird, müssen wir vor Eintritt in den Hauptteil der Gedankenführung hier die Frage aufwerfen, worin sozialwissenschaftliche Methodologie früher — zum Teil noch bis auf den heutigen Tag — ihre Aufgabe gesehen hat. Diese Überlegungen werden sich später als geeignet erweisen, neues Licht auf die langwierigen und fruchtlosen Debatten um die mathematische Nationalökonomie zu werfen.

Die Geburtsstunde der Nationalökonomie als systematischer Wissenschaft vollzog sich in einer Zeit, die, wie vielleicht keine andere außer ihr, einen einheitlichen umgreifenden Denkstil geprägt hatte. Alles wissenschaftliche Bemühen stand im Lichte der beherrschenden Mechanismusvorstellung, und der von den bis dahin am stärksten entwickelten Zweigen der Naturwissenschaften geprägte Wissenschafts-

---

[49] *Juhos* 110 S. 27.

[50] Vgl. vor allem die beiden kleineren Schriften von *Frege* 80 und 230 S. 656 ff.

typus wurde unkritisch als Richtschnur für die neu entstehenden Wissensbereiche übernommen: Wissenschaft war *Kausal*forschung, weil alles Geschehen einer unmittelbaren und vollständigen Ursache zuzuordnen war, ihr Ziel wurde das *Gesetz*. Das Verhältnis der klassischen Nationalökonomie zum Methodenproblem zeichnete sich durch eine geniale Unbekümmertheit aus, so daß etwa ein Jahrhundert vergehen mußte, bis die ersten Untersuchungen zu ihrem Methodenproblem erschienen[51], die eine Analyse des bisher beschrittenen Weges erstatteten. Diese Situation der verzögerten Anpassung der Grundlagenforschung an die positiven Ergebnisse blieb für die Nationalökonomie seither bestimmend und ist noch heute ein unterscheidendes Merkmal anderen Wissenschaften gegenüber. Gewiß zeigt uns die Entwicklung der abendländischen Geistesgeschichte eine nicht geringe Anzahl von Beispielen dafür, daß das Anfangsstadium einer Wissenschaft nicht zugleich die Periode ihrer methodologischen Fundierung war, daß vielmehr das Forschen ohne eine Kenntnis der formalen Logik und der allgemeinen Methodologie unbedenklich seinen Anfang nahm, ja, mehr noch, daß der Fortschritt der Formalwissenschaften oft erst auf der nachträglichen Analyse des einzelwissenschaftlichen Verfahrens beruhte[52]; trotzdem beweisen gerade die höchstentwickelten Wissenszweige, daß von einem gewissen Reifestadium ab eine innige Beziehung zwischen Grundlagenforschung und positiver Arbeit als unumgängliches Fortschrittskriterium zu gelten hat. Die Tatsache, daß sich der anfangs natürliche Zustand durch die Lehrgeschichte der Wirtschaftswissenschaften fortgeschleppt hat, deutet wohl hier auf eine andere Ursache als die eines künstlich verlängerten und bis heute noch nicht abgeschlossenen Reifungsprozesses.

Die Übernahme eines festgefügten erkenntnistheoretischen oder gar weltanschaulichen Vorstellungsschemas ließ die eigentliche *Verfahrens*problematik innerhalb der Nationalökonomie anfänglich gar nicht erst zum Entstehen kommen, und wenn die Methodologie der Sozialwissenschaften in der Folgezeit überhaupt nur vereinzelt als spezifischer Untersuchungsgegenstand herausgestellt wurde, so immer im Gewande einer umgreifenden erkenntnistheoretischen Fragestellung. Methodologische Untersuchungen zielten somit zunächst auf die Festlegung des Wissenschaftscharakters der Nationalökonomie[53], und eine solche Eigenschaftsbestimmung war durchweg ausgerichtet an dem aus den Naturwissenschaften entnommenen Gesetzesbegriff. Gerade

---

[51] Vgl. *Mill* 138 Book VI. und *Mill* 139.

[52] Vgl. *Bocheński* 21 S. 20.

[53] *Menger* 136 S. V f. bezeichnet dieses Vorgehen als charakteristisch für einen großen Teil der sozialwissenschaftlichen Methodologie, obgleich er die Bemühungen der klassischen Schule als legitime Methodik anerkennt.

dieser Begriff zeigt mit aller Deutlichkeit, worin der Anpassungsprozeß der Sozialwissenschaften an den neubegründeten Wissenschaftstypus der klassischen Mechanik bestand: es war weder die Forschungstechnik (Experiment), noch die Denkmethode (Mathematik), die ihrer Objektivität und Präzision wegen den Naturwissenschaften entlehnt wurden, sondern die Anleihe bei der Newton'schen Mechanik bestand eben in mehr, in der Anpassung an eine abgeschlossene erkenntnistheoretische Gesamtkonzeption; denn der Gesetzesbegriff — so wie ihn die klassische Nationalökonomie dem mechanistischen Weltbild der Aufklärung entnahm, war keine rein logische Kategorie, sondern enthielt neben erkenntnistheoretischen Vorstellungen auch noch normative Bestimmungselemente[54], die an seinen Ursprung aus der Sphäre des menschlichen Handelns erinnern.

Ob diese Erklärung als *hinreichende* Begründung für das mangelnde methodische Selbstbewußtsein der klassischen Volkswirtschaftslehre gelten kann, wagen wir nicht zu entscheiden, nur ließ sie uns einen Ansatzpunkt gewinnen, der überraschenderweise auch für die Folgezeit zur Unterscheidung zwischen sozialwissenschaftlicher Methodologie im eigentlichen Sinne und begrifflicher und aprioristischer Spekulation über Objekt und Wissenschaftstypus der Nationalökonomie bestehen kann; überdies läßt sich auch die Tatsache nicht leugnen, daß sich diese Zeit, in der die Volkswirtschaftslehre den Charakter einer selbständigen Wissenschaft gewann, sowohl durch ein außergewöhnlich hohes Maß an philosophischer Denkarbeit — besonders eben auf dem Gebiete der Erkenntnistheorie —, als auch durch eine Stagnation, wenn nicht sogar eine absolute Dekadenz in der formalen Logik auszeichnete.

Versucht man nun unter diesem Gesichtspunkt die Entwicklung der „Methodenlehre" in den Sozialwissenschaften abzulesen, so bieten sich zunächst die eigentlichen Höhepunkte methodologischen Bemühens in der Lehrgeschichte der Nationalökonomie an, die wir in dem älteren und jüngeren Methodenstreit und in der Rezeption der Verstehensproblematik zu sehen haben. Die beiden letztgenannten Entwicklungsstufen können hier unberücksichtigt bleiben, die eine, weil sie außerhalb der zu behandelnden Fragestellung steht (jüngerer Methodenstreit)[55], die andere, weil sie an einer anderen Stelle wieder aufge-

---

[54] Vgl. hierzu u. a. *Sundbom* 503 S. 615 ff.

[55] Die Berechtigung hierfür ergibt sich nicht nur aus der beschränkten Thematik dieser Arbeit, sondern läßt sich darüber hinaus noch aus der veränderten Einstellung erklären, die wir heute aus größerer zeitlicher Distanz den zwei Methodenstreiten gegenüber einnehmen; unsere Optik läßt die unabhängige Behandlung, die beide im Laufe der Zeit durch Dogmen- und Methodengeschichte erfuhren, heute nicht mehr gerechtfertigt erscheinen, sondern deutet auf eine enge Verbindung in der methodolo-

griffen wird, da ihr eine zentrale Bedeutung für das Kernproblem der Untersuchung zukommt (Übernahme des Verstehensbegriffs); bleibt nur die erste große Methodendebatte, die durch die Wiederbelebung des erkenntnistheoretischen Subjektivismus Kants in der Wissenschaftslehre der Südwestdeutschen Schule einerseits, durch das seit Beginn der Neuzeit ständig wachsende historische Bewußtsein (Historismus) andererseits, hervorgerufen oder zumindest philosophisch gestützt wurde. Die Frage, die es in diesem Zusammenhang zu beantworten gilt, scheint zunächst paradox, hat jedoch nicht nur ihre Berechtigung, sondern ihre ganz bestimmte Bedeutung im Hinblick auf die mathematische Behandlung der Nationalökonomie; sie lautet: Waren die ganzen Bemühungen, die sich um die beiden Antipoden C. Menger und G. Schmoller gruppierten, von methodologischem Bewußtsein getragen oder liegt hier vielmehr die gleiche erkenntnistheoretische Überlagerung des eigentlichen Methodenproblems vor, wie wir es für die früheren „methodologischen" Arbeiten als charakteristisch erkannten?

Eine oberflächliche Analyse scheint eine genuine Verfahrensdebatte zu bestätigen, weil sich als das Hauptanliegen der einen Partei[56] die Begründung der theoretischen Wissenschaftsform in der Nationalökonomie ergibt. Bei näherer Betrachtung kann man jedoch feststellen, daß der ältere Methodenstreit genau so außerhalb einer richtig verstandenen Methodologie stand wie alles, was ihm an Grundlagenforschung voranging, und das eben, weil er in demselben Maße von der Plattform einer dogmatisch verhärteten erkenntnistheoretischen Anschauung geführt wurde und kein Verhältnis zur formalen Logik hatte. Eine Bestätigung hierfür findet sich bei Menger[57]; aus ihr wird eine Orientierung an einem neukantianisch interpretierten Gesetzesbegriff deutlich, durch die man an der Eigenschaftsbestimmung einer formalen Wirtschaftstheorie — so sehr man auch davon überzeugt war, sie gefunden zu haben — vorbeiging. Die Vorstellung von der unterschiedlichen Strenge der verschiedenen theoretischen Wissenschaften und dem hieraus resultierenden wechselnden

---

gischen Grundhaltung zwischen älterem und jüngerem Methodenstreit hin: der Primat des Geschichtlichen hat nicht nur jenen zweifelhaften Wust von historischen und institutionellen Einzelstudien hervorgerufen, sondern führte auch dazu, Werturteile in den Geltungsbereich der Wissenschaften zu stellen. Gerade diese unglückliche Verbindung von Kathedersozialismus (Werturteil) und historischer Schule hat Pohle bereits 1911 für das Fehlen einer theoretischen Wirtschaftswissenschaft verantwortlich gemacht und ihn zu der Feststellung veranlaßt, „daß es wirkliche Nationalökonomen in der deutschen Volkswirtschaftslehre nur noch als rarae aves gibt". (*Pohle* 164 S. V.)

[56] Vgl. *Menger* 136 S. 3 ff.

[57] Vgl. *Menger* 136 S. 25 f.

Grad der Exaktheit von Naturgesetz und sozialen Gesetzen hat sich von hier aus durch die Methodengeschichte fortgepflanzt und findet noch heute ihre Anhänger.[58]

Eben hierin ist nun der Grund dafür zu suchen, daß dieser erste Höhepunkt im bisherigen Verlauf der wissenschaftsimmanenten methodologischen Auseinandersetzung nicht zu einer Klärung des Verfahrensproblems führte, sondern durch den überraschend toleranten Tenor des Schmollerschen Schlußwortes — die Feststellung also, „Induktion und Deduktion sind für die Wissenschaft beide bedeutsam, so wie beide Beine erst das Gehen ermöglichen"[59] — wurde nur die bis ins Letzte gesteigerte Grundsätzlichkeit der erkenntnistheoretischen Ausgangspositionen gemildert, ebenso wie das unerfreuliche Ausmaß von Unsachlichkeit und persönlichen Fehden überwunden wurde, die aus der Methodendebatte eine der Wissenschaft unwürdige Zwistigkeit hatte werden lassen. Die Forderung nach einem Pluralismus der Verfahrensweisen stand von nun ab hoch im Kurs und führte durch das gleichermaßen autoritative wie inhaltsleere Schmollersche Diktum zu einem unvergleichlichen Quietismus in der wissenschaftsimmanenten Methodologie, die der derzeitigen Erkenntnistheorie alle Zuständigkeit für die Lösung einzelwissenschaftlicher Methodenprobleme überantwortete, allein unterbrochen durch das Erscheinen von Schumpeters *Das Wesen und der Hauptinhalt der theoretischen Nationalökonomie* (1908), das unsere heutige Stellung zum Methodenproblem in seinen Grundlagen auf geniale Weise vorausnahm[60]. Durch diese vorschnelle Resignation ist nicht nur die facheigene Problematik verloren gegangen oder in den Hintergrund getreten, sondern die Nationalökonomie hatte sich hierdurch unnötigerweise sklavisch an eine Entwicklung der Erkenntnistheorie und Wissenschaftslehre gekettet, die, wie wir schon andeuteten, für die spezifisch nationalökonomischen Methodenprobleme irrelevant war, wenn nicht gar in sich eine unfruchtbare Wiederbelebung des kantischen Erbes darstellte. An dieser Resignation der Sozialwissenschaften hat uns nicht nur die Tatsache zu interessieren, daß das Postulat des Methodenpluralismus in seiner ganzen Unverbindlichkeit in sich schon den Keim zu einem Synkretismus der Verfahrensweisen trug, der für die Folgezeit kennzeichnend ist, so daß diese kurze Periode der engen Verbindung von Philosophie und Sozialwissenschaften die Lösung der „Großen Antinomie"

[58] Vgl. etwa *Ottel* 448 S. 209.
[59] *Schmoller* 271 S. 478.
[60] Die nächste bedeutende methodologische Untersuchung, die von den Wirtschaftswissenschaften selbst erstattet wurde, erschien 1911 (*Amonn* 6) und bewegte sich wiederum in den Geleisen des inzwischen zur Blüte gelangten Neukantianismus.

(Eucken) von Theorie und Geschichte, die aus dem älteren Methodenstreit fortdauerte, im Grunde nicht wesentlich weiterführte, sondern sie vielmehr von einer streng dogmatischen Erkenntnistheorie her verhärtete.

Das Klima, das sich so über der sozialwissenschaftlichen Grundlagenforschung ausbreitete und bis zum Auftreten der wissenschaftlichen Philosophie für die Methodologie bestimmend war, stellt sich heute als eine unzureichende Formulierung des Methodenproblems schlechthin dar; einer Lösung gar war es deshalb weiter entfernt, als der Aufwand an erkenntnistheoretischen Spitzfindigkeiten und persönlichen Animositäten des älteren Methodenstreits es ahnen ließ.

Hierauf stützt sich unsere These, daß die Entwicklung der mathematischen Wirtschaftstheorie, deren Einführung noch in eine Zeitspanne ohne ausgeprägtes methodologisches Bewußtsein fiel und deren Anfangsstadium auf die erkenntnistheoretisch überlagerte Konzeption des Methodenproblems traf, als das erste und eigentliche methodologische Problem eine Überforderung der zeitgenössischen Grundlagenforschung darstellte; die Folge davon war eine permanente, offen geführte oder versteckt weiterlebende, Diskussion um die mathematische Methode in der Nationalökonomie, die, so wie sie in den Anfängen geführt wurde, auch noch heute andauert. Als Begründung wird sich ergeben, daß die Mathematisierung der Wirtschaftswissenschaft kein erkenntnistheoretisches, sondern ein logisches Problem ist, das nur mit den Mitteln der *neuen* Logik zu bewältigen ist. Erst dadurch, daß die Logistik für die einzelwissenschaftliche Methodologie fruchtbar gemacht wurde, kann der unbefriedigende Zustand der sozialwissenschaftlichen Verfahrenslehre überwunden werden, der sich darin zeigte, daß die Rechtfertigung einer Methode mit unzureichenden logischen Hilfsmitteln unternommen und ihre Widerlegung von einer erkenntnistheoretisch präformierten Gegenposition her versucht wurde, die die wissenschaftlich verbindlichen Aussagemöglichkeiten der Philosophie überforderte[61].

---

[61] Der fruchtbare Gedanke einer Überwindung der herkömmlichen Erkenntnistheorie, die die Wissenschaftslehre einschloß, der Verbindung von Psychologie und Logik wegen jedoch zu keiner konstruktiven Wissenschaftskritik und Methodologie gelangte, entstammt dem logischen Empirismus. Vgl. *Carnap* 284 und *Carnap* 222 S. 36 ff.

B. Die mathematische Nationalökonomie

I. Der mathematische Kalkül

Die Tatsache, daß Mathematik zu Beginn ihrer Entwicklungsgeschichte angewandte Wissenschaft war, hat lange Zeit die Ansichten über den Charakter dieser Wissenschaft und die Bedingungen ihrer Anwendbarkeit auf empirische Bereiche bestimmt. Heute steht der rein formale Charakter der Mathematik im Vordergrund. Die untergeordnete Aufgabe des Berechnens und Messens (Babylonien — Ägypten), die schon frühzeitig der Rolle des Erklärens und Verstehens gewichen war (Griechenland), wird demgegenüber ganz vernachlässigt; sobald der einfache Zahlenbegriff überschritten ist, zeigen sich die Elemente der Mathematik als Schöpfungen des reinen Denkens, deren Beziehungen nicht Verhältnisse der erfahrbaren Wirklichkeit darstellen, sondern Zusammenhänge begrifflicher Inhalte, die nur im denkenden Bewußtsein vorhanden sind. Die Gegenstände der Mathematik sind in keinem Falle Objekte der äußeren Natur, sondern Geschöpfe unseres Verstandes, die nur insoweit existieren, als sie vom Menschen gedacht werden[1].

War bei den Griechen die Ablösung der Mathematik von ihren Anwendungsbereichen (Berechnungs- und Vermessungskunst) in dem Bewußtsein vollzogen worden, daß der Wissenschaftscharakter der Mathematik nicht durch die Bestätigung ihrer Sätze in der Erfahrungswelt zu begründen sei, sondern allein durch die Rückführung auf logische Regeln, so ist dieser fruchtbare Ansatzpunkt, der in der Mathematik das Paradigma *aller* Wissenschaften (Platon) sehen konnte, durch die Ausschließlichkeit zerstört worden, mit der seit dem Aufkommen der modernen Naturwissenschaften ihr Anwendungsbereich auf *ein* Wissensgebiet beschränkt wurde. Die philosophischen Anschauungen des Rationalismus, die Natur sei von einem Mathematiker-Gott geschaffen und *enthalte* so gewissermaßen die unverbrüchlichen Gesetze der Mathematik, brachte das zum Ausdruck, so daß die klassische Physik der Kepler, Galilei und Newton noch der Meinung sein konnte, die Mathematik habe ihre Begründung in der

---

[1] Vgl. *Kraft* 291 S. 33. — *Hasse* 366 S. 393 f. — *Whitehead* 211 S. 20: „The originality of mathematics consists in the fact that in mathematical science connections between things are exhibited which, apart from the agency of human reason are extremely unobvious."

mechanischen Anwendbarkeit und sei nichts weiter als dasjenige Teilgebiet der Mechanik, daß die Meßkunst festlege und begründe[2].

Die in der zweiten Hälfte des vorigen Jahrhunderts einsetzende Grundlagenforschung[3] hat nicht nur die Ansicht von der Dienerrolle der Mathematik an den Naturwissenschaften zerschlagen, sondern hat darüber hinaus auch den Gedanken aufgegeben, die Mathematik auf die Lehre von Raum und Zahl beschränken zu können oder ihr gar ausschließlich die Aufgabe des Messens und Zählens zuzugestehen. Besonders in unserem Jahrhundert zeigte sich dann, daß physikalische Gesetzesformen durch das mathematische Denken schon vorweggenommen waren; das gilt sowohl im Falle der Relativitätstheorie, für die die nicht-euklidische Geometrie als adäquates Sprachsystem bereits hundert Jahre früher vorlag, als auch für die Formulierung der Quantenphysik, wo deshalb eine neue Form der Mathematik benötigt wurde, weil der Infinitesimalkalkül nicht gestattet, unstetige Quantensprünge zu erfassen und das Stetigkeitspostulat nur in dem makrophysikalischen Bereich erfüllt ist. Auch hier war die zugrunde liegende Mathematik *unabhängig* von den physikalischen Ergebnissen schon vorher entworfen durch Hilberts Theorie der unendlichen Matrizen und quadratischen Formen[4]. Es ist also keineswegs so, daß Mathematik ständig unter dem Einfluß naturwissenschaftlicher Problemstellungen entwickelt wurde, und wenn das einmal einsichtig ist, besteht auch grundsätzlich keine Schwierigkeit mehr, die ontologische Neutralität des mathematischen Denkens allgemein zu belegen[5]. Das gesamte Aussagengefüge der Mathematik basiert dann auf wenigen Grundannahmen (Axiomen), aus denen die Lehrsätze durch rein logische Operationen mit Hilfe einmal festgelegter Denkregeln abgeleitet werden. Der Charakter dieser Grundannahmen wurde zu verschiedenen Zeiten unterschiedlich bestimmt, während die Vorrangstellung der Mathematik, die ihr auf Grund des deduktiven Schlußverfahrens zukommt, schon seit altersher betont wird. Heute ist man *vorwiegend*[6] der Ansicht, daß es sich bei den Axiomen um bloße Kon-

---

[2] Vgl. *Bense* 18 S. 51.

[3] Vgl. v. a. *Frege* 79 und *Frege* 81.

[4] Vgl. *Jordan* 242 S. 71.

[5] Womit nichts gegen eine genealogische Beziehung der mathematischen Gegenstände zur Erfahrung gesagt sein soll. — Vgl. hierzu *Kraft* 116.

[6] Der hier vertretene Standpunkt ist der des sog. Formalismus, der in der Logik und Mathematik verschiedenartige, durch die Axiome festgelegte Kalküle sieht, in denen es darum geht, aus den Ausgangsformeln auf Grund der Schlußvorschriften andere, darin implizierte formale Beziehungen abzuleiten. — Vgl. hierzu vor allem *Hilbert* 369 S. 405 ff. — *Hilbert* 370. — Über die verschiedenen Eigenschaftsbestimmungen der Mathematik — Formalismus, Logizismus, Intuitionismus — vgl. *Fraenkel* 76. — *Dubislav* 71 S. 37 ff. — *Dubislav* 337 S. 146 ff. — *Menger* 424, *Carnap* 328, *Fraenkel* 349, *Bernays* 314, *Carnap* 329, *Heyting* 368 und *Neumann* 438.

ventionen handelt. Die ausnahmslose Gültigkeit der mathematischen Sätze, die der apodiktischen Form solcher Urteile zukommt, ist damit aufgegeben, und die Axiomatik der Mathematik ist im eigentlichen Sinne nur Hypothetik, ihre Sätze sind nur assertorische Urteile. Die Mathematik „gilt auch als bloßes relationstheoretisches Gebiet nicht unbedingt, sondern nur bedingt, bei bestimmten Voraussetzungen; sie stellt ein hypothetisch-deduktives System dar. Denn ihre Sätze lassen sich nur zu einem Teil absolut gültig aussprechen, zum größeren Teil aber nur auf Grund von Voraussetzungen entwickeln"[7]. Dieser Tatbestand wurde nicht nur durch die nicht-euklidischen Geometrien Riemanns und Lobatschewskijs (ellyptische Geometrie) und Bolyais (hyperbolische Geometrie) verdeutlicht, sondern vielmehr noch durch die neue Logik, in die die mathematischen Systeme nur als spezielle Teilbereiche eingegangen sind, und auf deren Grundsätzen sie nach Auffassung des Logizismus letztlich beruhen[8].

Von dieser Warte aus gilt auch die Anschauung Kants als widerlegt, der in den Sätzen der Mathematik „synthetische Urteile a priori" sah. Die mathematische Erkenntnis besitzt durchaus nichts Synthetisches; versteht man die Deduktionen als bloße tautologische Umformungen aus den definitorisch festgelegten Begriffsinhalten, so wird damit zugleich die analytische Form der mathematischen Schlüsse betont, der methodische Wert des mathematischen Denkens aber keineswegs geleugnet. Das analytische Verfahren der Mathematik, das Schließen auf der Grundlage weniger, in sich und untereinander widerspruchsfreier Axiome, begründet zugleich eine Wahrheitsgarantie, die durch den tautologischen Charakter solcher Umformungen verbürgt ist[9].

Das Aussagegefüge der Mathematik ist aus den Grundannahmen deduziert, so daß alles, was in den Lehrsätzen ausgesprochen wird, schon implizit in den Prämissen vorhanden sein muß[10]. Mit den Axiomen „werden einfach die notwendigen und hinreichenden Bedingungen für die Deduktion als rein gedankliche Annahmen eingeführt[11]". Der Gültigkeitsanspruch mathematischer Sätze beruht dann

---

[7] *Kraft* 291 S. 84. — Vgl. auch *Münzhuber* 144 S. 28 ff.

[8] Vgl. *Hempel* 234 S. 248 f.: „The geometrical theory which is used to describe the structure of the physical universe is of a type that may be characterized as a generalization of elliptic geometry. It was originally constructed by Riemann as a purely mathematical theory, without any concrete possibility of practical application at hand." — *Hempel* 237 S. 148 ff.

[9] Vgl. *v. Freytag-Löringhoff* 353 S. 603. — *Hahn* 364 S. 96 ff.

[10] Dieser Gedanke, daß alle mathematischen Sätze schon virtuell oder potentiell in den Postulaten (Axiomen) enthalten seien, das Schlußverfahren also analytischer Natur sei, geht schon auf Leibniz und d'Alembert zurück. (Vgl. *Dubislav* 71 S. 39.)

[11] *Kraft* 291 S. 76.

allein auf der logischen Notwendigkeit, mit der sich die Folgerungen aus den Grundannahmen ergeben.

Die mathematische Wissenschaft wird vorwiegend gesehen als ein System von Urteilen, die innerhalb der durch die Axiome festgelegten Grenzen ausnahmslos gelten. Die ontologische Unabhängigkeit der mathematischen Gegenstände steht im Mittelpunkt dieser Ansicht; ebenso bedeutend, wenn auch diesen Haupteigenschaften gegenüber zweitrangig, ist die symbolisierte Sprache, deren sich die Mathematik in ständig zunehmendem Maße bedient und die ihre Vorrangstellung bis zur letzten Konsequenz durch die mathematische Logik begründet hat: nicht nur die Begriffe und Aussagen, sondern auch die Schlußweisen werden jetzt in der Symbolsprache der Mathematik ausgedrückt. Dadurch kann das logische Schließen allein „durch ein Umbauen und Abwandeln der logischen Formeln nach gewissen vollständig angebbaren Regeln" wiedergegeben werden[12]. Nicht zuletzt die mathematische Zeichensprache hat aus der Raum- und Zahlenlehre eine allgemeine formale Beziehungslehre entstehen lassen, weil die Symbole der Mathematik inhaltlich neutral sind; sie können Beliebiges ausdrücken, obwohl sie formal individualisiert sind[13]. Dadurch, daß die mathematischen Zeichen während des Schlußverfahrens nur als Symbole, nicht aber in ihrer inhaltlichen Zuordnung verstanden werden, können die logischen Operationen ohne einen Rückgriff auf das Gemeinte durchgeführt werden[14]. Der Formalismus der mathematischen Sprache garantiert so die Widerspruchslosigkeit und Sicherheit des Aussagengefüges.

Die hervorragende Bedeutung des mathematischen Denkens ist letztlich auf die ausnahmslose Gültigkeit ihrer Sätze zurückzuführen, die wir dem Tatbestand zuschreiben müssen, daß die Gegenstände, zwischen denen notwendige Beziehungen auf Grund rein logischer Regeln gefunden werden, nicht auf Grund von Beobachtung gewonnen werden, sondern Gedankenkonstruktionen sind. Die mathematischen Er-

---

[12] *Deuring* 227 S. 32.

[13] Vgl. *Kraft* 291 S. 76.

[14] Vgl. *Weyl* 517 S. 224: „Es stellt sich nämlich heraus, daß sich solche logischen Formeln manipulieren lassen, ohne daß man auf den Sinn der logischen Grundbegriffe zu rekurrieren braucht, ja daß auch das Beweisen sich auf ein Umgehen mit Formeln reduziert, dessen Regeln leicht und vollständig an der äußeren Gestalt der Formeln beschrieben werden können, ohne daß ihr Sinn in Frage kommt. Hier ist dann eine Stufe erreicht, wo wirklich der Inhalt der Mathematik durch einen systematischen Symbolismus gänzlich in wortfreien Formeln niedergelegt werden kann. Das mathematische Denken gewinnt damit die größte Sicherheit und Spannweite."

kenntnisse haben nur insoweit Beziehung zur Wirklichkeit, als sie unter bestimmten *Bedingungen* auf sie anwendbar sind. Mathematik erscheint so als eine allgemeine Lehre von den logischen Relationen zwischen Denkinhalten. Dabei stehen — und das muß schon im Hinblick auf die Anwendung der Mathematik auf nicht-naturwissenschaftliche Bereiche gesagt werden — die quantitative Natur und die Kontinuität solcher Beziehungen heute keineswegs mehr im Vordergrund, und die Teilbereiche, in denen das Stetigkeitspostulat und die quantitative Aussageform vorherrschen, werden heute nur noch als Sonderfälle der allgemeinen Beziehungslehre angesehen; die Axiomatik als solche wird als die Haupteigenschaft des mathematischen Denkens bezeichnet. „Die reine Mathematik ist nach moderner Auffassung allgemeine hypothetisch-deduktive Relationslehre, sie entwickelt die Theorie logischer Leerformen, ohne sich an die eine oder andere inhaltliche Interpretation zu binden[15]"; denn die Mathematik ist nur ein Zweig der Logik, zwar nicht nur der quantitative Teil der alten qualitativen Prädikatenlogik, sondern der Logistik, die die traditionelle Logik nur als einen Spezialfall einschließt[16]. Ebenso wie die neue Logik leitet die Mathematik in axiomatisierter Form aus einer kleinen Anzahl von denknotwendigen Sätzen *sämtliche* anderen Aussagen ab, die innerhalb eines Systems als denknotwendig gelten müssen. Die Mathematik erscheint nur als ein Teilbereich aus der Vielzahl von möglichen Axiomensystemen, die in ihrer Gesamtheit die Logistik ausmachen. Jedes dieser Axiomensysteme aber wird aufgefaßt als eine „logische Leerform möglicher Wissenschaften[17]", weil die Erkenntnisse in den einzelnen Wissensgebieten nur nach den Denkregeln des Logikkalküls systematisch geordnet werden können.

---

[15] *Weyl* 280 S. 23. — Vgl. auch *Hilbert* 369 S. 415.

[16] Diese Ansicht des Logizismus (G. Frege, B. Russel, F. P. Ramsay), die mit dem konsequenten Formalismus unverträglich ist, weil sie sich gegen die konventionalistische Bedeutungslosigkeit der mathematischen Sätze wendet (vgl. *Ramsay* 169 S. 2 ff.), beruht auf der Möglichkeit, die mathematische Begriffsbildung auf logische Begriffe, die mathematische Beweisführung auf tautologische Umformungen und die Grundsätze der Mathematik auf die Axiome der Logik zu reduzieren. Daß diese Ansicht nicht generell akzeptiert wird, obgleich sie für den weitaus größten Teil des mathematischen Lehrgebäudes zutreffend ist, liegt daran, daß das letztgenannte Erfordernis nicht erfüllt werden kann, weil der Beweis gewisser mathematischer Sätze zwei außerlogische Axiome benötigt (Unendlichkeits- und Auswahlaxiom), deren tautologischer Charakter nicht nachzuweisen ist. Führt man diese Axiome als Hypothesen in den Kalkül ein, so werden die mathematischen Sätze zu hypothetischen Urteilen und die beiden Standpunkte (Logizismus und Formalismus) nähern sich.

[17] *Weyl* 280 S. 21. — Vgl. auch *Juhos* 378 S. 599.

II. Das Anwendungsproblem

Die Frage nach dem Verhältnis zwischen Erkennbarem und Erkanntem, zwischen dem empirischen Vorwurf und gewissen allgemeingültigen, *jedweder* Erkenntnis zugrunde liegenden Prinzipien und Denkformen wird keineswegs erst durch die Wissenschaftslogik gestellt, sondern läßt sich bis zu den Anfängen der abendländischen Geistesgeschichte zurückverfolgen und bildet seit jeher eines der Kernprobleme im Gesamtzusammenhang philosophischen Bemühens: Platons *methexis* aus dem Höhlengleichnis der *Politeia*, die scholastische *participatio* und Kants Schematismusbegriff aus der *Kritik der reinen Vernunft* sind als die ausgeprägten Meilensteine der Vorgeschichte anzusprechen.

In allen Entwicklungsstufen war — wenn auch im metaphysischen oder erkenntnistheoretischen Gewand — das Hauptproblem unserer Fragestellung implizit vorhanden: die Frage nach der Beziehung der logischen Regeln zu den Strukturen der Wirklichkeit; einer Wirklichkeit, die sich der bloßen Wahrnehmung als ungegliederte Mannigfaltigkeit zeigt, in der sich auf induktivem Wege eine Reihe von Konkomitanzgesetzen feststellen läßt (denen aber nicht die Dignität der Notwendigkeit zukommt, weil sie auf dem Schluß von n auf n + 1 beruhen, für den es außer den im nachhinein formulierten Wahrscheinlichkeitsgesetzen keine hinreichende Begründung gibt und denen die generelle Möglichkeit der Falsifikation durch vollkommene Induktion anhaftet) und deren Abbildung auf das Aussagengefüge eines axiomatisch-deduktiven Kalküls den Übergang von der Möglichkeit zur Notwendigkeit bedeutet. Dieser Übergang erfordert nun eine Rechtfertigung, einen Beleg für das Entsprechungsverhältnis von Wirklichkeit und Kalkül, eine Antwort also auf die Frage: „wie läßt sich das Unbestimmte bestimmen, wie das Irrationale rational machen, wie Logik, Mathematik, Wissenschaft auf die Welt anwenden?[1]" Daß sich uns das Problem — nicht nur in dem hier dazustellenden Zusammenhang, sondern ganz allgemein — als das der *mathematischen* Anwendbarkeit stellt, ist heute zwar von der Ansicht über den logischen Charakter der Mathematik zu rechtfertigen, findet aber seine geistesgeschichtliche Begründung darin, daß wir in unserer Wissenschaftsanschauung als die letzten Vertreter des großen Jahrhunderts der Mathematik erscheinen, das mit der mathematischen Naturbetrachtung von Galilei und Newton einsetzte; Descartes und Pascal forderten die mathematische Methode als Grundlage allen Denkens, Leibniz sah die Beziehung von Mathematik und Logik, und Kant schrieb trotz seiner umfassenden Polemik gegen Leibniz, daß Gewiß-

[1] *Zilsel* 216 S. 154.

heit allein die Mathematik gebe und daß in einer Wissenschaft soviel Wahrheit enthalten sei, wie Mathematik in ihr stecke.

Das Anwendungsproblem ist nicht erst mit der Mathematisierung einiger Nicht-Naturwissenschaften akut geworden, sondern wurde auch zu einer Kernfrage der naturwissenschaftlichen Grundlagenforschung, sobald die Physik in verstärktem Maße die Überwindung des Schemas der klassischen Mechanik erlebte und in anderen Bereichen — Magnetismus, Elektrophysik, Optik und schließlich Atomphysik — zu Denkschritten führte, die nicht eidetisch interpretierbar waren. So konnte Einstein in einer Ansprache vor der Preußischen Akademie der Wissenschaften im Jahre 1921 die Frage stellen: „Wie ist es, daß die Mathematik, die doch ein von aller Erfahrung unabhängiges Produkt menschlichen Denkens ist, auf die Gegenstände der Wirklichkeit so vortrefflich paßt?"

Die Frage, ob die Logik (Mathematik) ontologisch fundiert oder ontologisch neutral sei, darf dabei keineswegs als fachfremd beiseite gelassen werden, sondern ist für die hier behandelten Zusammenhänge von eminenter Bedeutung: könnten wir ontologische Bezüge der Logik voraussetzen, so würden alle Schwierigkeiten entfallen, die beim „Hineinragen einer angeblich bloß logischen (d. h. also nicht ontologischen) Sphäre in das Gebiet des Seienden"[2] entstünden (Anwendungsproblem); gleichzeitig würde sich aber ein neues Problem ergeben, nämlich das, ob und auf welche Weise die logischen Denksätze, die — wie das für die Mehrzahl der in der neuzeitlichen Logik entwickelten Regeln zutrifft — in strenger Anlehnung an das Anwendungsgebiet der Naturwissenschaften gewonnen wurden, im Seinsbereich der Wirtschaft anwendbar seien. Das würde wiederum zu der Frage einer objektgebundenen Methodologie und damit zu der Auseinandersetzung über die angeblich naturwissenschaftliche Analogie der mathematischen Wirtschaftstheorie führen; außerdem wäre das Anwendungsproblem nicht ganz aus der Debatte entfernt, ja vielleicht sogar erschwert. Die zweite Möglichkeit läge darin, daß das reale Wirtschaftsgeschehen die Prinzipien seiner theoretischen Erfassung selbst zu offenbaren hätte. Diese Ansicht würde — bis in die letzten Konsequenzen durchdacht — fordern, daß jeder Wissensbereich die logischen Kategorien seiner Darstellbarkeit selbst zu finden hätte. Ob das allerdings ohne einen Rekurs auf die in anderen Wissenschaften etablierten Denkformen möglich ist, erscheint zweifelhaft; was sich auf diese Weise ergibt, ist ein „Relativismusproblem" in der Logik.

Plädiert man dagegen vom erkenntnistheoretischen Standort der wissenschaftlichen Philosophie für eine „deontische", d. h. ontologisch

---

[2] *Linke* 407, S. 378 f.

neutrale Logik[3], so bedeutet das für den Aufbau einer Wissenschaftslehre, daß für jeden Wissenschaftstypus ein in den Grundzügen gleichartiges Anwendungsproblem besteht, nämlich das der Isomorphie von Kalkül und empirischem Anwendungsbereich, d. h. der *Strukturgleichheit* von logischer und ontologischer Sphäre. Bedenkt man nun, daß das wesentliche Bestimmungsmerkmal des Kalküls der Folgerungsbegriff ist, so läßt sich die Frage der Anwendbarkeit eines formalen Systems von Sätzen auf die Wirklichkeit auf die Möglichkeit reduzieren, einen Folgerungsbegriff zu finden, der zugleich logisch denkbar und empirisch (in einer noch genauer zu beschreibenden Form) „realisiert" ist. Diesen Beziehungen müssen wir uns jetzt im einzelnen zuwenden.

1. Das Problem der Exaktheit und die theoretische Wissenschaftsform in der Nationalökonomie

Die theoretischen Naturwissenschaften haben durch die Mathematisierung das Wissenschaftsideal der Neuzeit geprägt. Die Ordnung der realen Mannigfaltigkeit durch die Konstruktion exakter Gesetzmäßigkeiten zwischen vereinfachten Grundannahmen eines empirischen Gegenstandsbereiches ist seither das letzte Ziel aller theoretischen Erfahrungswissenschaften; das Bedürfnis nach einem axiomatisierten Sachbereich ist es in allen Fällen gewesen, das den Realwissenschaften ein Verhältnis zur Mathematik auferlegt hat, so daß es letztlich die Eigenschaftsbestimmungen der Mathematik waren, die das Streben allen wissenschaftlichen Bemühens nach Exaktheit bestimmten. Was hieraus folgte, war die Gleichsetzung von Exaktheit und Mathematisierbarkeit, die in der Literatur häufig anzutreffen ist, während die eigentlich (nach neuerer Begriffsbestimmung) zutreffende Identifizierung von theoretischer Wissenschaftsform und mathematischer Anwendbarkeit unrechtmäßig übergangen wird.

Ein gewisser Grad der Verallgemeinerung ist nun jeder Wissenschaft schon dadurch aufgegeben, daß eine sprachliche Abbildung des Erkannten notwendig zur Strukturierung der Realität führt, weil die Sprache das Seiende nicht so zur Darstellung bringt, wie es ist, son-

[3] Vgl. *Nagel* 258 S. 191 ff. — *Einstein* 72. — *Einstein* 228 S. 189 ff. — *Hempel* 234 S. 238 ff. — *Ryle, Lewy* and *Popper* 472 S. 20 ff. — *Carnap* 224. — *Kraft* 116, bes. S. V f.: „Empirische Geltung von Mathematik und Logik kann nichts anderes bedeuten als empirische Anwendbarkeit. Es kann sich nicht darum handeln, wie bei einer Theorie durch ihre Übereinstimmung mit der Erfahrung festzustellen, ob diese Systeme überhaupt gelten oder abgeändert werden müssen. Denn sie haben ihre selbständige, von der Erfahrung unabhängige Geltung. Man kann nur fragen, unter welchen Bedingungen sie in der Erfahrungswelt gelten, d. i. welche Bedingungen ihre Anwendbarkeit an die Wirklichkeit stellt und inwiefern sie erfüllt sind." — Vgl. hierzu die Kritik von *Molitor* 427 und 428.

dern so, wie es gedacht wird. Nur läßt sich die Anforderung an ein wissenschaftliches System nicht so stellen, wie es der konsequente erkenntnistheoretische Subjektivismus verlangte, daß also alle Wissensbereiche grundsätzlich in gleichem Maße formalisierbar sind, was zu einem allen Wissenschaften gemeinsamen Exaktheitskriterium führte. Das würde allerdings erfordern, daß sich - in der entsprechenden Terminologie — ein für alle Seinsbereiche formal gleichartiges Erkenntnisobjekt konstituieren ließe und diese Festlegung des Gegenstandsbereichs sich in der Kennzeichnung von Tatbeständen als Merkmalkomplexen erschöpfe. Die Strukturierung des Erfahrungsbereichs, die gegenseitige Ordnung der Phänomene erfolgt aber erst durch die Wahl des Erkenntniszieles; und erst hierdurch wird die Lösung des Anwendungsproblems, soweit es den Objektbereich angeht, vorbereitet[4]. Hat man diese Zusammenhänge einmal geklärt, so wird ersichtlich, daß eine Beschränkung des Begriffes (exakt) auf die Mathematisierung unzulässig ist, und daß es nur sinnvoll ist, dieses Kriterium auf die Ausnutzung des Spielraums zu beziehen, der vom Erkenntnisziel für Begriffsbildung und Erkenntnisobjekt im Hinblick auf einen logisch-mathematischen Kalkül eröffnet wird. So ist Exaktheit „eine Frage des Anwendungsproblems und ist nichts anderes, als ein Gradbegriff der Kongruenz zwischen Logik der Begriffsbildung und Problem"[5]. Das Denken über die Realität ist im wesentlichen Zuordnung von Elementen des von einer Wissenschaft konstituierten Gegenstandsbereichs, und soweit die Form einer solchen Zuordnung relationistischen Charakter trägt, ist die entsprechende Wissenschaft der theoretischen Wissenschaftsform in mathematischer Sprache fähig. Wo das nicht der Fall ist, muß sich ein Wissensbereich mit dem ihm adäquaten Grad der Exaktheit begnügen, mag der nun in der bloßen Klassifikation, im Typus oder in begrifflicher Subsumption bestehen. Aus dieser Betrachtung läßt sich nun auch ein Kriterium für die Rechtmäßigkeit des Analogievorwurfs, in dessen Schatten sich die Entwicklung einer mathematischen Wirtschaftstheorie vollzog, gewinnen; sie ist dann gegeben, wenn der Exaktheitsgrad eines Wissensbereichs für einen anderen gefordert wird, ohne daß sich die Übereinstimmung in der Problemstellung aufweisen ließe, von der allein die Art der methodischen Darstellung des Gewußten gefordert wird. Wenn also die naturwissenschaftliche Erkenntnisform als Leitbild der neuzeitlichen Forschung proklamiert wird, so liegt damit am Grunde aller einzelwissenschaftlichen Methodologie die Lösung der Anwendungsproblematik.

---

[4] Vgl. *Schams* 476 S. 456.

[5] *Schams* 476 Fn.18 S. 460 f. (Im Original z. T. gesperrt.)

In der Nationalökonomie trat das Streben nach einer theoretischen Darstellungsform mit dem Anspruch auf den Wissenschaftscharakter auf, nur hat der Theoriebegriff im Laufe der Dogmengeschichte ganz unterschiedliche Deutungen erfahren, meist so, daß man ihn der Wissenschaftsform zugeordnet hat, die angeblich dem legitimen Gegenstand adäquat sei. So kommt es etwa, daß Roscher[6] den Theoriebegriff für das Verfahren der Historischen Schule postuliert. Erst seit Menger[7] besteht in der sozialwissenschaftlichen Methodologie ein Empfinden dafür, daß dieser Begriff eben genau die optimale Ausnutzung des Spielraums der Anwendungsproblematik bezeichnet, und seither drängt sich gerade in der Nationalökonomie bei den Vertretern der mathematischen Schule trotz der durchgängig unzureichenden Lösung des Anwendungsproblems die Vorstellung durch, die den Theoriebegriff auf das mathematische Verfahren in den Wirtschaftswissenschaften beschränkt. Die nähere Beschreibung des Anwendungsproblems setzt nun eine Kennzeichnung der theoretischen Wissenschaftsform und ihrer Bedeutung in der Nationalökonomie voraus.

Die wirtschaftliche Wirklichkeit wird durch die jeweiligen Umstände bestimmt, durch die der Mensch veranlaßt wird, wirtschaftlich zu handeln; zweckgerichtete Dipositionen handelnder Menschen sind die letzten Bestimmungsgründe des Wirtschaftsgeschehens. Diese Umstände haben aber keinen notwendigen, sondern nur tatsächlichen Charakter, und die konkrete wirtschaftliche Wirklichkeit nimmt eine Form an, die für sie die Möglichkeit, anders zu sein, ausschließt; grundsätzlich könnte sie eine andere Form annehmen, tatsächlich aber ist das nicht möglich[8]. Damit ist die Geschichtlichkeit (Raum-Zeitbezogenheit) dessen, was wir „Wirtschaft" nennen, festgestellt.

Auf diesem Hintergrunde zeichnet sich die Frage ab, wie eine theoretische Wissenschaftsform über dem Sachgebiet „Wirtschaft" möglich und wie damit die Anwendbarkeit mathematischer Verfahren zu

---

[6] Vgl. *Menger* 136 S. 13 Fn. 11.

[7] Vgl. *Menger* 136 S. 17: „Wir verstehen eine konkrete Erscheinung in theoretischer Weise (auf der Grundlage der entsprechenden theoretischen Wissenschaften), indem wir dieselbe als einen speziellen Fall einer gewissen Regelmäßigkeit (Gesetzmäßigkeit) in der Aufeinanderfolge, oder in der Coexistenz der Erscheinungen erkennen, oder mit andern Worten: wir gelangen zum Bewußtsein des Grundes der Existenz und der Besonderheit des Wesens einer conkreten Erscheinung, indem wir in ihr lediglich die Exemplification einer Gesetzmäßigkeit der Erscheinungen überhaupt erkennen lernen." — Vgl. außerdem S. 34. — Hieraus wird deutlich, daß Menger den Theoriebegriff auf die Lösung des Anwendungsproblems hinordnet, nur ist er beherrscht von der Subsumptionsvorstellung der alten Begriffslogik, so daß er die funktionale Begriffsbildung der Mathematik nicht als unerläßlich zur Abbildung des Relationsgefüges der Wirtschaft erkennt.

[8] Vgl. hierzu *Brunner* 35 S. 262 ff.

rechtfertigen sei[9]. Wirtschaftstheorie in diesem Sinne wird als Beziehungssystem ökonomischer Größen, wie Güter, Preise, Einkommen usw. verstanden — als Darstellung der Abhängigkeiten zwischen veränderlichen Größen (Variablen) der ökonomischen Realität, ihrer normalen Proportionen untereinander und ihrer relativen Veränderungen in der Zeit[10]. Damit ist die Kategorie variabler Größenabhängigkeiten zur Arbeitsidee beim Systemaufbau der Wirtschaftstheorie geworden[11], und es ist selbstverständlich, daß eine auf diese Weise gewonnene Bestimmung des Gegenstandes einer Wissenschaft durchaus formalen Charakter haben muß. Zweifellos werden die komplizierten Zusammenhänge der wirtschaftlichen Wirklichkeit auf ihren Grundgehalt, d. h. eben zunächst auf Beziehungen zwischen Quantitäten reduziert, während die sonstigen Merkmale, die zwar die spezielle Ausformung dieser fundamentalen Relationen in ihrer raum-zeitlichen Faktizität bestimmen — etwa Wirtschaftsgesinnung, Ordnung und Technik, die Größe des Wirtschaftsgebietes —, nicht dagegen an dem logischen Charakter dieser Relationen selbst etwas zu ändern in der Lage sind, ausgeschaltet werden. Das besagt nun aber nicht, daß das durch einen „logischen Trick" zu geschehen hätte, so etwa als gälte es, Störungsfaktoren zu beseitigen, die die Brillanz einer kühnen Gedankenakrobatik mindern würden; vielmehr sind die genannten Bestimmungsgrößen des Realitätsbereichs „Wirtschaft" bei all ihrer Bedeutung nur Teilaspekte, die vom erkennenden Subjekt je nach der Art der Fragestellung zum selbständigen Erkenntnisobjekt erhoben, aber auch eliminiert werden können. Diese letztgenannte Erkenntnishaltung ist diejenige, die für die Wissenschaftsform der Theorie relevant ist, wobei gar nicht von vornherein erwiesen ist, ob von ihnen abstrahiert wird, oder ob sie nicht doch — zwar implizit und für den Nicht-Mathematiker nicht immer gleich erkennbar — in den mathematischen Formulierungen enthalten sind, d. h. in der *Gestalt* der Be-

[9] Daß jede Parallele zu den theoretischen Naturwissenschaften für die Lösung der hier gekennzeichneten erkenntnistheoretischen Grundproblematik wertlos ist, wurde schon erwähnt und wird noch im einzelnen auszuführen sein. Die Frage also, die Reigrotzki für die entscheidende hält, — „Lassen sich innerhalb der Wirtschaft reproduzierbare exakte Ordnungen künstlich herstellen?", so „daß die exakte Wirtschaftswissenschaft schließlich auf die gleiche erkenntnismäßige Problematik führt wie die exakten Naturwissenschaften; oder anders ausgedrückt, daß die aus den Naturwissenschaften abgeleitete (sic!) erkenntnistheoretische Problematik auch der exakten Wirtschaftswissenschaft gerecht wird" (vgl. *Reigrotzki* 173 S. 31 f.) geht an dieser Grundforderung vorbei und gibt den polemischen Vorwürfen der sog. „mathematisch-naturwissenschaftlichen Analogie" höchstens neue Nahrung.

[10] Vgl. *Åkerman* 2 S. 29.

[11] Vgl. *Schams* 478 S. 30.

ziehungen auf Grund der verwendeten Verhaltenshypothesen (Reaktionsfunktionen) zum Ausdruck kommen.

Das Ziel aller theoretischen Wissenschaften, ein widerspruchsloses System von allgemeingültigen Aussagen aufzustellen, legt eine Eingung des Erkenntnisgegenstandes auf seine logischen Elemente nahe[12]; denn ihr Bestreben besteht darin, „aus der Lebensfülle der Erscheinungen in das klare und einfache Gebiet gewisser formaler Relationen zwischen denselben hinüberzuwechseln"[13], ohne dadurch dem zugrunde liegenden Erfahrungsobjekt Gewalt anzutun und ohne auch inhaltlich etwa auszusagen. Die Klärung der Voraussetzungen und die Interpretation der Folgerungen aus den allgemeinen Sätzen der Theorie ist damit an andere Wissenschaftsformen oder auch Wissenschaften verwiesen; ihr Ausschluß aus dem theoretischen Aussagenkomplex vermag den Gültigkeitsanspruch der exakten Wirtschaftswissenschaft nicht zu beeinträchtigen; das Kriterium hierfür muß anderswo gesucht werden.

In der Nationalökonomie wird diese theoretische Wissenschaftsform neuerdings als *modell*-theoretisches Verfahren bezeichnet. Modelle sind rationale Schemata, deren Beziehung zur Wirklichkeit jeweils verschieden ist. Sie sind immer konstruiert, d. h. sie sind reine Denkgebilde, die zwar auf Erklärung der Wirklichkeit gerichtet sein müssen, soweit sie überhaupt sinnvoll sein sollen, deren Ausgangspunkt aber nicht die aus der Erfahrung abzulesenden Regelmäßigkeiten und Beziehungen sind; ihre Elemente können zwar den realen Vorgängen entnommen sein, sie können grenztypische Annahmen darstellen, ebenso aber können sie reine Konstruktionen sein. Modelle lassen sich nie verifizieren (im naturwissenschaftlichen Sinne des Wortes); sie können mit der Wirklichkeit verglichen werden, sie liefern Gesetzmäßigkeiten, die bedingt auch für die Wirklichkeit zutreffen, sie können in ihrem Aufbau und in ihren Voraussetzungen auch mehr oder weniger wirklichkeitsnah sein, zur Übereinstimmung mit der

---

[12] Auf die weit verbreitete Form der Theoriefeindlichkeit, die im Abstraktionsprozeß selbst schon eine Gefährdung der „adäquaten" Erkenntnisleistung erblickt (vgl. u. a. *Ottel* 448 S. 208 u. 220), antwortet Russell mit dem Vorwurf der Unwissenschaftlichkeit: „Many people have a passionate hatred of abstraction, chiefly, I think, because of its intellectual difficulty; but as they do not wish to give this reason they invent all sorts of others that sound grand. They say that all reality is concrete, and that in making abstractions we are leaving out the essential. They say that all abstraction is falsification, and that as soon as you have left any aspect of something actual you have exposed yourself to the risk of fallacy in arguing from its remaining aspects alone. Those who argue in this way are, in fact, concerned with matters quite other than those that concern science." (*Russell 181 S. 85.)*

[13] *Schumpeter* 188 S. 141.

Wirklichkeit können sie jedoch nie gebracht werden, weil die Strukturen der Modelle nicht den realen Erscheinungen entnommen werden, sondern Strukturen unseres Denkens sind.

Eine logische Analyse des Modellbegriffs ergibt, daß es sich hier um ein durchaus eigenständiges methodisches Hilfsmittel handelt, das dazu dient, die Strukturen einer realen Erscheinung — *aus den Elementen dieser Erscheinung, aber nach Gesetzen des Denkens* — nachzubilden, um deren Gesetzmäßigkeiten zu erhellen. Modelle führen somit zur einzelwissenschaftlichen Theorienbildung, wo die Erfordernisse des experimentellen Verfahrens nicht zu verwirklichen sind; sie dienen nicht nur der bloßen Darstellung von Ergebnissen, sondern können sehr wohl zu unseren Erkenntnissen, wenn auch nicht zu unseren Kenntnissen hinzufügen. Die gedankliche Rekonstruktion der Wirklichkeit aus einigen wesentlichen[14] Elementen schafft in den Modellen jene Einfachheit und „Anschaulichkeit", die dazu führen kann, den komplexen Tatbeständen neue Gesichtspunkte abzugewinnen und neue Beziehungen in ihnen aufzudecken. Sie ist im Sinne der damit verbundenen Erkenntnisauffassung durchaus „instrumental".

Das wirtschaftliche Handeln des Menschen, das in die modell-theoretischen Untersuchungen eingeht, ist stets von bestimmten Maximen beherrscht, an die sich die Menschen halten können, die sie aber nicht zu beachten brauchen. Der wirtschaftende Mensch kann so, aber auch anders handeln, was nicht ausschließt, daß eine bestimmte Art des Handelns bestimmte Ergebnisse in den Modellbeziehungen hervorrufen wird. Die modell-theoretischen Unterschungen sind also stets nur Aussagen über die wirtschaftlichen Auswirkungen *möglichen* menschlichen Handels, „während die theoretische Physik stets auf die wirkliche Natur bezogen und die Feststellung, daß diese sich anders verhält, als die Theorie es erwarten läßt, für physikalische Theorien tödlich ist"[15].

Den Aussagen, die mit Hilfe der Modellkonstruktionen gemacht werden, kommt in diesem Rahmen Denknotwendigkeit zu, denn die Gesetzmäßigkeiten des Wirtschaftsprozesses werden nur mit den gedanklichen Hilfsmitteln der reinen Logik (Mathematik) aus den Voraussetzungen deduziert. Die eigentliche Leistung des Wirtschaftswis-

---

[14] Die Aufgabe, die Elemente und Grundbeziehungen eines theoretischen Aussagengefüges festzulegen, gehört in das vor-mathematische, ansetzende Denken, und die Form der Theorie (mathematisch oder verballogisch) ist noch keine hinreichende Garantie dafür, daß die außerhalb des Modells stehenden Wirkfaktoren für die Fragestellung irrelevant sind, ihre gedankliche Konstanz in dem betreffenden Zusammenhang also gerechtfertigt ist.

[15] *v. Kempski* 384 S. 218. — Vgl. auch Schneider 486 S. 606 f.

senschaftlers besteht nicht so sehr in der Ableitung solcher Modellerkenntnisse als in der Aufstellung wirklichkeitsnaher Bedingungskonstellationen[16].

Die Wissenschaftsform der Theorie ist somit das geeignete Mittel, um aus den komplexen Erscheinungsformen des realen Wirtschaftsprozesses vereinfachte Beziehungen zwischen den wesentlichen Elementen des Sachgebietes abzusondern und gesetzmäßige Zusammenhänge zwischen ihnen aufzudecken. Sie ist notwendigerweise schematisch und approximativ, ihre Grundannahmen sind zwar im Hinblick auf die erfahrbare Wirklichkeit ausgewählt, sind selbst jedoch keine Erfahrungstatsachen. Die Postulate und die logischen Operationen sind nie eine Übersetzung der beobachteten Tatsachen und ihre Existenzberechtigung von der Möglichkeit ihrer Verifikation abhängig zu machen, bedeutet eine Verkennung des Erkenntniswertes einer theoretischen Erfahrungswissenschaft; wo immer „das rein theoretische Interesse das maßgebende ist, da gilt das individuelle Einzelne und die empirische Verknüpfung für sich nichts, oder es gilt nur als methodologischer Durchgangspunkt für die Konstruktion der allgemeinen Theorie"[17]. Erst die Schlußfolgerungen können und müssen an der Realität geprüft werden, denn nur die Ergebnisse entscheiden über die Brauchbarkeit einer Theorie zur Erklärung der wirtschaftlichen Wirklichkeit.

Wissenschaftliche Theorien als geordnete Beziehungssysteme von allgemeinen Aussagen sind „ein Netz, das wir auswerfen, um die Welt einzufangen — sie zu rationalisieren, zu erklären und zu beherrschen"[18]. Die Möglichkeit, erklärende Funktion zu übernehmen, ist die

---

[16] Über den eigentlichen Vorgang der Modellkonstruktion lassen sich allgemeingültige Regeln nicht aufstellen, nur soviel ist zu sagen, daß es sich hier um Denkoperationen handelt, die auf einer anderen Erkenntnisebene angesiedelt werden müssen als die formalen Ableitungen aus dem einmal konstruierten Wirkzusammenhang bestimmter ökonomischer Größen. — Vgl. *Haavelmo* 362 S. 10: „It is almost impossible, it seems, to describe exactly how a scientist goes about constructing a model. It is a c r e a t i v e process, an art, operating with rationalized notions of some real phenomena and of the mechanism by which they are produced. The whole idea of such models rests upon a belief, already backed by a vast amount of experience in many fields, in the existence of certain elements of invariance in a relation between real phenomena, provided we succeed in bringing together the right ones." (Im Original nicht gesperrt.) — Vgl. auch *Friedman* 82 S. 42 f.

[17] *Husserl* 100 S. 235.

[18] *Popper* 167 S. 26. — Vgl. auch die Formulierung des Theoriebegriffs bei Nagel 259: „... by ‚theory' one understands an explicit formulation of determinate relations between a set of variables, in terms of which a fairly extensive class of empirically ascertainable regularities (or laws) can be explained (always provided that suitable boundary conditions for the application of the theory are supplied) ..." (S. 46.) — Vgl. außerdem *Woodger* 281. — *Campbell* 221 S. 288 ff.

notwendige Folge des Wesens der Theorie, wenn man in dieser Wissenschaftsform „die systematische Einheit der ideal geschlossenen Gesamtheit von Gesetzen, die in *einer* Grundgesetzlichkeit als auf ihrem letzten Grund ruhen und aus ihm durch systematische Deduktion entspringen“[19], erblickt. Die theoretische Form eines Wissensgebietes dient der Auswahl, Ordnung und Interpretation der Tatsachen, wodurch ein bloßes Wissen über die Dinge der erfahrbaren Wirklichkeit erst zur Wissenschaft wird. Die Theorie stellt die Fragen an die Erfahrung, welche sich grundsätzlich nicht von selbst der Erkenntnis erschließt. Die Form der Theorie wird bestimmt durch die Art der Fragestellung, die man an eine von sich aus ungeordnete, „kaleidoskopische“ Wirklichkeit heranführt. Sie entbehrt damit aller Tatsachenerkenntnis, denn „Evidenz bleibt, wie wir uns auch wenden mögen, letzte Quelle von Wahrheit und Erkenntnis“[20]; sie dient allein dazu, die Erfahrungswelt, der sich der Mensch denkend gegenüber stellt, intelligibel zu machen, und wird damit zu einem Werkzeug der Klassifizierung und Strukturierung der Realität. Hierin liegt der instrumentale Charakter solcher theoretischen Aussagensysteme.

Diese Anschauung ist durchaus pragmatisch[21]. Sie beurteilt solche hypothetisch-deduktiven Systeme einer bestimmten Einzelwissenschaft nicht nach dem Grad ihrer Übereinstimmung mit der Wirklichkeit, sondern nach ihrer Zweckmäßigkeit als Denkinstrumente — als „box of tools“, wie J. Robinson sagt —, mit deren Hilfe die Zusammenhänge der Wirklichkeit verständlich gemacht werden können. Eine Tatsache ist solange wissenschaftlich bedeutungslos, bis sie in das logisch-selektive Gerüst dieses Instrumentariums eingeführt wird. Die Begriffe „wahr“ und „falsch“ versagen in bezug auf solche axiomatischen Systeme; die Kriterien liegen vielmehr in ihrer Zweckmäßigkeit oder Unzweckmäßigkeit im Hinblick auf eine bestimmte und genau abgegrenzte Erkenntnisaufgabe[22].

---

[19] *Husserl* 100 S. 232.

[20] *Weyl* 517 S. 225. — Vgl. auch *Boulding* 323 S. 190: „Insight (judgement) and logic (mathematics) are strictly complementary goods. Logic without insight has no content; insight without logic has no form. Logical, mathematical, manipulative ability is a necessary but not a sufficient condition for the development of good economics.“

[21] „Pragmatismus“ wird hier nicht im engeren Sinne verstanden als diejenige philosophische Anschauung, die den Wahrheitsgehalt und das Wirklichkeitskriterium aller Erkenntnis in ihrer Bedeutung für praktische Zwecke sieht. Eine pragmatische Auffassung der reinen Wirtschaftstheorie bedeutet vielmehr, daß man in der theoretischen Nationalökonomie ein analytisches Instrumentarium sieht, das dem Wirtschaftswissenschaftler hilft, klar und zweckmäßig über die Zusammenhänge der ökonomischen Wirklichkeit nachzudenken. — Vgl. hierzu *Gordon* 360 S. 484 ff.

[22] Vgl. *Sommer* 500 S. 127: „... die moderne Wissenschaftslogik und mit ihr die Wahrheit der Forschung ist nicht am Substanzbegriff, sondern am

Im Sinne dieses erkenntnistheoretischen Standortes, der mit letzter Konsequenz vom Neopositivismus verteidigt wird[23], stellt die Wirtschaftstheorie ein formales Gedankengebäude dar, mit dem Zweck, die bunte Mannigfaltigkeit des Wirtschaftsgeschehens intelligibel zu machen. Die theoretischen Hilfskonstruktionen (Modelle), die der Nationalökonom errichtet, beziehen ihre Bedeutung allein aus dem Beitrag, den sie zu diesem Erkenntnisprozeß leisten. Das Kriterium für eine gute Theorie liegt allein in dem Umfang, in dem sie unser Denken befähigt, den realen Wirtschaftsprozeß zu begreifen. Die Wirtschaftstheorie ist so angelegt, daß sie ein Bindeglied zwischen der Realität und unserem Denken darstellt; nur insofern kann man von einer Beziehung zur Wirklichkeit sprechen. Will man sie als eine Form der wissenschaftlichen Erkenntnis bezeichnen, so liegt ihr Wert nicht so sehr in der Erkenntnis von etwas Tatsächlichem, sondern eher in der Erkenntnis der Gesetzmäßigkeiten unseres Denkens in einer konkreten Erscheinungsform der wirtschaftlichen Realität.

Alle Behauptungen, diese Erkenntnisstufe der theoretischen Wissenschaftsform könne übergangen werden oder liefere in Bezug auf eine genau abgegrenzte Fragestellung nichts Endgültiges, sondern sei stets einer noëtischen, verstehenden Denkform unterlegen, durch die uns allein eine höhere, dem Formalobjekt adäquate Erkenntnisleistung garantiert wird, bedeutet nicht nur, daß der „objektive" Zwang aufgehoben wird, der für den Menschen darin besteht, daß er nur diskursiv zu erkennen vermag, sondern widerspricht letzten Endes den Tatsachen der jüngst vergangenen Periode deutscher und größtenteils auch europäischer Wirtschaftsgeschichte. Denn wer wollte daran zweifeln, daß die allgemeine Ratlosigkeit der preußischen Verwaltung in der großen Inflation nach dem ersten Weltkrieg ebenso eine Folge der Theoriefeindlichkeit und des Historismus der damaligen Wirtschafts-

---

Funktionsbegriff ausgerichtet. In diesem Sinne müssen die Begriffe ‚wahr' und ‚falsch' als Eigenschaftsbestimmungen von Theorien ersetzt werden durch die Bezeichnungen ‚wirksam' und ‚unwirksam', ‚verwendbar' oder ‚unverwendbar' hinsichtlich des Aufbaus eines Gesamtsystems, der Konstruktion der sich zum System zusammenfügenden Theorien. Das Kriterium der wissenschaftlichen Brauchbarkeit der Theorien liegt in ihrer Eignung, sich als Instrumente dem Erkenntnisprozeß einzugliedern." — Vgl. auch *Popper* 167 S. 64: „Die Theorie ist ein Werkzeug, das wir durch Anwendung erproben und über dessen Zweckmäßigkeit wir in Zusammenhang mit seiner Anwendung entscheiden."

[23] Vgl. *Hahn* 288 S. 25: „Die alte, metaphysische (Auffassung) ist da etwa die: es gibt eine Realität, eine Welt wahren Seins, und eine Aussage ist wahr, wenn sie übereinstimmt mit dem, was in dieser Realität wirklich statt hat ... Entgegen dieser metaphysischen Auffassung, Wahrheit bestehe in der — doch nicht feststellbaren — Übereinstimmung mit der Realität, bekennen wir uns zur pragmatischen Auffassung: Wahrheit eines Satzes besteht in seiner Bewährung."

wissenenschaft war[24], wie die äußerst zögernden Versuche einer antizyklischen Wirtschaftspolitik während der großen Depression, ganz zu schweigen von denjenigen staatlichen Maßnahmen, die aller wirtschaftswissenschaftlichen Vernunft widersprachen. Währenddessen liegen die ersten Versuche des deficit-spending und die daraus resultierenden Erfolge einer verminderten Arbeitslosenzahl in den angelsächsischen und skandinavischen Ländern, in denen das theoretische Arbeiten, ungehindert durch eine einflußreiche geisteswissenschaftliche Tradition, schon damals in voller Blüte stand.

Nun ist es zweifelhaft, ob die Daseinsberechtigung der exakten Wirtschaftstheorie allein aus einem pragmatischen Wissenschaftskriterium herzuleiten sei, d. h. ob die Lebensförderung als alleingültiger Wertmaßstab der ökonomischen Theorie gelten könne; nur deutet der formale Aufbau der modernen Wirtschaftstheorie, wie wir sahen, auf ihren grundsätzlich instrumentalen Charakter. Die Vorstellung, daß Wissenschaft selbst in der reinsten Form der Theorie in dem Zweckzusammengang der modernen Gesellschaft eine Funktion zu erfüllen hat, ist der Grundgedanke dieser Auffassung („Arbeitswissen" im Sinne Max Schelers). Diese Anschauung gewinnt in der Nationalökonomie zunehmend an Gewicht, seitdem der klassische Gedanke der Selbststeuerung im Wirtschaftsgeschehen durch tiefgreifende Krisen erschüttert wurde und man die Notwendigkeit staatlicher Wirtschaftspolitik anzuerkennen begann.

Soll Wirtschaftspolitik als Inbegriff aller staatlichen Maßnahmen verstanden werden, die zur Gestaltung, Regulierung und Förderung desjenigen gesellschaftlichen Teilbereichs beitragen, den wir als Wirtschaft bezeichnen, so bedarf dieser Gestaltungswille einer genauen Kenntnis vom quantitativen Ablauf des Wirtschaftsprozesses; hierfür ist eine mathematisch formulierte Theorie aber eine unumgängliche Voraussetzung[25]. Eine quantitative Erfassung ist allein schon deshalb geboten, weil moderne Wirtschaftspolitik nicht nur über die allgemeine Richtung ihrer Eingriffe, sondern auch über das quantitative Ausmaß der Wirkungen unterrichtet sein will. Die ältere Wirtschafts-

---

[24] Vgl. *Bonn* 25: „Die wirtschaftliche Erziehung der preußischen Bürokratie lag jahrelang in den Händen Schmollers und seiner Schüler. Ihr negatives Ergebnis wurde in der Inflationskrise nach dem ersten Weltkrieg sichtbar. Die Bürokratie hatte von den einfachsten Wirtschaftsbegriffen keine Ahnung, es gab kaum jemanden im preußischen oder Reichsfinanzministerium, der etwas von Inflation wußte ... Seine Schüler hatten nicht gelernt, die Gegenwart mit dem Blick auf die Zukunft zu betrachten, sie waren gelehrt worden, nach rückwärts zu schauen. Sie konnten nicht sagen, was getan werden müsse, sie wußten nur, was getan worden war." (S. 53 f.) — Vgl. auch *Pohle* 164 S. 5 ff. und Schumpeters Einführung zu: *Barone* 10 S. 7 ff.

[25] Vgl. *Sagoroff* 183 S. 41.

politik war grundlätzlich nur bestrebt, ihre Einzelziele in einer gegebenen Situation möglichst umfassend zu verwirklichen; heute ist staatliche Wirtschaftspolitik — auch in der freien Welt — weitgehend schon planmäßige Beeinflussung, die deshalb geboten scheint, „weil ein Wirtschaftszustand geschaffen werden soll, der dem jeweiligen Ideal am nächsten kommt und der sich eben nicht von selber einstellt“[26].

Der methodologische Standort der ökonomischen Theorie wird damit nicht allein von dem Drang aller Einzelwissenschaften zur formelhaften Wahrheit, von der aus alles empirisch Gegebene erfaßt werden kann — letztlich also aus der Beziehung zu einem formalen Erkenntnisobjekt —, bestimmt, sondern auch von dem weitreichenden Anspruch, den die staatliche Wirtschaftspolitik an sie stellt. Die Form der methodischen Erfassung eines Erfahrungsinhaltes fällt damit in der theoretischen Nationalökonomie unter „die Herrschaft des angewandten Wissens. Die letzte Heimat seiner Diener ist nicht der Geist, sondern die Wirklichkeit“[27]. Voraussicht und Beeinflussung zukünftigen Geschehens sind die bestimmenden Faktoren bei der Bildung von theoretischen Systemen in den empirischen Wissenschaften[28].

Das Erkenntnisziel aller exakten Wissenschaften, zu denen die hier beschriebene theoretische Wissenschaftsform der Nationalökonomie zu rechnen ist, ist das *Gesetz*. Dem Gesetztypus, so wie ihn die exakte Wirtschaftstheorie anstrebt und erreicht, müssen wir uns jetzt zuwenden.

Durch die Einführung der theoretischen Wissenschaftsform in die Realwissenschaften werden exakte Gesetze überall da aufgestellt, wo das Erfahrungsobjekt ein ideelles, hypothetisch-deduktives System gestattet, wo es möglich ist, „daß von klar ausgesprochenen Grundannahmen ausgegangen wird, daraus mit logischer Strenge durch Einführung spezieller Bedingungen Folgerungen abgeleitet werden und diese darauf mit der Erfahrung verglichen und so an ihr verifiziert werden“[29]. Die Wirtschaftstheorie ist ein solches hypothetisch-deduktives System, denn die Grundlagen der Ableitungen — das konnte schon am Modellbegriff gezeigt werden — beruhen zwar auf empirischen Elementen, sind jedoch keine Erfahrungstatsachen, sondern gesetzte Annahmen, vereinfachte Bedingungen, die nie vollkommen identisch sind mit der durch die Erfahrung vorgegebenen Wirtschaftswirk-

---

[26] *Peter* 455 S. 14.

[27] *Heiß* 93 S. 309.

[28] Vgl. Friedmans Comment zu *Ruggles* 268 S. 456: „The ultimate goal of a positive science is the development of a ‚theory', or ‚hypothesis' that yields valid and meaningful (i. e., not truistic) predictions about phenomena not yet observed.“

[29] *Kraft* 291 S. 126.

lichkeit. Die Deduktionen aus solchen idealisierten Bedingungen führen zu dem, was wir als ökonomische Gesetze im engeren Sinne bezeichnen.

Die exakten Gesetze haben als Aussagen über Beziehungen zwischen Setzungen unseres Verstandes die logische Form des hypothetischen Urteils: wenn A, dann B: Wenn diese oder jene Menge eines Gutes auf dem Markte angeboten wird, so werden sich bei gegebener Datenkonstellation und auf Grund der unterstellten Verhaltensweisen eindeutig bestimmbare Wirkungen auf den Preis voraussagen lassen. Die logische Struktur des Gesetzesbegriffes in der theoretischen Physik und in der Wirtschaftstheorie ist durchaus identisch; denn die in mathematischer Form über die Außenwelt gemachten Aussagen erheben ebensowenig den Anspruch auf Allgemeingültigkeit im Naturgeschehen wie die Gesetze der theoretischen Nationalökonomie im Hinblick auf die Wirtschaftswirklichkeit. Auch die Naturgesetze sind für Bedingungen ausgesprochen, die in der Wirklichkeit überhaupt nicht vorkommen; die Gesetze der theoretischen Physik gelten somit auch nicht absolut, sondern nur unter gewissen Voraussetzungen: nur wenn alle Bedingungen einer reinen Bewegung gegeben sind, treffen die Bewegungsgesetze der Mechanik zu. Die *Alternative* „Wirtschaftsgesetz — Naturgesetz" ist von diesem Gesichtspunkt aus unzutreffend, denn in beiden Fällen handelt es sich um Sätze, die an idealisierte Voraussetzungen geknüpft sind und in ihrer syntaktischen Form allein logischen Erfordernissen genügen müssen. Massepunkte, kräftefreie Felder, reibungslose Bewegungen gibt es in Wirklichkeit ebensowenig wie den homo oeconomicus oder die vollkommene Konkurrenz. Die exakten Gesetze gelten in allen theoretischen Erfahrungswissenschaften in gleicher Weise. Daß es sich dabei um Wissenschaften handelt, die ihrem Erfahrungsobjekt nach so unterschiedlich sind wie die Physik und die Nationalökonomie, ändert jedenfalls an der logischen Struktur des Gesetzesbegriffes nichts[30]. Immer handelt es sich um allgemeingültige Aussagen über notwendige Beziehungen zwischen möglichen, mehr oder weniger wirklichkeitsnahen Grundannahmen eines theoretischen Systems. Der Geltungsbereich exakter Gesetze ist also immer an die Voraussetzungen gebunden, die die Ausgangssituation eines ökonomischen Modells festlegen; innerhalb dieser Grenzen gelten sie notwendig und ohne Ausnahme, weil sie nur auf Grund logischer Operationen ohne die Einführung neuer Erfahrungstatsachen aus den Grundannahmen deduziert werden.

---

[30] Der Unterschied zwischen der theoretischen und der empirischen Gesetzesform ist in den verschiedenen Wissenschaften kein prinzipieller, sondern nur ein gradueller, eben abhängig von dem Grad der Invariabilität in dem betreffenden Realitätsbereich. Die häufige Fehlinterpretation dieser

Es wird in den exakten Gesetzen nur behauptet, daß bestimmte Folgen eintreten werden, *wenn* gewisse Voraussetzungen erfüllt sind. Die Gesetze der exakten Wirtschaftstheorie gelten für die Wirklichkeit nur dann unbeschränkt, wenn die konstruierten Annahmen in einer konkreten Situation vorliegen; über das Vorhandensein solcher Voraussetzungen können und wollen die exakten Gesetze keine Aussagen machen, ebensowenig wie sie etwas darüber sagen, ob es sich im einzelnen Falle um wünschenswerte Tatbestände handelt: den Grundannahmen fehlt sowohl empirischer Gehalt als auch ethisches Kriterium. Der Inhalt der Wirtschaftsgesetze drückt notwendiges Geschehen aus, die Bedingungen aber sind stets kontingent, weshalb die Gesetze der exakten Wirtschaftstheorie im Hinblick auf reales Wirtschaftsgeschehen nur bedingt allgemeingültig sind[31]. Der Zweck aller Gesetzeserkenntnis, Voraussagen über künftiges Geschehen zu treffen, ist damit in der exakten Wirtschaftstheorie erreicht; zwar ist es

Abstufung als eine grundsätzliche, sich gegenseitig ausschließende Aufteilung der verschiedenen Wirklichkeitsabschnitte — in notwendiges und indeterminiertes Geschehen — und damit gleichzeitig auch der entsprechenden Wissenschaften rührt wohl vor allem daher, daß man — abgesehen von der in den Sozialwissenschaften weit verbreiteten Konfundierung der beiden grundsätzlich möglichen Gesetzestypen — unterschiedliche Anwendungsbereiche ins Auge faßt. Die Identifizierung von naturwissenschaftlichen und theoretischen Gesetzen und die Kennzeichnung sozialer Gesetze als nicht-notwendige, nur wahrscheinliche Zusammenhänge führt zu der Vorstellung von einem prinzipiellen Gegensatz zwischen Notwendigkeit und Wahrscheinlichkeit. Das Anwendungsgebiet der theoretischen „Naturgesetze" wird nun in die technischen Konstruktionen, in den Bereich des Herstellbaren verlegt, während der theoretische Gesetzestypus der Sozialwissenschaften nicht nur als Leitbild oder Schema der wirtschaftspolitischen „Konstruktion" verstanden, sondern unmittelbar mit der sozialen Wirklichkeit konfrontiert wird. Ganz abgesehen davon, daß das letztgenannte Verifikationsverfahren den Erkenntniswert der theoretischen Gesetze grundlegend verkennt, stellt sich der geschilderte Vergleich als illegitime, wissenschaftstheoretisch nicht durchführbare Gleichsetzung von unterschiedlichen Anwendungsproblemen dar und muß notwendigerweise zu den unbefriedigenden Ergebnissen führen, die schon seit langem in den Sozialwissenschaften verbreitet sind. Stellt man dagegen dem gesellschaftlichen Bereich ein Teilgebiet der Naturwissenschaften zur Seite, in dem die Variabilität etwa gleich groß ist wie im sozialen Geschehen, oder vielleicht besser: wo der Umfang der bekannten invariablen Beziehungen noch nicht so umfangreich ist wie in den hochentwickelten Teilbereichen der Naturwissenschaften — man denke vor allem an die Meteorologie, aber auch an die Mikrophysik —, so wird hier das Vorhandensein von indeterminierten Abläufen als gegeben hingenommen. Nun wird man zugeben, daß der Invarianzstil zumindest innerhalb der anorganischen Natur kein prinzipiell verschiedener sein kann; nur wird hier eben der Bereich des Herstellbaren verlassen, in dem sich die angebliche Notwendigkeit der sog. Naturgesetze dokumentiert, und ein den Sozialwissenschaften entsprechendes Anwendungsproblem ins Auge gefaßt.

[31] Vgl. *Eulenburg* 343 S. 744. — Vgl. auch *Rueff* 178 S. 93: „Ainsi les lois restent vraies, mais les conditions dans lesquelles elles s'appliquent, sont ou ne sont pas réalisées."

nicht möglich, eine zukünftige Wirtschaftslage durch das Gesetz so festzulegen, daß sie wohl grundsätzlich, nicht aber tatsächlich anders sein könnte, jedoch vermag ein exaktes Gesetz, die Folgen bestimmter Voraussetzungen auch für die Zukunft anzugeben.

Der Wert exakter Gesetze in der Wirtschaftstheorie beruht auf ihrer bedingten Allgemeingültigkeit und Notwendigkeit[32]. Sie sind mehr als bloße Gedankenkonstruktionen, sobald die Bedingungen ihrer Anwendbarkeit aus der Erfahrung bekannt werden. Die mannigfaltigen Erscheinungsformen der wirtschaftlichen Realität könnten nicht anders zu einem systematischen Erkenntnisobjekt geformt werden, als daß den konkreten ökonomischen Zusammenhängen ein Ordnungsgefüge unterlegt wird, das auf den Gesetzen unseres Denkens beruht. Die Gesetzeserkenntnis ist in ihrer exakten Form in den Erfahrungswissenschaften nicht letztes Erkenntnisziel, denn die abstrakten Regeln besagen für sich allein gar nichts, sondern sind nur Erkenntnis*mittel*. Sie bedeuten für die Wirtschaftswissenschaften einen ersten gedanklichen Ansatz, der keine Behauptung über den realen Wirtschaftsablauf in sich schließt, sondern vielmehr eine Frage an die Empirie darstellt, die grundsätzlich „stumm" ist; denn das Seiende selbst diktiert uns nicht die Regeln, wie man ihm erkennend gegenübertreten könnte, weil es prinzipiell gleichgültig dagegen ist, wie es erkannt wird oder ob es überhaupt erkannt wird[33].

2. Die Mathematisierung der Nationalökonomie als einer Erfahrungswissenschaft

Das mathematische Denken hat sich seit der Zeit der Kepler, Galilei und Newton in zunehmendem Maße der einzelwissenschaftlichen Systeme bemächtigt. Sofern es sich dabei um Gebiete handelte, deren Gegenstände nicht der unbelebten Natur angehörten, hat die Mathematisierung der Erfahrungswissenschaften so lange Widerstand hervorgerufen, wie eine objektgebundene Methodologie vertreten wurde. Die jahrhundertealte „Fakultätsehe" der Mathematik mit den Naturwissenschaften ließ den Eindruck entstehen, daß die gegenseitige Abhängigkeit von mathematischer Denkform und naturwissenschaftlicher Forschungsarbeit, die in der geistesgeschichtlichen Entwicklung bis in die jüngste Vergangenheit sichtbar wurde — die Naturwissenschaften empfingen durch die Anwendung der mathematischen For-

---

[32] Vgl. *Knight* 248 S. 257: „They (sc. die exakten Gesetze, A. d. V.) are infinitely more useful than they could be if they ever did fit exactly any concrete base; since all that they lose in literal accuracy they gain in generality of application. By not being strictly true in any case they are significantly true in all."

[33] Vgl. *Münzhuber* 144 S. 28.

melsprache Klarheit und ein geschlossenes System, die Mathematik erhielt ihre Aufgabenstellung weitgehend durch die naturwissenschaftliche Problematik —, den Bereich der Anwendbarkeit des mathematischen Verfahrens auf die äußere Natur beschränke. Alle anderen Wissenschaften, die sich der mathematischen Denkanweisung bedienten, könnten der „mechanischen Analogie“ verfallen. Spann[34] sprach in diesem Sinne von einer „mechanisch-mathematischen Analogie“ in der Nationalökonomie, und noch heute wird die Ansicht vertreten, die mathematische Methode sei dem Gebiet des Organischen und der menschlichen Handlungen „artfremd“, weil sie der Eigengesetzlichkeit der anorganischen Welt entspräche, das Entscheidende im Wirtschaftsleben aber in Dingen läge, „die so vertrackt unmathematisch sind, wie ein Liebesbrief oder eine Weihnachtsfeier in moralisch geistigen Kräften, in Reaktionen und Meinungen, die jenseits der Kurven und Gleichungen liegen, im ewig Unberechenbaren und Unvoraussehbaren[35]“.

Die Vermutung, daß sich hinter diesem einseitig und unzutreffend interpretierten Verhältnis der Mathematik zu den empirischen Wissenschaften die Begründung für die Permanenz des Streits um die mathematische Methode in der theoretischen Ökonomik verbirgt, könnte sich bestätigen, wenn man die Beziehung, in der sich nach moderner Auffassung der Kern des Anwendungsproblems verbergen muß, nach ihrer formalen Seite hin untersucht, d. h. sich der Frage zuwendet, worin überhaupt die Anziehungskraft der Mathematik für die Realwissenschaften bestehe und wie der Vorgang der Mathematisierung zu interpretieren sei.

Die formale Geschlossenheit der Mathematik, sowie ihre Sicherheit und Widerspruchslosigkeit haben seit jeher einen Einfluß auf die einzelwissenschaftlichen Systembildungen ausgeübt. Die Mathematisierung der Erfahrungswissenschaften wird nun deshalb zum Problem, weil es sich hier nicht mehr um reine Mathematik, sondern um mathematisches Denken an Wirklichem handelt: die Gegenstände der Mathematik sind gedankliche Konstruktionen, die der Erfahrungswissenschaften reale Objekte, so daß die Befürchtung naheliegt, der mathematischen Methode komme in den empirischen Wissensgebieten eine bloß konservierende Rolle zu, sie könne rein induktiv gefundene Ergebnisse nur systematisch und darum deduktiv darstellen. Die

---

[34] Vgl. *Spann* 501 S. 786 ff. — *Spann* 192 S. 169.

[35] *Röpke* 469 S. 380. — Vgl. zu dieser Ansicht auch *Mises* 426 S. 662 ff. — *Mises* 141. — *Ottel* 448. — Vgl. auch die ähnlich geartete Argumentation anläßlich des Methodenstreits in der Betriebswirtschaftslehre: *Mellerowicz* 422 S. 265 ff. — *Mellerowicz* 423 S. 553 ff. — *Hartmann* 365 S. 73 ff. — *Löffelholz* 408 S. 531 ff. — *Löffelholz* 409 S. 385 ff.

grundlegende Berechtigung für die Anwendbarkeit mathematischer Verfahren auf die erfahrbare Wirklichkeit ergibt sich aus der logischen Zuordnung des Beobachtungswissens in den theoretischen Systemen empirischer Wissenschaften; denn der mathematische Kalkül ist — wie wir zeigen konnten — als ein logisches Sprachsystem aufzufassen. Aus diesem Grunde kann auch die Berechtigung für die Anwendbarkeit der mathematischen Denkweise nicht mehr als ontologische Fragestellung aufgefaßt werden, wie man früher annahm, sondern muß sich als erkenntnislogisches Problem erweisen; es ist nicht mehr die Kategorie der Quantität, die von einem speziellen Wissensgebiet aus die Übertragung mathematischer Denkformen rechtfertigt, sondern die grundsätzliche Ordnungsfunktion, die nach moderner Auffassung das Wesensmerkmal der Mathematik ausmacht und in den Begriff der „mathetischen Struktur" eingegangen ist, muß den Ausgangspunkt für unsere Überlegungen bilden[36]; denn das Mathematische tritt uns nicht als Form von Sachverhalten, sondern als Eigenschaft besonderer Sachverhalte entgegen[37].

Insgesamt gesehen ist der quantitative Aspekt in dem Prozeß der zunehmenden Mathematisierung einzelwissenschaftlicher Erkenntnisse durchaus zweitrangig, und die Bedenken, die von dieser Seite gegen eine mathematische Wirtschaftstheorie vorgebracht werden, wären zumindest so weit zutreffend, als der Umfang der Erkenntnisleistung in Frage steht. In der Zurückdrängung des rein Quantitativen liegt letzten Endes auch die große Paradoxie, durch die heute jedes Verhältnis der Mathematik zu den empirischen Wissenschaften gekennzeichnet ist: „Nothing is more impressive than the fact that as mathematics withdrew increasingly into the upper regions of ever greater extremes of abstract thought it returned back to earth with a corresponding growth of importance for the analysis of concrete fact... The paradox is now fully established that the utmost abstractions are the true weapons with which to control our thought of concrete fact[38]".

---

[36] Es wäre nicht schwierig zu zeigen, daß diese Erwägung nicht nur wissenschaftstheoretisch zutreffender, sondern auch praktisch fruchtbarer ist, denn die Betrachtung des Gesamtsystems der mathematischen Wissenschaften beweist nur zu deutlich, daß die Bereiche des Quantitativen und der Kontinuität ein verschwindend kleines Teilgebiet einnehmen, und außerdem wäre der Umfang der Anwendbarkeit mathematischer Verfahren dadurch stark begrenzt, daß die Seinsschicht des bloß Quantitativen und des stetigen Flusses nur für die Makrophysik durchgehend gegeben ist und für den überwiegenden Teil der Nicht-Naturwissenschaften relativ bedeutungslos ist.

[37] Vgl. *Reidemeister* 172 S. 6 f.

[38] *Whitehead* 211 S. 34.

Die Auffassung der Mathematik als eines unter den zahlreichen logischen Sprachsystemen ließ das Postulat der Meßbarkeit, das geistesgeschichtlich betrachtet wohl am Anfang aller angewandten Mathematik stand, in den Hintergrund treten, weil es nicht in erster Linie darum geht, einmal gewonnene Erkenntnisse in den Einzelwissenschaften in mathematischer Formelsprache darzustellen, sondern vielmehr darum, daß die Mathematik einen wesentlichen Beitrag zum Erkenntnisprozeß selbst leisten soll. Worum es sich bei der Einführung mathematischer Verfahrensweisen in die Wissensbereiche handelt, die *nicht* dem großen Gebiet der Naturwissenschaften angehören, ist nicht Mathematisierung des Gegenstandes dieser Wissenschaften — diese würde allerdings die Meßbarkeit voraussetzen —, sondern vielmehr und fast ausschließlich die Mathematisierung eben dieser Wissenschaft[39]. Damit kommt das eigentliche Problem der Übertragung einer Fremdmethode gar nicht zum Entstehen, denn durch diesen Vorgang wird nicht das geringste über das Objekt einer Wissenschaft gesagt, sondern es wird nur behauptet, es bestehe „die Möglichkeit einer Interpretation einer Theorie in einer mathematischen Präzisionssprache, in der ein Folgerungsbegriff mathematisch definiert ist"[40].

Die Unterscheidung zwischen der Mathematisierung des Gegenstandes einer Wissenschaft und der Mathematisierung der betreffenden Wissenschaft ist für die Lösung des Anwendungsproblems und den gesamten Versuch einer Rechtfertigung der mathematischen Wirtschaftstheorie von eminenter Bedeutung, weil mit ihrer Hilfe der heute noch weitverbreitete Haupteinwand gegen eine mathematisierte Nationalökonomie entkräftet werden kann, der einer angeblich naturwissenschaftlichen (mechanischen) Analogie. Diese vorschnelle Behauptung, die, wie wir zeigen werden, gleichermaßen auf die logisch unzureichenden Begründungen wie auf die ungenügend fundierten kritischen Gegenäußerungen zurückzuführen ist, hätte viel an Überzeugungskraft und Lebensdauer verloren, hätte man jemals den fundamentalen Unterschied aufgezeigt, der sich bei der Einführung des mathematischen Verfahrens in die beiden Wissensgebiete (Naturwissenschaften—Sozialwissenschaften) zeigt. Während die Objekte und

[39] Diese klare Unterscheidung ist das Verdienst Benses, der auch die Vorrangstellung der mathematisierten Wissenschaften gegenüber der Mathematisierung des Gegenstandes ausdrücklich betont. — Vgl. *Bense* 17 S. 96 f.: „Mathematisieren heißt ja, die betreffende Wissenschaft zu mathematisieren, nicht etwa den Gegenstand, und es kann irgendwo ein Gegenstand mathematisiert sein, ohne daß die Wissenschaft von diesem Gegenstand selbst mathematisiert wäre. Wenn wir von Mathematisierung sprechen, dann sprechen wir ausdrücklich, im Sinne der Mathesis universalis, auch von Wissenschaften nichtmathematischer Gegenstände."

[40] *Bense* 17 S. 82.

Erscheinungen der anorganischen Welt primär qualitativer Natur sind und *ohne* die konstruktiven Bemühungen der Naturwissenschaften ihre quantitative Dimension nicht offenbaren[41], besteht für sie doch die generelle Möglichkeit der Quantifizierung, und zwar im doppelten Sinne — der Meßbarkeit und der numerischen Darstellung; die Mathematisierung des Gegenstandes der physikalischen Naturwissenschaften ist damit gesichert, unabhängig von der Frage nach einer hypothetisch-deduktiven Wissenschaftsform über dem Objektbereich der anorganischen Natur. Demgegenüber sieht sich die Wirtschaftswissenschaft unmittelbar Preisen und Gütermengen konfrontiert, Erscheinungsformen, deren quantitative Dimension deutlich offenbar ist. Trotzdem muß sich die Rechtfertigung des mathematischen Verfahrens in der Nationalökonomie allein auf die Begründung einer Mathematisierung der Wissenschaft stützen, weil in den ökonomischen Quantitäten zwar eine Objektivierung und Manifestation des Wirtschaftens zu sehen ist, nicht aber das Wirtschaften selbst, und der immanente Drang aller formalen Theorien zur numerischen Analyse ist für die Nationalökonomie deshalb verschlossen, weil in der Wirtschaft die ontologischen Voraussetzungen für einen bloß graduellen Unterschied zwischen dem generellen Verfahren der Theorie und dem konkret-rechnenden nicht gegeben sind wie in der unbelebten Natur; hier ist der Übergang von einem wesentlichen Unterschied begleitet, weil die Materialkonstanten der Physik in der Wirtschaft keine Parallele haben[42], und bewirkt eben den unterschiedlichen logischen Typ der Aussagen, die Wirtschaftstheorie einerseits und Ökonometrie andererseits treffen. Sind die Naturwissenschaften sowohl der Mathematisierung des Gegenstandes, als auch ihres wissenschaftlichen Aussagengefüges fähig, so trifft nur das letztgenannte für die Volkswirtschaftslehre zu, weil die Grundbestandteile, die ihren Gegenstandsbereich konstituieren, nicht der Quantifizierung zugänglich sind, obwohl sie sich extensional objektivieren.

Suchen wir nach einer Begründung für das Mißverständnis der sog. mathematisch-naturwissenschaftlichen Analogie, so haben wir sie aus der Perspektive der Wissenschafts*geschichte* herzuleiten; denn es ist heute ganz offensichtlich, daß die „geisteswissenschaftliche Tradition" in der geistesgeschichtlichen Parallelität von mathematischer und naturwissenschaftlicher Entwicklung (die übrigens spätestens seit dem Beginn des 19. Jahrhunderts als von der Mathematik teilweise durch-

[41] Vgl. *Gibrat* 231 S. 23. — Aus der Tatsache, daß die Wirtschaftswissenschaften im Gegensatz hierzu Maßzahlen gegenüberstehen, wird hier allerdings wieder der voreilige Schluß gezogen, daß das mathematische Verfahren in der Nationalökonomie anwendbar sei.

[42] Vgl. *Schams* 477 S. 417 f.

brochen gelten kann) eine der wesentlichen Bestätigungen für ihre Mathematikfeindlichkeit vorfand: die Tatsache, daß in den Naturwissenschaften die Mathematisierung in der zweifachen Bedeutung des Wortes möglich ist, wurde zum Begründungszusammenhang erhoben, so als wäre eine mathematisierbare Wissenschaft nur auf der Grundlage eines mathematisierten Gegenstandes denkbar; weil in den Naturwissenschaften eine derartige zeitliche Abfolge in der geistesgeschichtlichen Entwicklung sichtbar wurde, schrieb man dieser Beziehung die Dignität der Notwendigkeit zu, das post hoc wurde als ein propter hoc interpretiert.

Nun ist es aber nicht so, daß schon die Anwendung der Mathematik als solche eine Theorie in den Erfahrungswissenschaften schafft, sondern es muß innerhalb einer empirischen Wissenschaft einen Bereich geben, der von sich aus hypothetisch-deduktiv darstellbar ist; denn wenn Mathematik von sich aus auch den höchsten Exaktheitsgrad garantiert, so kann die Mathematisierung einer Wissenschaft doch erst dann als Ziel aufgegeben sein, wenn bewiesen ist, daß das Erkenntnisobjekt einer theoretischen Wissenschaftsform fähig ist. Andernfalls hätte man sich eben mit einer niedrigeren Exaktheitsstufe — etwa der des Typus oder der bloßen Klassifikation — zu begnügen. Eine Wissenschaft ist also nur insoweit mathematisierbar, als sich innerhalb ihres konkreten Gegenstandsgebietes ein Erkenntnisobjekt absondern läßt, das eine mathetische Struktur hat: „die mathematische Weise des betreffenden Seins“[43] muß herauspräpariert werden, und erst auf dieser Grundlage können die Anwendungsmöglichkeiten der mathematischen Denkform untersucht werden. Die Mathematisierung der Erfahrungswissenschaften ist prinzipiell dann möglich, wenn es gelingt, die *Isomorphie* des Erkenntnisobjekts mit einem mathematischen Teilbereich nachzuweisen. Zu einer weiteren Klärung des formalen Anwendungsproblems müssen die Begriffe der „mathetischen Struktur“ und der „Isomorphie“ jetzt einer genauen Analyse unterzogen werden.

3. Der Isomorphiebegriff und die mathetische Struktur eines Sachgebietes

Wenn man als den Kern des Anwendungsproblems die Frage bezeichnet, wie die Wirklichkeit durch Abbildung auf einen logischen (mathematischen) Kalkül auf das konstruktive Aussagengefüge einer hypothetisch-deduktiven Wissenschaftsform reduziert werden kann, so muß als die Voraussetzung einer solchen Abbildung die „Übereinstimmung“ des entsprechenden Realitätsausschnittes mit den beiden Bestimmungsstücken eines Kalküls gegeben sein, so daß der Über-

[43] *Schmidt* 485 S. 684.

gang zur formalisierten Sprache der Realwissenschaft auf dem Wege der semantischen Zuordnung ermöglicht wird; als diese Bestimmungsstücke hatten wir eine bestimmte Menge von Elementen (Zeichen) und den Struktur-(Folgerungs-)Begriff erkannt. Die Begriffe der mathetischen Struktur und der Isomorphie beziehen sich nun auf die Zuordnung von Realitätsbestimmungen zu den Bestandteilen eines Kalküls.

Gehen wir davon aus, daß uns die Welt als eine Gesamtheit von Beziehungen entgegentritt, also eine irgendwie geartete Struktur aufweist, und daß die logische Form der Relation hinsichtlich ihrer formalen Eigenschaften durch ihre Struktur vollständig charakterisiert ist[44], so liegt der Gedanke des Entsprechungsverhältnisses zwischen den logischen und den realen Strukturen nahe, und eine theoretische Wissenschaftsform scheint immer dann möglich, wenn eine solche formale Übereinstimmung nachgewiesen werden kann.

Der Begriff der Isomorphie kann zur Beschreibung des bisher nur angedeuteten Sachverhalts verwendet werden, nur muß man sich seiner Herkunft aus der Relationenlogik erinnern, um seinen ganzen Erkenntniswert nutzbar zu machen. Weyl[45] hat uns darauf aufmerksam gemacht, daß eine Verwendung des Isomorphiebegriffs in der Methodologie der exakten Wissenschaften möglich ist, obgleich sein Ursprung rein formallogischer Natur ist. Als solcher bezeichnet er eine „ordinale Ähnlichkeit", „eine Identität von zwei formalen Strukturen, d. h. von zwei Relationsnetzen, die in nichts außer ihren rein formalen Eigenschaften ähnlich, darin aber gerade identisch sind"[46]. Genauer hat man unter „Isomorphie" als einem relationslogischen Begriff die Strukturgleichheit zweier oder mehrerer logischer Sprachsysteme zu verstehen: Wenn ein System von Elementen S vorliegt, außerdem bestimmte Grundrelationen R, R_1, R_2 zwischen diesen Elementen gegeben sind, und es ein zweites System S' gibt, dem zwar grundlegend verschiedene Objekte angehören, dessen Grundrelationen jedoch ebenfalls R, R_1, R_2 lauten, so werden die beiden Kalküle als isomorph bezeichnet[47]. Als eines der geläufigsten Beispiele aus der

---

[44] Vgl. *Carnap* 42 S. 54.

[45] Vgl. *Weyl* 280 S. 21 f. — Zum Strukturbegriff und seiner methodologischen Relevanz: *Russell* 180 S. 53 ff. — *Carnap* 41 § 11.

[46] *Bocheński* 22 S. 447.

[47] Vgl. *Cohen* and *Nagel* 226 S. 137: „Given two classes S with elements a, b, c, ... and S', with elements a', b', c', ...; suppose the elements of S can be placed in one-one correspondence with those of S', so that, say, a corresponds to a', b to b' and so on. Then, if for every relation R between elements of S (so that, for example, a R b) there is a relation R' between the corresponding elements of S' (a' R' b'), the two classes are isomorphic." — Über die Vorgeschichte des Isomorphiebegriffs, der von Russell in den *Principia Mathematica* erstmalig erschöpfend beschrieben wird, vgl. *Bocheński* 22 S. 447 ff. und *Bergmann* 219 S. 65 ff.

Mathematik kann man die Abbildung der Geometrie der Ebene auf die Algebra (analytische Geometrie) durch Descartes nennen.

Die Erweiterung des Bedeutungsgehalts um die wissenschaftstheoretische Dimension konnte allerdings erst unter dem Einfluß des logischen Empirismus erfolgen, der den Bereich des in den empirischen Wissenschaften mit Sicherheit Erkennbaren auf die *Strukturen* des betreffenden Realitätsausschnittes beschränkte, so daß sich der Gegenstandsbereich einer Wissenschaft in formaler Hinsicht nur bis zur isomorphen Abbildung festlegen läßt[48]. Stellt man die Frage nach dem Bedeutungswandel, den der Isomorphiebegriff durch den Übergang von der formallogischen zur methodologischen Ebene durchgemacht hat, so läßt sich daraus dem Anwendungsproblem wiederum ein neuer Gesichtspunkt abgewinnen; denn der Faktor, der zwei isomorphe Kalküle trotz ihrer Strukturgleichheit individualisiert, ist ein anderer als der, welcher die Theorie eines oder mehrerer empirischer Objektbereiche gegenüber ihrem (möglicherweise gemeinsamen) logischen Sprachsystem unterscheidet: ist es dort die rein formale Unterscheidung der Zeichenkomplexe, so kommt hier die semantische Bestimmung der Elemente der einzelwissenschaftlichen Theorien hinzu, die ihre Grundlage in der Seinsordnung haben.

Eine axiomatisch-deduktive Wissenschaftsform eines realen Sachgebietes, die auf Grund gedanklich konstruierter Elemente und Annahmen mit logischer Stringenz Folgerungen ableitet und diese schließlich mit der Wirklichkeit konfrontiert, hatten wir als Theorie der entsprechenden Wissenschaft bezeichnet; und es lassen sich — sobald die Isomorphie mit einem mathematischen System erwiesen ist — innerhalb dieses hypothetisch-deduktiven Aussagengefüges eines empirischen Wissensgebietes keine Sätze denken, die nicht schon vorher in der Entwicklung des betreffenden mathematischen Sprachsystems aufgetreten wären. Die Aufweisung der Isomorphie zwischen einem formalisierten Sachgebiet und der mathematischen Aussageform ist also das eigentliche Anwendungsproblem, während die Herausarbeitung des Erkenntnisobjekts „durchaus Angelegenheit des vormathematischen, ansetzenden Denkens" ist[49]. Soweit eine Theorie zur

[48] Vgl. *Weyl* 280 S. 21 f.

[49] *Schams* 477 S. 401. — Mathematik ist in den Realwissenschaften keine hinreichende Garantie für richtiges Denken. Der empirische Ansatz und dessen Zuordnung zu den Symbolen des Kalküls muß widerspruchslos erfolgen, wenn der reine Deduktionsprozeß fehlerfrei verlaufen soll. Die Vorwürfe, die diesbezüglich von den Gegnern der mathematischen Nationalökonomie erhoben werden, sind dreifacher Art: zunächst der allgemeine Einwand, der sich auf die Verabsolutierung der Mathematik bezieht, mit der Gefahr, das Ökonomische aus dem Blickfeld zu verlieren (was eben dann gar nicht nachteilig ist, wenn der Ansatz ökonomisch korrekt formuliert ist); dann die Versuchung, Annahmen zu treffen, die

Grundlage der Wirklichkeitserkenntnis werden soll, muß auch bei der Aufstellung der Axiome die Erfahrung mitwirken: Voraussetzungen werden auf Grund von Erfahrungstatsachen ausgewählt, die Annahmen, die man einer Theorie zugrunde legt, müssen durch gewisse Erfahrungstatsachen gefordert werden[50]. Mathematik ist erst dann anwendbar, wenn die Ausgangskonstellation für ein theoretisches System einer Realwissenschaft phänomenologisch, d. h. ohne alle mittelbare Erkenntnis gefunden ist und die Zuordnungsregeln mathematischer Symbole sowie die Isomorphie mit einem mathematischen Kalkül aufgezeigt sind; das bedeutet aber, daß im wesentlichen die Übereinstimmung des Folgerungsbegriffes[51] des betreffenden Kalküls mit der durchgängigen Beziehungsform des Erfahrungsbereiches aufzuzeigen ist.

III. Die Lösung des Anwendungsproblems

1. Unzureichende Rechtfertigungen und fragwürdige Kritik der mathematischen Nationalökonomie in lehrgeschichtlicher Perspektive

Bevor der Versuch unternommen wird, nach den Maßstäben der neuen Wissenschaftslogik eine positive Lösung des Anwendungsproblems durchzuführen, muß die Entwicklung der sozialwissenschaftlichen Methodenlehre, soweit sie sich auf die mathematische Denkweise in der theoretischen Ökonomik bezieht, einer näheren Betrachtung unterzogen werden, weil sich auf diese Weise Ansatz und Richtung der Gedankenführung des abschließenden systematischen Teils ergeben werden. Wiewohl das Verschulden für die permanente Fehlinterpretation der exakten Wirtschaftstheorie in mathematischem Gewand — diese Vermutung wurde schon eingangs ausgesprochen, bedarf hier nur noch der Belege — ebenso die Anhänger wie die Gegner des Verfahrens trifft und die Gründe für den Methodenstreit mannigfaltiger Natur sind, läßt sich Tatsache, Form und Permanenz der Debatte auf einen gemeinsamen Ursprung zurückführen: die ständige Mißdeutung

zwar mathematisch (im Hinblick auf das gewünschte Ergebnis) bequem, jedoch ökonomisch bedeutungslos, wenn nicht gar falsch sind; und schließlich, daß Mathematik zu bereitwillig als Ersatz für gute *Wirtschafts*theorie angesehen wird. — Vgl. hierzu *Bodenhorn* 320 S. 25 ff. Der Verfasser zeigt hier im einzelnen, in wieweit diese Vorwürfe berechtigt sind. Allzu oft wird jedoch der notwendige Zusatz zu solchen Erkenntnissen unterschlagen: daß sich aus solchen unzureichenden Lösungen des Anwendungsproblems keine *grundsätzlichen* Einwände gegen eine mathematische Wirtschaftstheorie herleiten lassen.

[50] Vgl. *Kraft* 291 S. 158 ff.

[51] Vgl. zum Folgerungsbegriff: *Carnap* 43. — *Tarski* 505 S. 361 ff. — *Tarski* 275 S. 1 ff.

der Mathematik als Wissenschaft und die daraus resultierenden unzureichenden Lösungen des Anwendungsproblems.

Das methodische Selbstbewußtsein der sog. Geisteswissenschaften trat in einem Entwicklungsstadium der Wissenschaftsgeschichte auf, als die logischen Beziehungen von Mathematik und Naturwissenschaften noch nicht mit genügender Klarheit herausgestellt waren; hieraus ergab sich, daß alle Versuche zur Begründung einer eigenständigen „geisteswissenschaftlichen Logik" zunächst in einer absoluten Mathematikfeindlichkeit ausmündeten. Nun zeigte sich in der Folgezeit aber, daß dieses Stadium der Wissenschaftslehre als gesicherter Bestand angesehen wurde und allen Gegnern der mathematischen Methode in den sog. Geisteswissenschaften als unerschöpfliches Reservoir dienen konnte, ja, es ist nicht übertrieben, wenn wir feststellen, daß die Zeit der Selbstbehauptung der Geisteswissenschaften für die Methodologie der Sozialwissenschaften von so eminenter Bedeutung war, daß sich von unserem speziellen Untersuchungsobjekt her keine Argumente gegen die mathematische Methode in der theoretischen Nationalökonomie aufzeigen lassen, die ihren Ursprung nicht in den Bestrebungen zur methodischen Festigung der Geisteswissenschaften hätten.

Andererseits liegt nun auch die Zeit der ersten großen Entwürfe auf dem Gebiete der mathematischen Nationalökonomie in diesen Jahrzehnten, die sich zwar durch einige grundlegende Arbeiten zur Neubegründung der Formalwissenschaften auszeichnen, im großen und ganzen jedoch noch nicht zu einer durchgehenden Erneuerung der mathematischen Wissenschaften geführt haben[1]. Daher haftet auch allen mathematischen Untersuchungen in den Sozialwissenschaften dieser Epoche eine Tendenz zur mechanisch-naturwissenschaftlichen Analogie an, und wo überhaupt eine nähere Begründung des Verfahrens unternommen wird, finden sich jene oberflächlichen, am Wesen der Sache vorbeigehenden Argumente, die sich in der Folgezeit über alle Fortschritte in der formalen Logik und der allgemeinen Methodologie hinweggerettet haben und noch heute mit der gleichen Beständigkeit und demselben Anspruch auf Glaubwürdigkeit vorgetragen werden wie ehedem.

[1] Daß die mathematische Grundlagenforschung in der zweiten Hälfte des vorigen Jahrhunderts schon Erhebliches geleistet hat, wenn auch die große Synthese aller dieser Vorarbeiten erst in das erste Jahrzehnt unseres Jahrhunderts fällt *(Principia Mathematica)*, geht aus der chronologischen Übersicht bei *Bocheňski* 22 S. 301 ff. hervor, so daß sich die „Schuldfrage" zuungunsten der sozialwissenschaftlichen Methodologie verlagert und unsere These von ihrer verzögerten Anpassung an die Ergebnisse der logisch-mathematischen Grundlagenforschung neue Unterstützung erfährt.

So läßt sich die langwierige, unbefriedigende Debatte um die Berechtigung des mathematischen Verfahrens in der Nationalökonomie auf eine unfruchtbare Gegensätzlichkeit in den methodologischen Grundpositionen zurückführen, die ihrerseits wieder die Folge einer gerade in den Sozialwissenschaften durchgängigen Tendenz sind: einer mangelnden Rezeption der Ergebnisse der Grundlagenforschung. Die Gegner der mathematischen Wirtschaftstheorie berufen sich auf eine Wissenschaftslehre, die von ihrem historischen Ursprung her als Reaktions- oder Oppositionssystem verstanden werden muß und niemals den weitläufigen Anwendungsbereich postulierte, der ihr von der Methodologie der Sozialwissenschaften abverlangt wurde; ihre Befürworter dagegen halten noch heute Rechtfertigungsargumente für ausreichend, die schon bei ihrem ersten Auftreten fragwürdig waren und ihrerseits im Laufe der Dogmengeschichte immer wieder die stereotypen Wiederholungen des geisteswissenschaftlichen Standpunkts hervorriefen und — so muß man fortfahren — auch hervorrufen mußten, weil auf dem Hintergrunde einer dermaßen inadäquaten logischen Fundierung der mathematischen Methode in der Nationalökonomie die Position der Gegner in einem Lichte erschien, das nicht nur die positiven Seiten ihrer Argumentation erhellte, sondern geradewegs ihre gesamte Beweisführung als berechtigt erscheinen ließ; denn das Hauptangriffsziel der Geisteswissenschaftler unter den Methodologen war durch den Hinweis darauf, daß es sich in der Wirtschaft um Quantitäten handele, meßbare Größen, wie Einkommen, Preise, Löhne, Zinsen, Kosten usw., und deshalb eine mathematische Behandlung gerechtfertigt sei, nicht aus dem Wege zu räumen: der naturwissenschaftliche Ansatzpunkt bei der Formulierung des Erkenntnisobjekts (und nicht das den Naturwissenschaften analog nachgebildete Verfahren, wie fälschlicherweise oft behauptet wird).

Den Vertretern der mathematischen Wirtschaftstheorie selbst kann somit der Vorwurf nicht erspart bleiben, daß sie gerade ein Opfer der ungenügenden Anpassung an die Ergebnisse der allgemeinen Methodologie wurden und bis heute geblieben sind, während sie ihren Gegnern angesichts der praktischen Erfolge ihres Verfahrens stets Rückständigkeit vorwarfen. Diese Zusammenhänge — der lehrgeschichtliche Parallelismus von unzureichenden Rechtfertigungen und logisch unbegründeter Kritik — sollen jetzt im einzelnen untersucht werden.

a) Die Begründung des mathematischen Verfahrens bei den Hauptvertretern der exakten Wirtschaftstheorie

Die Einführung der Mathematik in die Sozialwissenschaften kann bis in eine Zeit zurückverfolgt werden, die man als die Vorgeschichte der Nationalökonomie ansprechen muß, soweit man als Kriterium einer selbständigen Wissenschaft einen bestimmten Grad der Systematisierung des von ihr bearbeiteten Gegenstandsbereichs fordert; nur tritt in diesem Abschnitt der Dogmengeschichte ein Rechtfertigungsargument erstmalig auf, das die permanente Fehlinterpretation der mathematischen Methode in den Wirtschaftswissenschaften in der Folgezeit begleitet, so daß sich von hier aus die Berechtigung herleitet, den Ansatzpunkt für den lehrgeschichtlichen Überblick vor den Beginn einer systematischen Wirtschaftswissenschaft zu legen, obwohl unsere Gedankenführung auf den Beweis der These von der notwendigen Verbindung von theoretischer Ökonomik und mathematischer Methode hinauslaufen soll.

aa) Die Vorläufer

Bei den italienischen Geldtheoretikern des Merkantilismus und in der Politischen Arithmetik des 17. Jahrhunderts finden sich die ersten Anwendungen der Mathematik auf soziale und ökonomische Phänomene, die von einer Verwechselung oder naiven Gleichsetzung der beiden Dimensionen des Mathematisierungsbegriffs bestimmt sind. Diese Identifizierung, die — wie wir zeigten — in den mathematischen Naturwissenschaften durchaus ihre Berechtigung hat, trug seit Kepler und Galilei dazu bei, daß das Wissenschaftsideal der theoretischen Physik stets im Gewand der Meßbarkeitshypothese auftrat[2]. In dieser Form wurde die mathematische Methode auch in den Sozialwissenschaften zunächst nutzbar gemacht, und ihre Berechtigung stützte man auf die Möglichkeit, die quantitative Seite der sozialen Erscheinungen in Maß und Zahl auszudrücken. Damit steht, geschichtlich gesehen, das Bestreben, den Gegenstand der Ökonomik zu mathematisieren, durchaus am Anfang der Entwicklung einer mathematischen Nationalökonomie; das läßt sich bei den italienischen Merkantilisten mit aller Deutlichkeit damit belegen, daß der Ansatzpunkt für die mathematische Behandlung ökonomischer Fragen zunächst das Geld ist. Dabei ist es ohne Bedeutung, ob das wirtschaftliche Denken sich in einer bloßen Beschreibung der monetären Zusammenhänge erschöpft, wie das wohl für die Schriftsteller des 16. Jahrhunderts noch gilt — unter denen B. Davanzati als der erste nachgewiesen wurde, der die Forderung nach quantitativer Behandlung ökonomischer Probleme stellte[3] — oder ob sich unter dem Einfluß des Rationalismus eine deduktive Forschungsrichtung Bahn gebrochen hat, wie bei Ceva[4] und den italienischen Merkantilisten der zweiten Hälfte des 18. und der ersten

[2] Vgl. hierzu die bei *Weyl* 280 S. 100 angeführten Sätze Keplers und Galileis zur Zielsetzung der modernen (klassischen) Naturwissenschaften: „Ut oculus ad colores, auris ad sonos, ita mens hominis non ad quaevis sed ad quanta intelligenda condita est“ (Kepler). „Alles messen, was meßbar ist, und versuchen, meßbar zu machen, was es noch nicht ist“ (Galilei).

[3] *Davanzati* 65. — Vgl. hierzu *Arias* 310 S. 743.

Hälfte des 19. Jahrhunderts[5]. So gilt auch in der Folgezeit, selbst da, wo sich Ansätze zu einer theoretischen Behandlung ökonomischer Einzelfragen finden, die mathematische Methode — mehr als Darstellungs- denn als Forschungsweise — immer dann als gesichert und erfolgversprechend, wenn das Rechenmittel des Geldes eine quantitative Fassung des Problems gestattet.

Die Politische Arithmetik, in der wir heute einen Vorläufer der quantitativ-numerischen Anwendungsform der Mathematik in der Ökonometrie erblicken, stand ganz im Zeichen des Forschungsideals der modernen Naturwissenschaften, so daß der Anwendungsbereich der Mathematik — durch das Erkenntnisziel der Statistik unterstützt — auf das Gebiet der extensionalen, durch Messen und Zählen erfaßbaren Gegenstände beschränkt wurde. So schreibt Petty[6]: „Anstelle vergleichender und überschwenglicher Worte habe ich den Weg eingeschlagen, mich durch Zahlen, Maß und Gewicht auszudrücken und nur Argumente der Sinne anzuwenden und solche Ursachen in Betracht zu ziehen, die eine sichtbare Begründung in der Natur haben."

bb) Die Physiokratie und die englische Klassik

Mit dem Beginn einer *systematischen Nationalökonomie* bei den Physiokraten erfährt der Gedanke der mathematischen Behandlung wirtschaftlicher Probleme neue Impulse, wenngleich auch die praktische Durchführung weit hinter den methodologischen Programmen zurückbleibt; diese Tatsache ist im wesentlichen darauf zurückzuführen, daß die einheitliche, systemtragende Konzeption (der Kreislaufgedanke) der Physiokraten der organischen Natur entnommen und auf die wirtschaftliche Wirklichkeit per analogiam angewendet wurde; als Wirklichkeitsbild konnte sie aber unmöglich einem mathematischen Folgerungsbegriff isomorph sein, schied somit als einheitliche System-

---

[4] *Ceva* 51. — Vgl. hierzu die Zusammenfassung des methodologischen Standpunktes Cevas bei *Weinberger* 207: „Er verwirft schließlich die induktive Methode in der Wirtschaftswissenschaft, weil die Wissenschaft nur mit Hilfe der mathematischen Methode (nisi quodam geometrarum modo) begriffen werden kann. Sonst tappen wir im Dunkeln. Es muß vielmehr auf deduktivem Wege aus bestimmten, vorausgeschickten Annahmen (quibusdam petitionibus praefixis) mathematisch aufgeklärt werden, aus welchen Ursachen die Menge der Münzen sich vermehrt und ihr Wert selbst entspringt. Es ist zwar richtig, daß dann in der Praxis Umstände eintreten, welche die Schlußfolgerungen zum Teil entkräften (quae praxim minus exactam reddunt); aber die Methode selbst und ihr Wert bleiben trotzdem fest und unerschüttert." (S. 37.)

[5] Hier sind v. a. (in chronologischer Ordnung) die folgenden Namen zu nennen: C. Beccaria, G. Silio, G. B. Venturi, G. Ortes, L. M. Valeriani, F. Furco. — Vgl. hierzu *Virgilii* und *Garibaldi* 200 S. 1 ff. u. 11 ff. — *Kühne* 122 S. 19 f.

[6] *Petty* 160, Preface. Hier zitiert nach einer Übersetzung bei *Wagenführ* 202 S. 59.

vorstellung für eine theoretische Wissenschaftsform aus und konnte nur Strukturanalyse des Wirtschaftsprozesses liefern — trotz aller Mängel ein entscheidender Schritt von der Behandlung praktischer Einzelfragen zur Erfassung des sozialwirtschaftlichen Gesamtvorganges und damit erst eigentlich die Voraussetzung der klassischen Markt- und Preistheorie. Die Kreislaufmodelle bestimmen somit in der Nationalökonomie das Vorstadium aller Hypothesen- und Theorienbildung, wie es in allen empirischen Wissenschaften erforderlich und auch historisch gegeben war: die Erkenntnis gewisser Strukturelemente in ihrer wesensmäßigen Zuordnung auf Grund von gleichartigen, durch Beobachtungen gewonnenen Protokollaussagen; sie sind „Ausdruck der allgemeinsten Grundvorstellung vom wirtschaftlichen Geschehen, auf deren Basis ein Theoretisieren erst möglich ist“[7].

Wenn trotz eines unterentwickelten Theoriebegriffs die mathematische Methode für die Wirtschaftswissenschaft verlangt wurde, so deshalb, weil gleichzeitig mit der Übertragung des Kreislaufgedankens[8] — der Vorstellung von einer bestimmten, ständig wiederkehrenden Gestalt eines Reproduktionsprozesses also — auf die gesellschaftliche Wirtschaft eine andere Idee geboren wurde, aus der sich später dann der entscheidende Relationsbegriff für die ökonomische Theorie ergeben sollte und die auch die tragende Auffassung aller künftigen Kreislauftheorien bildete: die Interdependenzvorstellung, d. h. die Überzeugung, daß uns mit der Wirtschaft ein System von simultanen Größenbeziehungen gegeben ist, ein „Inbegriff der Ströme, die den Austausch von Produktionsfaktorleistungen und Einkommen (d. h. Produktionsfaktorentgelten) von Gütern und Einkommen sowie von Gütern und Gütern zwischen den Elementen der Volkswirtschaft in einer Zeiteinheit darstellen“[9]. Hiermit schien auch unmittelbar der Rechtfertigungsgrund für die mathematische Methode gegeben, dessen Formulierung in der Folgezeit — d. h. seit dem Aufkommen der Gleichgewichtsökonomik in mathematischer Behandlung — unkritisch übernommen wurde, obwohl der Funktionsbegriff dort ein umfassendes theoretisches Aussagengefüge herbeigeführt hat und mit dem Anspruch der Lösung von den naturwissenschaftlichen Analogien eine fundamentale Neuorientierung der Grundlagenforschung verlangt hätte.

---

[7] *Burchardt* 326 S. 530.

[8] Der englische Arzt William Harvey entwickelte im Jahre 1616 während einer Vortragsreise im College of Physicians zu London seine Theorie des Blutkreislaufs, die für die medizinische Wissenschaft jener Zeit eine wahrhaft revolutionäre Erkenntnis bedeutete, wie Descartes (*Discours de la Methode*) lobend hervorhebt.

[9] *Sagoroff* 183 S. 59.

Ist die Konzeption des ökonomischen Erkenntnisobjekts bei den Physiokraten von naturwissenschaftlichen Strukturvorstellungen beherrscht, so kann es nicht wunder nehmen, daß die Begründung des mathematischen Verfahrens sich an die Vorstellungen anlehnt, die in den damaligen Naturwissenschaften über die Anwendbarkeit des mathematischen Denkens auf empirische Objektbereiche vorherrschten. Finden sich bei Dupont de Nemours[10] und Mirabeau[11] nur Behauptungen, die darauf abzielen, das Tableau économique F. Quesnays als die angemessene mathematische Form der ökonomischen Wissenschaft zu preisen, so daß eine Ableitung des verfahrensmäßigen Gehalts dieser Aussagen erst Klarheit verschaffen könnte, so spricht Le Trosne mit aller Deutlichkeit den methodologischen Standpunkt der Physiokratie hinsichtlich der Mathematisierung aus, wenn er schreibt: „La science économique, s'exerçant sur des objets mesurables est susceptible d'être une science exacte et d'être soumise au calcul[12]."

Hieraus ergibt sich zunächst, daß die Vorstellung einer allgemeinen oder partiellen Interdependenz nicht erst das Ergebnis einer mathematischen Wirtschaftstheorie ist, wie es im Gefolge der Gleichgewichtsökonomik Walras'scher Observanz oft den Anschein hatte[13], sondern auf die Anfänge einer systematischen Nationalökonomie zurückgeht[14] und als die notwendige Voraussetzung einer hypothetisch-deduktiven Behandlung des Erfahrungsbereichs „Wirtschaft" angesprochen werden muß. Das Postulat der Meßbarkeit und die Vorstellung der Eigengesetzlichkeit ökonomischer Phänomene zeigen deutlich, daß es sich bei den Physiokraten noch vornehmlich um eine Mathematisierung des Gegenstandes handelte; diese Bemühungen erwiesen sich dann auch

---

[10] Vgl. „Avis au lecteur" (1766) in: *Oncken* 152 S. 442: „Depuis l'ingénieuse invention de la formule du Tableau économique, cette même science (l'économie politique) est devenue une science exacte, dont tous les points sont susceptibles de démonstrations aussi sévères et aussi incontestables que celles de la géometrie et de l'algèbre."

[11] Vgl. „Eloge funèbre" (1774) in: *Oncken* 152 S. 3 ff.: „Le Tableau économique est la première règle d'Arithmétique que l'on ait inventée pour réduire au calcul exacte, précis, la science élémentaire et l'exécution perpétuelle de ce décret de l'Eternel: vous mangerez votre pain à la sueur de votre front."

[12] Vgl. *Le Trosne* 130 S. 218. — Zur Methodenfrage bei den Physiokraten vgl. *Neill* 436 S. 532 ff.

[13] Vgl. zur Frage der Interdependenzvorstellung *Lange* 398 S. 52 ff. — *Jäger* 375 S. 428 ff. — *Kuenne* 394 S. 323 ff.

[14] Vgl. Schams 475 S. 511: „Über die Tatsache der Abhängigkeit der ökonomischen Größe von einer anderen oder einer Mehrheit von Größen, deren Veränderung nach einem bestimmten Gesetze erfolgen, war man sich sozusagen thematisch klar, aber man übersah, daß darin implizite der Begriff der mathematischen Funktion lag, deren Anwendung mit dem Infinitesimalkalkül die notwendige, dem Untersuchungsobjekt adäquate Form der Analyse bildet" (im Original z. T. gesp.).

so lange als Hemmschuh für eine Mathematisierung der Wirtschafts*wissenschaft*, wie der Begriff des wirtschaftlichen Wertes substantiell, d. h. als eine objektive und inhärente Qualität ökonomischer Güter aufgefaßt wurde. Das Fehlen eines relationistischen Systembegriffs, der auf einen mathematischen Folgerungsbegriff hätte abgebildet werden können, trug entscheidend dazu bei, daß die geschlossene Konzeption des ökonomischen Erkenntnisobjekts am Anfang der Entwicklungsgeschichte einer systematischen Wirtschaftstheorie — die Vorstellung von der allgemeinen Interdependenz ökonomischer Größen; der Wirtschaftsablauf wurde als Ganzes verstanden, Änderungen und Bewegungsphänomene wurden innerhalb des Gesamtzusammenhanges als bestimmten Gesetzmäßigkeiten unterliegend aufgefaßt — einer größentheoretischen Formulierung entbehrte und deshalb für etwa ein Jahrhundert seinen Einfluß auf das Denken der Nationalökonomen verlor, um in der Lausanner Schule dann wieder aufzutreten, und zwar als ein grundlegendes Rechtfertigungsargument für das mathematische Verfahren.

In der Folgezeit wird durch die englische Klassik das Tauschgeschehen als Einzelvorgang zum Mittelpunkt der theoretischen Nationalökonomie gemacht, das Erkenntnisobjekt wird auf die individuellen Tauschbeziehungen reduziert und der Gedanke der allgemeinen Interdependenz tritt für die klassische Volkswirtschaftslehre in den Hintergrund. Der Gedanke der Abhängigkeit ökonomischer Größen als solcher geht auch bei Smith, Ricardo und Say nicht verloren; die Systemvorstellung der Physiokraten hatte eine nachhaltige Wirkung auf das gesamte ökonomische Denken der folgenden Zeit ausgeübt, nur hat die Auflösung des wirtschaftlichen Gesamtzusammenhanges in kurze Einzelbeziehungen zwischen zumeist nur zwei variablen Größen zur Folge, daß der Funktionsbegriff — der bei den englischen Klassikern auf Grund einer durchgängig substantiellen Begriffsbildung genau so wenig zur Geltung kommen konnte wie bei den Physiokraten — noch stärker verdrängt wurde und das Bestreben, die mathematische Methode als Sprachsystem einzuführen, ganz verloren geht, obgleich Ricardo trotz des Verzichts auf die formalisierte Sprache als ein eminent mathematischer Denker angesprochen werden muß und einige wenige funktionelle Formulierungen ökonomischer Gesetzmäßigkeiten auch bei Smith anzutreffen sind[15]; in beiden Fällen

[15] Vgl. *Smith* 190 S. 66 ff.: „The demand for those who live by wages, it is evident, cannot increase but in proportion to the increase of the funds which are destined for the payment of wages" (70 f.). — „The demand for those who live by wages, therefore, necessarily increases with the increase of the revenue and stock of every country and cannot possibly increase without it. The increase of revenue and stock is the increase of national wealth. The demand for those who live by wages,

kommt der funktionellen Auffassung jedoch auf Grund des erwähnten Typus der Begriffsbildung keine systembestimmende Wirkung zu.

Sind hiermit nur einige geistesgeschichtliche Teilaspekte aufgedeckt, die eine Erklärung dafür abgeben können, daß eine der grundlegenden Voraussetzungen für die Anwendung mathematischer Denkmethoden auf die Wirtschaft in der englischen Klassik und bei ihren Nachfolgern auf dem Kontinent verlorengegangen war, so kann das Verstummen der Forderung nach mathematischer Behandlungsweise selbst wieder darauf zurückgeführt werden, daß durch die „Individualisierung" des ökonomischen Erkenntnisobjekts die Relationen zwischen den Wirtschaftsgrößen so stark vereinfacht wurden, daß die syntaktischen Formen der natürlichen Sprache zu ihrer Darstellung ausreichten und die Begrenzung des verbalen Sprachsystems nicht auftreten konnte, die von sich aus den Rückgriff auf eine formalisierte Sprache nahegelegt hätte; sonst wäre es bei der Nachwirkung, die die Leibniz'sche Idee der alles durchwirkenden Gesetzlichkeit (mathesis universalis — harmonia praestabilita) auf das Denken der englischen Klassik — allen voran Adam Smith — gehabt hat, einfach unerklärlich, daß der Gedanke an eine Mathematisierung der Wirtschaftswissenschaft nirgendwo auftritt[16].

Um nun den Entwicklungsgang der mathematischen Denkweise in der Nationalökonomie weiter zu verfolgen, ist ein Rückgriff auf die Interdependenzvorstellung der Physiokraten erforderlich. Ihr methodischer Ansatz hat ergeben, daß dieser Gedanke als eine notwendige, wenn auch nicht hinreichende Bedingung für das mathematische Verfahren in der Wirtschaftstheorie zu gelten hat; gleichzeitig muß jedoch festgestellt werden, daß die Interdependenzvorstellung, so wie sie von der physiokratischen Schule konzipiert wurde, entscheidend dazu beigetragen hat, daß das ökonomische Erkenntnisobjekt überall da in Anlehnung an naturwissenschaftliche Strukturvorstellungen begriffen

therefore, naturally increases with the increase of national wealth, and cannot possibly increase without it" (71). — *Ricardo* 174 S. 93 ff.: „With a rise in the price of food and necessaries, the natural price of labour will rise; with the fall in their price, the natural price of labour will fall" (93). — Vgl. zu dieser Frage *Schams* 477 S. 394. — *Krelle* 393 S. 595. — *Mangold* 252 S. 383, wo auf die funktionelle Formulierung des Arbeitswertgesetzes bei Smith hingewiesen wird.

[16] Hierzu muß man allerdings bemerken, daß die naive Gleichsetzung der beiden Bedeutungen des Mathematisierungsbegriffs, die für diese Zeit durch die starke Anlehnung an die Naturwissenschaften kennzeichnend ist und zu dem seit der Physiokratie vorherrschenden Rechtfertigungsargument für eine mathematische Wirtschaftstheorie geführt hat, für die Klassiker nie annehmbar erschienen wäre, weil für sie — trotz einer Reihe anderer naturwissenschaftlicher Analogievorstellungen — die soziologische Dimension ihrer Wissenschaft eine entscheidende Rolle spielte und eine derartige Veräußerlichung des Erkenntnisobjekts niemals gestattet hätte.

wurde, wo im späteren Verlauf der Dogmengeschichte durch das Hinzutreten eines relationistischen Systembegriffs oder einer naturwissenschaftlichen Bewegungsvorstellung die mathematische Behandlung ökonomischer Probleme im Rahmen einer hypothetisch-deduktiven Theorie hinreichend gerechtfertigt erschien. Das direkte Inbezugsetzen von Größen der Sachgüterwelt und des Geldes, die uns später in fast allen Begründungen der mathematischen Denkmethode entgegentreten, hat bei den Physiokraten seinen Ursprung. So segensreich die Interdependenzvorstellung für die Entwicklung der theoretischen Ökonomik war — vor allem eben dadurch, daß sie auf den Funktionsbegriff verwies — so nachteilig war sie für eine logisch zufriedenstellende Rechtfertigung des mathematischen Verfahrens. Die Gefahr, die für einen ökonomisch richtigen Denkansatz in einer unmittelbaren Verbindung von Dingen (Größen) liegt, wurde in neuester Zeit überall da akut, wo die Wiederbelebung der physiokratischen Kreislaufidee die Gesamtgrößenbetrachtung (makroökonomische Theorie) in den Vordergrund treten ließ, um die Deutung der Konjunkturproblematik mit Hilfe wirtschaftlicher Totalmodelle zu fördern[17].

Die Lösung der ökonomischen Relationen von Wert-, Handlungs- und Entscheidungsphänomenen hatte nicht selten zur Folge, daß diese methodologische Unbekümmertheit zu Denkansätzen und Theoremen führte, die zwar mathematisch einwandfrei waren, der mechanischen Analogie wegen aber ökonomisch unzutreffende Ergebnisse zeitigten[18].

cc) Die Zeit zwischen den Systemen

Die nun folgenden Jahre sind für die methodische Festigung der mathematischen Denkweise in den Wirtschaftswissenschaften ohne Bedeutung, solange nicht mit der Übertragung eines in den zeitgenössischen Naturwissenschaften äußerst fruchtbaren mathematischen Teilbereichs ein den damaligen Vorstellungen vom ökonomischen Erkennt-

---

[17] Hier wäre vor allem auf das Anwachsen der Makroökonomik seit dem Erscheinen von *Keynes* 114 und *Föhl* 75 hinzuweisen. Darüber hinaus ist der Eindruck eines mechanischen Ablaufs in den Totalmodellen noch dadurch verstärkt worden, daß man technische (mechanische, hydraulische oder elektronische) Anlagen zu ihrer Erklärung konstruiert hat; es erübrigt sich, auf den zweifelhaften Erkenntniswert solcher Maschinen hinzuweisen, nur ist unschwer einzusehen, daß derartige Versuche nichts zu einer Revision der unter Sozialwissenschaftlern noch heute weitverbreiteten Fehlinterpretation der mathematischen Methode und des Anwendungsproblems beitragen. — Vgl. hierzu *Phillips* 458 S. 283 ff. — Eine Abbildung und Beschreibung der Phillips-Maschine findet sich in 348. — *Boulding* 26 S. 117. — *Morgenstern* 433 S. 194 ff. — *Geyer* und *Oppelt* (Hrsg.) 277.

[18] Als Beispiel wäre hier neben der schon erwähnten Kritik Bodenhorns zu nennen *Föhl* 347 S. 88 ff. und die sich anschließenden Diskussionsbeiträge im selben Band und in den Bänden 16 (1955/56) und 17 (1956/57).

nisobjekt entsprechendes Erklärungsprinzip gefunden wurde, das alsbald zur Entwicklung eines systematisch geschlossenen Lehrgebäudes der theoretischen Ökonomik beitrug. Die Begründungen des mathematischen Verfahrens selbst sind auch in dieser Zwischenperiode nicht ohne Interesse für einen historischen Überblick über die Methodologie der Wirtschaftstheorie, besonders, insoweit es darum geht, die unzureichenden logischen Begründungen der mathematischen Volkswirtschaftslehre in den Mittelpunkt ihrer Entwicklung zu stellen.

Für diese Zwischenzeit lassen sich vor allem zwei Beweggründe und damit gleichzeitig auch Rechtfertigungstypen für die Einführung der mathematischen Arbeitsweise in die Wirtschaftswissenschaft unterscheiden, die entweder explizit in den jeweiligen Schriften genannt werden oder aus der Verfahrensweise entnommen werden können.

Zunächst findet sich eine forcierte Anwendung mathematischer Methoden, die von außen herangetragen wird und keine eigentliche Entsprechung im Erkenntnisgegenstand vorfindet, weil dieser Gegenstand noch immer derjenige der klassischen Schule ist, den wir als mathematikfremd bezeichnet haben; sie entspringt allein einer übertriebenen Neigung zur deduktiven Gedankenführung, ohne daß die mathematische Struktur des ökonomischen Ansatzes überhaupt oder hinreichend bewußt gewesen wäre.

Das gilt einmal für N. F. Canard (1755—1833), der die Lösung einer von der französischen *Academie des Sciences Morales et Politiques* im Jahre 1801 gestellten Preisfrage („S'il est vrai que dans un pays agricole, tout espèce d'impôt retombe sur les propriétaires fonciers?") mathematisch behandelte[19], wobei die Gedankengänge selbst verballogisch entwickelt und nachträglich in die strenge Form der mathematischen Sprache gekleidet werden. Canard gelangt so zu keinem System simultaner Gleichungen, sondern zu *einer* Formel, in der überdies mehr oder weniger vage Begriffe — wie Bedürfnis, Konkurrenz, Macht und Fähigkeit von Käufern und Verkäufern — der Umgangssprache als mathematische Größen auftreten, „sans les préciser ni même définir, sans justifier la possibilité de les traiter comme grandeurs, sans faire attention, même, si elles n'empiètent pas les unes sur les autres"[20], und gibt Entsprechungsverhältnisse, nicht-quantifizierbare gegenseitige Abhängigkeiten, in exakter mathematischer Gestalt als Proportionen im strengen Sinne aus.

Eine ähnliche methodische Grundposition nimmt W. Whewell (1794—1866) ein, der den Versuch unternahm, das System der klassischen Nationalökonomie, so wie es im theoretischen Denken Ricardos

---

[19] Vgl. *Canard* 39. — Zur Kritik vgl. *Zawadski* 215 S. 31 ff.
[20] *Zawadski* 215 S. 34 f.

und J. St. Mills seinen Höhepunkt erreicht hatte, in ein mathematisches Formelgerüst zu zwängen[21]. Dabei zeigt sich mit aller Deutlichkeit, daß der Verlust der Interdependenzvorstellung bei den englischen Klassikern eine Mathematisierung überflüssig, wenn nicht gar irreführend erscheinen läßt, weil die Voraussetzungen im Denkansatz keinem mathematischen Kalkül isomorph sind, so daß Whewells Unternehmen, ähnlich wie dasjenige Canards, zu einer mathematischen Drapierung der Erkenntnisse führt, die die englischen Klassiker durch ein ihrem Gegenstand durchaus angemessenes Verfahren auf Grund isolierender Abstraktion und der Variationsmethode[22] gewonnen hatten. Überträgt man diese Methode in die formalisierte Sprache der Mathematik, so führt das zunächst zu einer mathematisch anmutenden Denkweise mit singulären Abhängigkeiten, in denen stets nur eine Variable als veränderlich gedacht wird, hätte aber darüber hinaus noch die Fragwürdigkeit des ganzen „individualisierten" Gegenstandsbereichs augenfällig machen müssen. Wo bei Whewell überhaupt der Gedanke der funktionalen Abhängigkeit zwischen ökonomischen Größen auftritt, wird diese als Verhältnisgleichheit konzipiert und verdeutlicht eine mechanische Auffassung vom mathematischen Verfahren, d. h. eine Konfundierung der beiden Bedeutungen des Mathematisierungsbegriffs[23].

Diese erste Gruppe der „Zeit zwischen den Systemen" ist also dadurch gekennzeichnet, daß die mathematische Denkweise nicht als *Forschungs*methode Eingang in die Wirtschaftswissenschaft findet, sondern ein bloßes Mittel der Darstellung verballogisch gewonnener Erkenntnisse bleibt; Vertreter dieser Art der Mathematisierung sind

---

[21] Vgl. *Whewell* 296, 297 und 298.

[22] Die Variationsmethode findet sich schon bei Ricardo voll ausgebildet, wird aber in ihrem Wesen und Erkenntniswert erst von J. St. Mill voll gewürdigt und bewußt als ein Erkenntnismittel verwendet. Sie blieb in der klassischen Schule in Verbindung mit dem isolierenden Verfahren, das jede der Größen einzeln variiert, um ihre Wirkung auf den Wirtschaftsablauf zu untersuchen, *das* Erklärungsprinzip zur gedanklichen Bewältigung des Wirtschaftsprozesses. Die Variationsmethode geht über die Erklärung singulärer Gleichgewichte hinaus und zielt auf die Untersuchung sukzessiver Gleichgewichtslagen; die gedankliche Anwendung der experimentellen Variation verlangt bei der Betrachtung partieller Gleichgewichte nicht die Berücksichtigung der allgemeinen Interdependenz. Die Variationsmethode stellt eine Möglichkeit dar, Entwicklungsphänomene auf statischer Grundlage zu untersuchen. Sie war diejenige Arbeitsweise, die den praktischen Anforderungen an die Wirtschaftstheorie am besten entsprechen konnte.

[23] Ohne daß Whewell sich in seiner Philosophie der Mathematik etwa mit dem Empirismus J. St. Mills (*Logik*, Buch III, Kap. 24, § 9) in dieser Frage identifizieren würde; im Gegenteil hat er die Ansichten Mills entschieden bekämpft und den erkenntnistheoretischen Standpunkt des Kritizismus geteilt. — *Whewell* 209 und 210.

auch noch zu einer Zeit anzutreffen, da sich die Mathematik als Denkmethode einer *systematischen* Wirtschaftstheorie Geltung verschafft hatte[24].

Die zweite Antriebsfeder zur Mathematisierung der Nationalökonomie war etwa zur gleichen Zeit hauptsächlich im deutschen Sprachbereich wirksam[25]. Sie läßt sich einerseits aus den stark verbreiteten naturwissenschaftlichen Geistesströmungen — und zwar vor allem solchen, die im Hinblick auf direkte und unmittelbare technische Anwendbarkeit betrieben wurden — in der ersten Hälfte des 19. Jahrhunderts, anderseits aber aus der teilweise engen Verknüpfung von technologischen (landwirtschaftlichen, agrartechnischen) mit ökonomischen Fragestellungen erklären, die in einigen deutschsprachigen Lehrbüchern dieser Zeit vorherrschte.

So findet sich bei G. v. Buquoy die Behauptung, die Wirtschaftswissenschaft sei fähig, „dem Kalkül und den Gesetzen der Naturlehre unterworfen, folglich hierdurch mit einer ganz eigenen Präzision und Genauigkeit vorgetragen zu werden“[26]; und daneben die aufschlußreiche Beteuerung: „In den nationalwirthschaftlichen Schriften wird von dem so wichtigen Werkzeug, als die mathematische Analyse bey philosophischen Untersuchungen überhaupt ist, bey weitem der Gebrauch nicht gemacht, dessen es fähig wäre. Alle über Quantität in der Nationalwirthschaft ausgesprochenen Sätze sind daher nur sehr dunkel und unbestimmt, indem sich dergleichen Bestimmungen nur in der Sprache der Algebra richtig angeben lassen. Die ganze Tendenz der Nationalwirthschaft geht auf ein Maximum hinaus, und die so fruchtbare Lehre vom Größten und Kleinsten, aus der höhern Analyse wird dabey nicht angewendet“[27]. Wenn sich die Anwendung der mathematischen Denkwerkzeuge bei Buquoy fast ausschließlich auf technische und praktische Berechnungen beschränkt und selbst an der einzigen ökonomisch relevanten Stelle über die Bestimmung des natürlichen Prei-

---

[24] Vgl. etwa *du Mazet* 134 und 135, der die Mathematisierung auf Grund des angeblich meßbaren Gegenstandes der politischen Ökonomie befürwortet. — *Cunnynghame* 64.

[25] Vgl. zum folgenden die lehrgeschichtliche Übersicht bei *Kühne* 395 S. 653 ff.

[26] *v. Buquoy* 36 S. 2 Anm. — Vgl. *Thomas* 197.

[27] *v. Buquoy* 36 S. 4. — Die zweite (1816), dritte (1817) und vierte Auflage (1818) enthalten in den Ergänzungen (bes. S. 333 ff.) ausführlichere Begründungen des mathematischen Verfahrens in der beschriebenen Richtung. — Auf einige noch frühere Schriften, wie *Lang* 123, 124 und 125. — *Kröncke* 119, 120 und 121 einzugehen, wäre hier ohne jeden weiteren Nutzen für die methodologische Fragestellung, weil sie entweder dem schon gestreiften Rechtfertigungstypus der politischen Arithmetik zuzurechnen sind, oder aber ihr Interesse — soweit es sich nicht nur um arithmetische Beispielsrechnungen handelt — so betont technologischer Natur ist, daß ökonomische Probleme nur am Rande auftreten.

ses nur in Form von assertorischen Definitionsgleichungen erfolgt, so ist hier wiederum der falsche Rechtfertigungsversuch für die Unfruchtbarkeit des Verfahrens ausschlaggebend; die mechanische Analogie bildet den Hemmschuh für die kalkülmäßige Verwendung der mathematischen Werkzeuge, und wo zunächst die Gleichartigkeit der Gegenstandsbereiche das Verlangen nach der mathematischen Denkweise unmittelbar herauszufordern scheint, macht sich der Mangel eines durchgängig formalisierten Erkenntnisobjekts sehr bald bemerkbar, weil die Analogie im Denkansatz ohne einen zutreffenden Relationsbegriff nicht zu einer Analogie des gesamten hypothetisch-deduktiven Aussagengefüges zu erweitern ist.

Diese Tatsache wird noch deutlicher an einem Beispiel aus einem erheblich späteren Zeitabschnitt, wo die Analogie so weit getrieben wird, daß die Preisrelationen als auf physikalischen Energiemengen basierend und deren Austausch und Veränderung im Sinne der Leibniz'schen *lex parsimoniae* begriffen werden[28]. Ist die logische Unzulänglichkeit dieses Rechtfertigungstypus der mechanischen Analogie wegen ohne weiteres offenbar, so muß er doch im Hinblick auf die Weiterentwicklung der mathematischen Methode und ihrer Begründung hier Erwähnung finden; nicht nur weil in den häufigsten Fällen auch dann noch eine technische (mechanische) Systemvorstellung und damit auch Rechtfertigung des Verfahrens vorherrschte, als die Grundlagen für eine ökonomische Gesamtkonzeption nach axiomatischer Methode gefunden war — im deutschen Sprachbereich wäre W. Launhardt zu nennen[29], auf die ausländischen Fachvertreter ist an gegebener Stelle hinzuweisen —, sondern weil aus dieser mechanisch-technischen Sicht der dem ökonomischen Gegenstandsbereich angemessene Kalkül erwuchs, der, wie sich später zeigen wird, erst um mehr als ein Jahrhundert später seine logisch hinreichende Begründung erfahren sollte, während bis dahin seine Anwendung nie anders als mit quasi-naturwissenschaftlichen Argumenten über das Erkenntnisobjekt der Ökonomik gerechtfertigt wurde, und noch heute trotz einiger vorschneller Behauptungen, das Kernstück der ökonomischen Theorie — die Wert- und Preislehre — axiomatisch darzustellen vermag.

---

[28] Vgl. *Sacher* 182, bes. S. 3 f.: „Der Verfasser glaubt, in den Naturwissenschaften die Basis für eine rationelle Volkswirtschaft gefunden zu haben. Wenigstens läßt sich mit Hilfe derselben klar erkennen, woher die treibenden Kräfte im Volksleben stammen, wieviel Kraft ein Volk besitzt, wieviel es verbraucht und wie das zu Verbrauchende erworben werden kann."

[29] *Launhardt* 129, wo in der Vorrede betont wird, daß die Beschäftigung mit hauptsächlich verkehrstechnischen Fragen (*Launhardt* 127, 128, 399 und 400) Anlaß zur mathematischen Behandlung ökonomischer Probleme gegeben habe.

dd) Die Geburt der Marginalanalyse und der physikalisch-technische Rechtfertigungstyp

Der am weitesten ausgebildete Zweig der klassischen Physik war die Mechanik, und wo immer sich der Übergang zu anderen Teilbereichen angebahnt hatte, stand er unter dem Einfluß mechanistischer Vorstellungen; die mathematische Verfahrensweise, die dem mechanischen Denken selbst oder den mechanischen Modellen der Akustik, Wärmelehre usw. entsprach, war der von Leibniz und Newton entdeckte Infinitesimalkalkül, und noch heute werden in weiten nichtatomaren Bereichen die natürlichen und technisch-realisierbaren Vorgänge als durch diese Methode beschreibbar aufgefaßt. Worin besteht nun aber das Wesen dieses Kalküls und wodurch war seine durchgängige Anwendbarkeit in der klassischen Mechanik, ja noch mehr, seine völlige Übereinstimmung mit dem Naturbild einer ganzen Epoche bis zu der großen Infragestellung des stetigen Ablaufs durch die Quantenphysik bedingt?

Die Wendung zur Naturbetrachtung, die mit der Renaissance eingesetzt hatte, öffnete immer stärker den Blick für den periodischen Ablauf wiederkehrender Naturphänomene. Die Abkehr von der substantiellen Denkform und der Übergang zur funktionalen Betrachtungsweise wurde entscheidend durch das im Gedanken der Periodizität begründete Phänomen der *Bewegung* hervorgerufen; der Drang zur gesetzmäßigen Erkenntnis von Veränderungserscheinungen mußte über den bloßen Vergleich zweier Ruhelagen hinausgehen und eine Möglichkeit finden, den Ablauf selbst exakt zu erfassen. Die Voraussetzung dafür, daß aus diesem Erkenntnisstreben das Gedankengebäude der klassischen Physik erwuchs, war das Vorhandensein eines mathematischen Kalküls, auf den die Beziehungen der Körperwelt abgebildet werden konnten; so schreibt Whitehead[30]: „The birth of modern physics depended upon the application of the abstract idea of periodicity to a variety of concrete instances. But this would have been impossible, unless mathematicians had already worked out in the abstract the various abstract ideas which cluster round the notions of periodicity." Eben diese Bedingung erfüllte aber der mathematische Funktionsbegriff, der im 17. Jahrhundert schon zu jenem Grad der Allgemeinheit aufgestiegen war, daß er die Grundlage für den Aufbau eines ganzen mathematischen Kalküls, der Grenzanalyse, ab-

[30] *Whitehead* 211 S. 33. — Vgl. hierzu auch *Hölder* 98 S. 149 ff. — *Courant* 53. — *Walther* 295. — *Weyl* 208. — Zur geistesgeschichtlichen Übersicht vgl. *Becker* und *Hoffmann* 14 S. 202 ff. — *Becker* 13 S. 130 ff. — *Scholz* 490. — *Bense* 17. — *Fueter* 356. — *Cantor* 40.

geben konnte und damit zur Voraussetzung[31] für ein den physikalischen Veränderungserscheinungen adäquates Sprachsystem geworden war, das geeignet war, gleich- oder gegenläufige Bewegungen von gegenseitig abhängigen Größen zu erfassen und darüber hinaus solchen außerhalb der mathematischen Konzeption nicht vorstellbaren Begriffen, wie Geschwindigkeit und Beschleunigung[32] zur exakten Ausdrucksform zu verhelfen.

Sobald nun in der Geschichte der Nationalökonomie wieder ein Verhältnis zur Interdependenzvorstellung gefunden war, konnte eine Übertragung des Infinitesimalkalküls auf die wirtschaftlichen Zusammenhänge stattfinden, handelte es sich doch für die Wirtschaftstheorie nach damaliger Auffassung um ein Beziehungssystem von sich gesetzmäßig verändernden Größen, das durchaus gleichartige Anforderungen an das mathematische Verfahren stellt wie die Änderungsfolgen der unbelebten Natur. Dabei zeigt sich mit aller Deutlichkeit, daß diese Analogie die Anwendung der Grenzanalyse auf die Fundamentalbereiche der ökonomischen Theorie anfänglich verhinderte und zunächst nur als Erklärungsprinzip für Fragen des ökonomisch-technischen Grenzbereichs Anwendung fand, weil hier die Grundlagen für den Ähnlichkeitsschluß am augenfälligsten waren.

So ist es nicht verwunderlich, daß die Rezeption des Infinitesimalkalküls für die Wirtschaftswissenschaften durch Naturwissenschaftler im weitesten Sinne des Wortes vollzogen wurde. Findet sich beim Grafen v. Buquoy[33] schon ein Hinweis auf den Nutzen einer solchen Übertragung, so kann doch erst J. H. v. Thünen als derjenige Denker bezeichnet werden, der das Marginalprinzip durchgängig zur Anwendung bringt[34]. Bei Thünen erscheint die Rechtfertigung der mathe-

---

[31] Vgl. *Whitehead* 211 S. 32: „The point which I now want to make is that this dominance of the idea of functionality in the abstract sphere of mathematics found itself reflected in the order of nature under the guise of mathematically expressed laws of nature. Apart from this progress of mathematics, the seventeenth century developments of science would have been impossible. Mathematics supplied the background of imaginative thought with which the men of science approached the observation of nature."

[32] Vgl. *Allen* 4 S. 156 ff.

[33] *v. Buquoy* 36 S. 4. — Zur Anwendung der Grenzanalyse ebenda, S. 54.

[34] Wenn man an die angeführten Beispiele aus den Werken Smiths und Ricardos denkt und darüber hinaus noch berücksichtigt, daß die Formulierungen über den abnehmenden Ertragszuwachs sehr viel weiter zurückreichen und durchaus marginalen Charakter haben, so ist diese Feststellung allerdings nur beschränkt zutreffend; der entscheidende Gesichtspunkt einer eindeutig funktionalen Beziehung zwischen Kosten und produzierter Menge fehlte diesen Ertragsgesetzen noch völlig und was auch an den übrigen genannten Sätzen heute funktional erscheint, war zur damaligen Zeit nicht im mindesten von einer klaren Vorstellung des mathematischen

matischen Methode, deren Anwendung nach seiner Meinung vom Erkenntnisobjekt her grundsätzlich keine Schwierigkeiten gegenüberstehen[35], als Begründung des Marginalismus im Gegenstandsbereich der Nationalökonomie, wenn er schreibt: „In der Differentialrechnung wird nämlich, wenn man von einer Funktion, die mehrere veränderliche Größen enthält, das Maximum des Werts sucht, bei der Differentiation zuerst nur die eine Größe als veränderlich, die anderen aber als konstant betrachtet, und nachdem man den für diese Größe — durch Gleichstellung ihres Differentials mit Null — gefundenen Wert in die Funktion gesetzt hat, wird die zweite veränderliche Größe der Differentiation unterworfen, der sich ergebende Wert derselben substituiert, und so fortgefahren, bis alle veränderlichen Größen aus der Funktion verschwunden sind. Soll nun das erwiesen richtige Verfahren der Mathematiker auch für die Richtigkeit unserer Methode Beweiskraft haben, so muß nachgewiesen werden, daß wir, wie sie, ein Maximum zu finden streben und zum Gegenstand unserer Untersuchungen machen[36]."

Nachdem Thünen darauf die Zielsetzung des Landwirts als Maximierung des Reinertrags festsetzt, weil jede Ertragssteigerung, die mit einem Kostenaufwand erkauft wird, „der den Wert des dadurch erlangten Mehrertrags übersteigt", sowohl zum „Ruin des Landwirts", als auch zur Verminderung des Nationalvermögens führen würde[37], zeigt er an zwei Beispielen, wie sich das Gleichgewicht des Unternehmers einstellt: „Die Sorgfalt der Arbeit, z. B. beim Auflesen der Kartoffeln, darf nicht weiter gehen, als bis die zuletzt darauf gewandte Arbeit noch durch das Plus des Ertrags vergütet wird". „Die Bereicherung des Bodens muß konsequenterweise bis zu dem Punkt getrieben werden, aber auch da aufhören, wo die Zinsen der Kosten des Dungankaufs, oder statt dessen der Dungerzeugung, mit dem dadurch erlangten Mehrertrag ins Gleichgewicht treten[38]."

Funktionsbegriffs bestimmt, was an den betreffenden Stellen schon näher erläutert wurde. — Vgl. hierzu *Krelle* 393. — *Leigh* 401 S. 481 ff. — *Schneider* 487 S. 38 ff.

[35] Vgl. *v. Thünen* 198 S. 569: „Aber die Anwendung der Mathematik muß doch da erlaubt werden, wo die Wahrheit ohne sie nicht gefunden werden kann. Hätte man in anderen Fächern des Wissens gegen den mathematischen Kalkül eine solche Abneigung gehabt wie in der Landwirtschaft und der Nationalökonomie, so wären wir jetzt noch in völliger Unwissenheit über die Gesetze des Himmels; und die Schiffahrt, die durch die Erweiterung der Himmelskunde jetzt alle Weltteile miteinander verbindet, würde sich noch auf die bloße Küstenfahrt beschränken." (Im Original z. T. gesp.)

[36] *v. Thünen* 198 S. 410.

[37] Vgl. *v. Thünen* 198 S. 411.

[38] *v. Thünen* 198 S. 411.

Thünen verallgemeinert diese individuelle Gleichgewichtsbedingung[39] und gibt nochmals eine zusammenfassende methodologische Rechtfertigung für die Übertragung des Infinitesimalkalküls auf die Nationalökonomie: „Das Verfahren, was wir bei unseren Untersuchungen, wo die Ermittlung des höchsten Reinertrags das Ziel ist, anwenden, steht also mit der in der Mathematik bei der Ermittlung des Maximums des Werts einer Funktion mit mehreren veränderlichen Größen als richtig erwiesenen Methode im Einklang, und so wie der Mathematiker von den in einer Funktion enthaltenen veränderlichen Größen zuerst bloß die eine als veränderlich, die andere aber als konstant betrachtet und behandelt, so dürfen auch wir von den verschiedenen auf den Reinertrag einwirkenden und mit dem Kornpreise in Verbindung stehenden Potenzen erst die eine als allein wirkend, die andere aber als gleichbleibend oder ruhend ansehen und behandeln[40].“

Diese Textstellen mußten deshalb mit der Ausführlichkeit zusammengestellt werden, weil aus ihnen einerseits die epochemachende Leistung ihres Verfassers für die Methode der sogenannten reinen Wirtschaftstheorie, andererseits aber auch die unzureichende Rechtfertigung der Übertragung eines mathematischen Teilbereichs auf die Nationalökonomie ersichtlich wird; beides ist im weiteren Verlauf der Dogmen- und Methodengeschichte bis auf den heutigen Tag wirksam geblieben: als Leistung die endgültige Sicherung des Funktionsbegriffs und der sich an ihn knüpfenden Grenzanalyse, als Nachteil die quasinaturwissenschaftliche Interpretation des so gewonnenen Kalküls und des ihm unterworfenen ökonomischen Erkenntnisobjekts. Bei Thünen wird diese Verbindung methodologischer Vor- und Nachteile deshalb besonders deutlich, weil er mehr als irgendeiner seiner Vorgänger und unmittelbaren Nachfolger in diesem technisch-physikalisch bedingten

---

[39] *v. Thünen* 198 S. 411: „Immer wird der auf diese Weise erlangte Mehrertrag durch einen Aufwand von Kapital und Arbeit erkauft, und es muß einen Punkt geben, wo der Wert des Mehrertrags dem Mehraufwand gleich wird — und dies ist zugleich der Punkt, bei welchem das Maximum des Reinertrags stattfindet.“

[40] *v. Thünen* 198 S. 411 f. — Damit, daß Thünen die so beschriebene Methode als das im ersten Teil seines Werkes zur Anwendung gekommene Verfahren bezeichnet (S. 412), wird der Streit um die Priorität bei der Einführung der Marginalanalyse zugunsten Thünens entschieden. Wenn *Schams* 475 Cournot als den Begründer der Grenzanalyse bezeichnet und das damit begründet, daß der zweite Band des Thünenschen Werkes, dem die hier angeführten Stellen entnommen sind und in dem die Anwendung des Infinitesimalkalküls erst nach außen hin sichtbar wird, erst 1850, d. h. fast 15 Jahre nach dem Erscheinen der *Recherches* publiziert wurde, so kann ihm nicht nur Thünens eigene Feststellung entgegengehalten werden, sondern mit Hilfe von Belegstellen (u. a. S. 18, 19, 44, 226 und 252) könnte man zeigen, daß der ganze erste Teil des *isolierten Staates* von der Methode der Grenzanalyse durchsetzt ist, wenn ihm auch die Formelsprache des Infinitesimalkalküls fehlt.

Rechtfertigungstypus sein Verfahren mit aller nur wünschenswerten Klarheit selbst analysiert hat.

Dabei ergibt sich als Gesamturteil das folgende: Die technisch bedingte Anwendungsweise der mathematischen Methode in der Nationalökonomie mußte überall dort zur Rezeption des Infinitesimalkalküls führen, wo eine naturwissenschaftliche Systemvorstellung und Verfahrensweise[41] zu den Mathematisierungsbestrebungen hinzutrat. So fanden die ersten Anwendungen der Marginalanalyse in der theoretischen Ökonomik zunächst ohne die unglückselige Paarung mit der hedonistischen Nutzenmetaphysik statt; ebenso mußten sie aber ohne einen dem Erfahrungsbereich adäquaten Systembegriff für die Herausbildung eines geschlossenen ökonomischen Lehrgebäudes ohne Erfolg bleiben. Was sie allein bewiesen, war die Tatsache, daß mit der Anwendung des Infinitesimalkalküls ein begriffliches Entsprechungsverhältnis zwischen den fundamentalen ökonomischen Denkkategorien und den tragenden Elementen einer formalisierten Sprache realisiert wurde[42]. Damit war ein analytisches Denkwerkzeug gewonnen, das noch der Ergänzung durch eine den mathematischen Grundbegriffen isomorphe Vorstellung bedurfte, um zum synthetischen Aufbau einer erfahrungswissenschaftlichen Theorie zu führen. War mit der Grenzanalyse schon der formal angemessene Kalkül gefunden, der durch eine richtige Interpretation auch zur logisch hinreichenden Rechtfertigung der Mathematisierung der theoretischen Ökonomik geführt hätte, so war die mechanische Analogie einer derartigen Entwicklung der Methodologie abträglich und der schon seit den Physiokraten gebräuchliche Rechtfertigungstyp blieb der sozialwissenschaftlichen Verfahrenslehre erhalten.

Versuchen wir nun abschließend noch, den physikalisch-technischen Rechtfertigungstypus mit der Begriffsapparatur zu erfassen, die die zeitgenössische Methodologie zur angemessenen Beschreibung des An-

---

[41] Vgl. *v. Thünen* 198 S. 405: „Um die Wirksamkeit der einen Potenz — der Entfernung vom Marktplatz — von dem Konflikt mit der Wirksamkeit der anderen Potenzen zu befreien und dadurch zum Erkennen zu bringen, haben wir eine große Stadt ohne schiffbaren Fluß in einer Ebene von durchaus gleichartigem und gleich fruchtbarem Boden annehmen müssen. Diese Geistesoperation ist analog dem Verfahren, welches wir bei allen Versuchen in der Physik wie in der Landwirtschaft anwenden, wo wir nämlich nur die eine zu erforschende Potenz quantitativ steigern, alle übrigen Momente aber unverändert lassen."

[42] Vgl. *Schumpeter* 495 S. 39: „Man könnte sagen, daß die Ökonomie den Begriff des Differenzialquotienten selbständig gefunden und für ihre Zwecke mühevoll herausgearbeitet hat und umgekehrt, daß die Mathematik jene fundamentalen Begriffe der Ökonomie bereits fertig enthält." — *Machlup* 413 S. 519: „Marginalism, as the logical process of ‚finding a maximum', is clearly implied in the so-called economic principle — striving to achieve with given means a maximum of ends."

wendungsproblems verwendet, so ergibt sich, daß die Begründung des mathematischen Verfahrens, so wie sie bei den angeführten Nationalökonomen vorliegt und bei Thünen ihre präzise Formulierung gefunden hat, die Lösung des Abbildungs-(Isomorphie-)problems deshalb verfehlt hat, weil sie den Kalkül von einem Anwendungsgebiet abgezogen haben, für dessen Gegenstandsbereich seine Adäquanz erwiesen war, und das Objekt der Wirtschaftstheorie dann dem Kalkül angepaßt haben, wohingegen sich die Interdependenzvorstellung und der Funktionsbegriff aus der Formalisierung des wirtschaftlichen Realitätsausschnittes hätten ergeben müssen, weil dann eben die Aussicht auf einen Isomorphiebeweis mit logischer Suffizienz bestanden hätte.

ee) A. A. Cournot

Seit der Rezeption der Marginalanalyse als formales Sprachsystem der Ökonomik war die Weiterentwicklung der theoretischen Wirtschaftswissenschaft auf eine doppelte Aufgabenstellung festgelegt: die reine Wirtschaftstheorie selbst hatte ein Erkenntnisobjekt zu finden, das ihr gestattete, einen Systembegriff und eine Systemvorstellung abzuleiten, die ihr Äquivalent im Infinitesimalkalkül hatten; die sozialwissenschaftliche Methodologie hätte von sich aus das Anwendungsproblem dadurch zu lösen gehabt, daß sie im Erfahrungsobjekt den Rahmen abgesteckt hätte, innerhalb dessen sich eine Isomorphie mit dem Kalkül ergeben könnte. Die erstgenannte Problematik bestimmt die gesamte Entwicklung der mathematischen Wirtschaftstheorie seit Thünen, die zweite scheiterte bis auf einige Ausnahmen der jüngst vergangenen Zeit[43] daran, daß die Methodologie der Sozialwissenschaften sich nie ihrer *konstruktiven* Aufgabe bewußt geworden ist, sondern stets im nachhinein einen Weg analysiert hat, der von der positiven Forschung oft mit genialer Intuition und fast gänzlich ohne methodologische Reflektion beschritten wurde. Mit aller Deutlichkeit zeigt sich das schon im nächsten Abschnitt der Geschichte der mathematischen Wirtschaftstheorie — vielfach erst als die eigentliche Geburtsstunde der mathematischen Nationalökonomie bezeichnet —, in dem es trotz einer bahnbrechenden materiellen Bereicherung der theoretischen Ökonomik noch zu keiner angemessenen Interpretation des Verfahrens mit Hilfe eines systemtragenden Begriffs kam.

---

[43] Hierzu wären vor allem die Arbeiten von Talcott Parsons zu nennen, die sich um die Einheit der sozialwissenschaftlichen Disziplinen von einer gemeinsamen methodologischen Grundposition her bemühen. — Vgl. u. a. *Parsons* und *Shils* 158, bes. S. 28 ff. — Daneben im deutschen Sprachraum *Schams* 480. — *v. Kempski* 383 S. 447 ff. — *v. Kempski* 385 S. 60 ff. — *v. Kempski* 247. — *v. Kempski* 386 S. 385 ff.

Bevor noch von der ökonomischen Theorie der Versuch unternommen wird, ein geschlossenes axiomatisches Lehrgebäude dadurch zu erstellen, daß dem System ein den Grundphänomenen des Gegenstandsbereiches entsprechendes Fundament unterlegt wird, stößt man auf eine Anwendungsform der Mathematik, die, was den Stand des methodologischen Bewußtseins betrifft, durchaus noch dem zuletzt behandelten Rechtfertigungstyp angehört, mag der Umfang der mathe-Lehrsätze sich erhöht haben; das kann nur darauf hinweisen, daß die physikalisch-technische Begründung des mathematischen Verfahrens in der Nationalökonomie zu größerer Klarheit gelangt war, denn gerade an Hand der neu gewonnenen theoretischen Erkenntnisse wird deutlich, daß der Grad der Konsequenz, mit der diese verfahrensmäßige Grundhaltung vertreten wird, zugleich die formallogische Insuffizienz der hierin begründeten Vorstellungen über das Anwendungsproblem offenbart. Unverkennbar ist dabei der Ursprung der Mathematisierung wiederum in einer Analogievorstellung zu suchen, während er vom Objekt der Ökonomik auszugehen hätte; denn A. A. Cournot (1801—1877) ist genau wie sein Vorgänger Thünen und die Mehrzahl seiner Nachfolger ein Außenseiter für die Wirtschaftswissenschaft. Bevor sein ökonomisches Hauptwerk[44] im Jahre 1838 erschien, war er Professor der Mathematik und Mechanik an der Universität Lyon, und auch in der Folgezeit ist seine Aufmerksamkeit mehr mathematischen Studien zugewandt, selbst wenn man die beiden wirtschaftswissenschaftlichen[45] und eine Reihe philosophischer und historischer Spätwerke berücksichtigt[46].

Wenn hieraus auch erklärlich ist, daß für Cournot ein im Grunde gleichartiger Beweggrund für die Mathematisierung der Wirtschaftstheorie vorliegen mußte wie bei den Vertretern des physikalisch-technischen Rechtsfertigungstypus, so scheint doch die überwiegende Beschäftigung mit der reinen Mathematik dazu geführt zu haben, daß er eine klare Unterscheidung zwischen den beiden Bedeutungen des Mathematisierungsbegriffs kennt[47]; wenn er dann trotz einer richtigen

---

[44] *Cournot* 54. — Vgl. auch die englische Ausgabe *Cournot* 59 wegen ihrer ausgezeichneten Bibliographie der mathematischen Wirtschaftstheorie von I. Fisher (*Appendix,* S. 173 ff.). — Die im folgenden angeführten Zitate sind der deutschen Ausgabe entnommen: *Cournot* 60. — Vgl. zum Werke *Cournots* die Beiträge in 465. — *Hecht* 289. — *Roy* 470 S. 134 ff. — *Liefmann-Keil* 406 S. 505 ff. — *Reichardt* 170 und die dort angeführte Literatur.

[45] Vgl. *Cournot* 57 und 58.

[46] Vgl. Waffenschmidts Vorrede zu *Cournot* 60 S. VI ff.

[47] Vgl. *Cournot* 60 S. XX f.: „Ich habe ... bemerkt, daß sich die Forscher ... wohl überhaupt ein falsches Bild über die Anwendungsmöglichkeiten der analytischen Mathematik auf die Wirtschaftstheorie gemacht haben. Man war in dem Glauben befangen, die Zeichen und Formeln hätten keinen anderen Zweck, als zahlenmäßige Berechnungen anzustellen. Und da man sehr wohl fühlte, daß der Gegenstand einer solchen zahlen-

Vorstellung von der Leistungsfähigkeit des mathematischen Verfahrens in der Ökonomik zu keiner hinreichenden Lösung des Anwendungsproblems gelangt, so deshalb, weil er diese Lösung vom Kalkül her versucht, anstatt sie durch eine angemessene Formalisierung des Realitätsausschnitts „Wirtschaft" einzuleiten. Die Übertragung des Infinitesimalkalküls erscheint Cournot deshalb gerechtfertigt, weil die wirtschaftlichen Zusammenhänge, ähnlich denen der Mechanik, in der Beziehungsform der gegenseitigen Abhängigkeit vorliegen; denn „die Anwendung mathematischer Zeichen ist überall dort natürlich, wo gegenseitige Beziehungen von Größen zu erörtern sind[48]".

Der potentielle Umfang der Erkenntnisleistung des gewählten Verfahrens ist durch den falsch gerichteten Lösungsversuch des Anwendungsproblems von vornherein begrenzt, weil das, was als Größenabhängigkeit sichtbar oder gedanklich erfaßbar ist, nicht der Wirtschaftsvorgang selbst, sondern sein Ergebnis ist; daher kann diese Art der Rechtfertigung des mathematischen Verfahrens nur auf seinen Wert als Darstellungsmittel bezogen werden. Wo immer seit Cournot diese Form der Begründung des mathematischen Verfahrens gewählt wurde — und das geschah, wie sich zeigen wird, in der Mehrzahl der Fälle —, ist zwar der Ansatz des ökonomischen Problems, wenn auch innerhalb eines stark verengten Objekts, in der formalen Sprache des Kalküls begründet, jeder Schlußfolgerungsschritt ist aber so lange ungerechtfertigt, wie ihm kein wirtschaftliches Verhalten zugeordnet werden kann; denn die Wirtschaft ist kein reaktives System, das auf

mäßigen Bestimmung der Werte mit Hilfe bloßer Theorie widerstrebt, so schloß man, daß der Aufwand von Formeln, wenn er auch nicht gerade zu Irrtümern führen müsse, jedenfalls eitel und pedantisch sei. Wer jedoch die analytische Mathematik kennt, weiß, daß sie sich nicht nur mit der Berechnung von Zahlen beschäftigt, sondern daß sie gerade Beziehungen zwischen den Größen aufzuweisen vermag, die man zahlenmäßig nicht erfassen kann, Beziehungen zwischen *Funktionen*, deren Gesetzmäßigkeit einer zahlenmäßigen Erfassung nicht zugänglich ist." — Vgl. auch S. 38 f., wo der gleiche Unterschied nochmals hinsichtlich der Nachfragefunktion formuliert ist, obgleich gerade hier deutlich zu ersehen ist, daß Cournot keinen *prinzipiellen* Unterschied zwischen dem generell-bestimmenden und dem konkret-rechnenden Verfahren der Mathematik gelten lassen will, was wiederum unsere These von der mechanischen Analogie zu stützen scheint. Darüber hinaus findet sich auf S. 36 f. eine präzise Unterscheidung zwischen funktionaler Abhängigkeit und Verhältnisgleichheit, die sich gegen solche naiven Gleichsetzungen wendet, wie wir sie u. a. bei Canard und Whewell feststellen konnten; die unklare Vorstellung vom Elastizitätsbegriff, die hinter diesen Sätzen Cournots steht, bringt gleichwohl dieselbe Einstellung zu dem Unterschied zwischen den beiden Formen der Mathematisierung zum Ausdruck. — Vgl. daneben auf S. 117 die auf gleicher Ebene liegende Unterscheidung zwischen „quantitativ" und „meßbar", die in den Sozialwissenschaften in der Folgezeit bis auf den heutigen Tag nicht zum Gemeingut der Methodologie geworden ist.

[48] *Cournot* 60 S. XXI.

automatischen Anpassungsvorgängen beruht. Daran ändert der tautologische Charakter dieser Schlußfolgerungen, dessen man sich zur Zeit Cournots zumindest innerhalb des beschränkten Gebiets der Analysis nachweislich bewußt war, gar nichts, weil die analytische Natur der mathematischen Folgesätze nur dann als hinreichende Garantie für die Richtigkeit einer Schlußkette herangezogen werden kann, wenn die Ausgangssätze einer erfahrungswissenschaftlichen Theorie nicht nur in sich und untereinander widerspruchslos, sondern auch objektbezogen formuliert sind.

Daß Cournots Begründung der mathematischen Methode in der theoretischen Ökonomik in der beschriebenen Weise zu einer mechanistischen Konzeption des wirtschaftlichen Zusammenhangs führte, erweist sich nicht zuletzt dadurch, daß er mit großem Bedacht alle subjektiven Momente bei der Begriffsbildung ausschließt und seinen Zentralbegriff des „Reichtums" von allen Anklängen an Nützlichkeits-, Seltenheits- oder ähnlichen Vorstellungen, die in der Folgezeit für die ökonomische Systembildung so bedeutsam werden sollten, befreite und ihn seinem Inhalt nach mit dem Begriff des Tauschwertes (Preises) — „der notwendigerweise ein Verhältnis zwischen zwei Größen ausdrückt"[49] — identifiziert, weil für Cournot nur auf dieser „objektiven" Grundlage der Aufbau einer theoretischen Wissenschaftsform über dem Sachgebiet „Wirtschaft" gesichert erscheint[50]. Dieses Vorgehen ist dann auch schon für Cournot damit hinreichend begründet, daß diese objektivierten Erscheinungsformen des Wirtschaftens allein der „Berechnung oder logischen Beweisführung" zugänglich sind, nicht dagegen die Nutzenschätzungen, denen das Moment des Unbestimmten anhaftet, weil sie ihren Ursprung in den Empfindungen der wirtschaftenden Menschen haben und sich nicht extensivieren. Dabei scheint der reale Wirtschaftsvorgang diesen Ausgangspunkt durchaus zu rechtfertigen und den Infinitesimalkalkül unmittelbar zu fordern; denn „beim Tausch gilt es, wie bei der mechanischen Kraftübertragung, Reibungswiderstände zu überwinden (lex parsimoniae), Verluste zu decken (Ausgleichsprinzip) und sich in gegebenen Grenzen zu halten (Anpassungsprinzip)"[51].

Wenn sich Cournots bedeutende Erweiterungen des Lehrgebäudes der theoretischen Ökonomik alle auf einen „veräußerlichten" Gegenstandsbereich beziehen und ohne eine fundamentale Wert- und Preistheorie vorgetragen werden, so ist das die natürliche Folge des unzu-

---

[49] *Cournot* 60 S. 18.

[50] Vgl. *Cournot* 60 S. 4.

[51] *Cournot* 60 S. 2 f. — Die in Klammern stehenden mechanischen Äquivalente sind zur Verdeutlichung der Analogievorstellung vom Verfasser in den Text eingefügt. — Weitere Analogien finden sich S. 17 und S. 39.

reichend gelösten Anwendungsproblems. Das Gesetz der Nachfrage oder des Absatzes D = f (p), das wir Cournot verdanken, wird als Größenabhängigkeit konstatiert, ohne daß sein Zustandekommen hinreichend erklärt wird; und das einzige Axiom „oder, wenn man will, nur eine Hypothese“[52], das für die daraus folgenden Ableitungen bestimmend ist, wird keineswegs als wirkliche ökonomische Verhaltenshypothese formuliert, sondern als rein technisches Prinzip, wenn es von Cournot dahingehend festgelegt wird, „daß jeder aus seinem Besitz oder aus seiner Arbeit den größtmöglichen Wert zu ziehen sucht“[53]. Dabei darf die äußere Verwandtschaft dieses Satzes mit den hedonistischen Fassungen des wirtschaftlichen Prinzips nicht dazu verleiten, über den tiefen Unterschied hinwegzusehen, der darin besteht, daß der von Cournot gewählten Hypothese das Bezugssystem fehlt, das ihr *ökonomischen* Inhalt verleihen könnte, während die Grenznutzenschule ein solches aufzuweisen hat, man mag seinen tatsächlichen Erkenntniswert anerkennen oder nicht.

Diese Problemfassung hat nun zur Folge, daß die weiteren Schlußfolgerungen aus dem preistheoretischen Grundgesetz auf rein syntaktischer Ebene vor sich gehen können, nachdem „bestimmte einfache Eigenschaften der Funktion als der Erfahrung entsprechend“[54] angenommen werden, so daß alle hierauf aufbauenden Lehrsätze — besonders die der Marktformenlehre — den methodologischen Fehler weiterschleppen, der dadurch entstanden war, daß Cournot die Anwendbarkeit des Infinitesimalkalküls nicht mit Hilfe eines systemtragenden Begriffs aus dem Grundphänomen des Wirtschaftens begründet, sondern ohne Nutzen- oder Wertdiskussion von den erfahrbaren Gesetzmäßigkeiten von Angebot und Nachfrage ausgeht[55].

---

[52] *Cournot* 60 S. 35.

[53] *Cournot* 60 S. 35. — Dabei betont Cournot nochmals seinen methodologischen Ausgangspunkt, wenn er schreibt: „Wenn wir die Schlußfolgerungen aus diesem Prinzip ziehen, so werden wir jedoch besser, als man bisher getan hat, die grundlegenden *Größen* zu bestimmen versuchen, *die allein die Beobachtung bieten kann*“ (*Cournot* 60 S. 35. — Im Original nicht gesperrt). — Dieser Grad der Veräußerlichung in der erfahrungswissenschaftlichen Theorienbildung, die den Begriff des Objektiven mit dem des sinnlich Wahrnehmbaren, Meßbaren und Abzählbaren gleichsetzt, d. h. den Erfahrungsbegriff einseitig auf die äußere Erfahrung beschränkt, scheint sich durchaus in Übereinstimmung mit der philosophischen Grundhaltung Cournots zu befinden, die *Weinberger* 207 S. 44 f. als eine Mittelstellung zwischen dogmatischem Positivismus und metaphysischem Dogmatismus charakterisiert. — Vgl. dazu die beiden philiosophischen Hauptwerke *Cournots* 55 und 56.

[54] *Jevons* 105 Preface.

[55] Vgl. *Jevons* 105 Preface. — Verständlicherweise richtet sich die Kritik der Grenznutzenschule vor allem gegen die Vernachlässigung des Nutzenbegriffs, ohne, daß die Möglichkeit eines anderen systemtragenden Relationsbegriffs erwogen wird.

Dieser entscheidende methodische Fehler mußte sich nicht nur dadurch bemerkbar machen, daß es bei Cournot trotz einer Reihe von bedeutenden Einzelleistungen nicht zu einer Synthese der Lehrsätze in einer systematischen Theorie gekommen ist, sondern schon überall da erweisen, wo die Schlußfolgerungen aus dem objektfremden, mechanistischen Denkansatz zu Problemgruppen führten, deren seinsmäßige Struktur einen anderen Kalkül verlangt als den, den Cournot von den vorherrschenden physikalischen Anwendungsgebieten seiner Zeit auf den Gegenstandsbereich der Wirtschaftswissenschaft übertragen hat. Diese Vermutung, Cournot rechtfertige die Anwendung der Mathematik auf die theoretische Ökonomik eher vom Kalkül als vom Objekt der Wirtschaftswissenschaften her und falle damit einer mechanischen Analogie zum Opfer, befindet sich zunächst in Einklang mit den Untersuchungen, die sich die Erhellung der Umstände und Beweggründe für Cournots Mathematisierungsbestrebungen zur Aufgabe gemacht haben und aus denen Reichardt[56] den Schluß zieht, „daß es vielmehr der Eindruck des Erfolges mathematisierter Theorien in den Naturwissenschaften war, die ihn hierzu inspirierten, und nicht das Gefühl einer gewissen Einheitlichkeit des wirtschaftlichen Geschehens, das aus einem ausgedehnten literarischen und empirischen Studium über die Ökonomie gewonnen wurde".

Das Gebiet, auf dem sich nun die unzureichende Lösung des Anwendungsproblems offenbarte, ja nach den bisherigen Ausführungen auch offenbaren mußte, ist zugleich dasjenige, mit dem Cournot das ökonomische Lehrgebäude am bemerkenswertesten bereichert hat: die Marktformenlehre. Die bestimmende Rolle der vollkommenen Konkurrenz im ökonomischen Denken des klassischen Liberalismus sehen wir seit Hasbach[57] und Briefs[58] nicht mehr in erster Linie als wirklichkeitsgemäßes Abbild einer überwiegend wettbewerbsbestimmten, machtfreien frühkapitalistischen Wirtschaftsordnung; anders, in der Terminologie der Wissenssoziologie, ausgedrückt: die Kategorialapparatur (Mannheim) des klassischen Marktdenkens wurde nicht vornehmlich von ihrem Denkstandort, der „sozio-ökonomischen Struktur"[59], sondern vielmehr von dem vorherrschenden mechanistischen oder auch deistischen Denkstil der Epoche geprägt. Mit der Marktform der vollkommenen Konkurrenz waren die Wirtschaftssubjekte auf ein Verhalten festgelegt, dem das mechanistische Erklärungsschema auch insofern angemessen war, als mit der Charakterisierung des Preises als Plandatum das Konkurrenzphänomen als solches ausge-

---

[56] *Reichardt* 170 S. 8.

[57] Vgl. *Hasbach* 87.

[58] *Briefs* 31.

[59] Vgl. hierzu *Sultan* 502 S. 602 ff. und *Eisermann* 342 S. 457 ff.

schaltet war und die Marktteilnehmer nur durch Anpassung, d. h. nach dem Muster eines reaktiven mechanischen Systems handelten oder, in der Sprache der Mathematik, eine Verhaltensfunktion maximierten, deren Variablen sie vollständig beherrschen, da der Preis ex definitione ihrer Entscheidungsgewalt völlig enthoben ist und somit als veränderliche Größe nicht in Betracht kommt[60].

Cournots Ausgangspunkt in der Systematik der Marktformlehre unterscheidet sich nun von dem der Klassik zwar dadurch, daß er das reine Monopol als ersten der beiden morphologischen Extremfälle behandelt; als Grund hierfür findet sich bei Cournot selbst nur der Hinweis, daß ein Fortschreiten vom Einfachen zum Verwickelten das einer Wissenschaft angemessene Verfahren darstelle[61]. Geht man auf diese Begründung vom methodologischen Gesichtspunkt aus näher ein, so zeigt sich hieran schon deutlich, daß der ganze Anwendungsbereich des Infinitesimalkalküls bis hinunter zur didaktischen Darstellungsfolge als eben von diesem Kalkül bestimmt angesehen wird; denn die Monopoltheorie als das Einfache oder Grundlegende zu bezeichnen, erscheint nur gerechtfertigt, wenn als Maßstab die Isomorphie mit dem als prinzipiell anwendbaren mathematischen Teilbereich gewählt wird, weil beim Denken vom Gegenstandsbereich der Wirtschaft her das Monopol — wenigstens zu Lebzeiten Cournots — als der *Spezial*fall der Wettbewerbswirtschaft erscheinen mußte. Die Entwicklung der Monopoltheorie hebt sich damit auch nicht vom mechanistischen Denkschema der Klassik ab, wenn auch der streng kausale, deterministische Charakter der ökonomischen Relationen durch den Einfluß der funktionalen Betrachtungsweise der Mathematik beseitigt ist; denn der Monopolist legt es im Modell bei der Bestimmung seines individuellen Gleichgewichts darauf an, eine Funktion zu maximieren, in der er alle erheblichen Variablen kontrolliert, so daß zur analytischen Behandlung ein durchaus gleichartiges Sprachsystem benötigt wird, wie es in der Fülle strukturähnlicher technischer Problemkreise erforderlich ist, deren Gleichgewichtslösung durch die Bestimmung der Extremwerte analytischer Funktionen auffindbar ist.

Was bei den beiden preistheoretischen Extremfällen entweder durch wirklichkeitsgerechte Problembegrenzung (reines Monopol) oder durch isolierende Abstraktion (vollkommene Konkurrenz) gerechtfertigt erschien, mußte zu einer einseitigen Übertragung eines physikalisch erprobten Kalküls werden, sobald vollkommene Information über die relevanten Variablen aus dem Wirtschaftsplan des Unternehmers nicht mehr unterstellt werden konnte, ohne damit den realen Vorgängen

---

[60] Vgl. hierzu und zum folgenden: *v. Neumann* und *Morgenstern* 145 S. 8 ff. — *Richter* 176 S. 13 ff.

[61] Vgl. *Cournot* 60 S. 46.

Gewalt anzutun; dieser Tatbestand ist nun aber überall da erfüllt, wo das Marktverhalten das eigentliche Konkurrenzphänomen unübersehbar vergegenwärtigt: bei der „competition among the few" (Fellner), bei den Marktformen des Dyopols usw., allgemein des Oligopols. Befinden sich nämlich wenige große Anbieter auf einem Elementarmarkt, so ist der „Kampf" um den Marktanteil nicht denkbar, ohne daß die Dispositionen der Unternehmer in gegenseitiger Abhängigkeit stehen; damit wird aber das bisher gültige preistheoretische Denkschema verlassen, weil nicht mehr alle Variablen des Wirtschaftsplanes von den jeweiligen Marktteilnehmern beherrscht werden[62], und sofern das an den beiden Grenzfällen des Marktverhaltens erprobte Werkzeug der partiellen Gleichgewichtsanalyse weiterhin die Richtung des modelltheoretischen Denkens angeben soll, müssen zusätzliche Realhypothesen über die nicht-kontrollierten Variablen eingeführt werden. Der Preisbildungsprozeß ist nicht mehr durch die Gestalt der individuellen Reaktionsfunktionen eindeutig determiniert, sondern wird dadurch, daß das Ergebnis der einzelnen Dispositionen durch den Einfluß des Verhaltens anderer Marktteilnehmer nicht im voraus zu bestimmen ist, zu einem verwickelten System interdependenter Strategie.

Wir können heute von dem relativ gesicherten Fundament der Spieltheorie aus sagen, daß die mathematischen Mittel des Infinitesimalkalküls, die Cournot und seinen Nachfolgern zu Gebote standen, niemals eine Lösung des hierin beschlossenen Problems erreichen konnten, aber ein Mindestmaß an historischem Bewußtsein schon würde es verbieten, hier auch den Maßstab für die Methodenkritik zu suchen. Da sich die Form der Cournot'schen Oligopoltheorie nur als Resultat einer logisch unzureichenden Lösung des Anwendungsproblems erweisen soll, muß der Typ der Annahmen über die nicht-kontrollierten Variablen hier das allein ausschlaggebende Kriterium darstellen.

Wenn Cournot seinen Anbietern eine autonome Verhaltensweise[63] unterstellt und damit zu einer eindeutig bestimmten Gleichgewichtslösung gelangt[64], so deshalb, weil er den physikalisch abgeschrittenen Rahmen, den der Infinitesimalkalkül, für eine Hypothesenbildung bereithält und der sich sowohl für das reine Monopol als auch für den

---

[62] Vgl. *v. Neumann* und *Morgenstern* 145 S. 11: „... each participant attempts to maximize a function ... of which be does not control all variables. This is certainly no maximum problem, but a peculiar and disconcerting mixture of several conflicting maximum problems. Every participant is guided by another principle and neither determines all variables which affect his interest."

[63] „Autonome Verhaltensweise" besagt, daß die nicht-kontrollierbaren Variablen in den Wirtschaftsplan des Anbieters als Konstanten eingehen. — Vgl. *Frisch* 355 S. 23 ff., bes. 30 f.

[64] Vgl. *Cournot* 60 S. 68 ff.

unbeschränkten Wettbewerb als hinreichend weit erwiesen hatte, auch als zuständig für die Erfassung des Konkurrenzphänomens ansah. Das führt nun dazu, daß die Gleichgewichtsbestimmung des reinen Monopols auf die oligopolistische Interdependenz übertragen wird und das Wettbewerbsverhalten durch eine mechanische Analogie unberücksichtigt bleiben muß; die Argumentation vom Kalkül her findet damit ihre natürliche Grenze.

Der *Typ* der Cournot'schen Gleichgewichtslösung blieb in der Folgezeit bestimmend[65], und zwar auch da, wo die Autonomiehypothese aufgegeben und durch andersgeartete Annahmen über die von den Anbietern nicht-kontrollierten Variablen ersetzt wurde. Dabei ist es aber — wie sich schon bei Cournot zeigt — in der Mehrzahl der Fälle (genau genommen eben in allen bis zum Aufkommen der spieltheoretischen Konzeption) bedeutungslos, welcher Natur diese Annahmen im einzelnen sind, weil allen von der Methodologie her der Verstoß gegen das Grundprinzip jeder erfahrungswissenschaftlichen Theorienbildung vorgehalten werden kann: die Prämissen sind nicht wirklichkeitsgemäß formuliert, d. h. die Realität ist dem Kalkül gewaltsam angepaßt worden, wo ein der Erfahrung entsprechendes Sprachsystem hätte gefunden werden müssen. Damit ergab sich in all den Fällen, wo nicht die Unmöglichkeit einer Gleichgewichtslösung behauptet wurde[66], eine solche Lösung auf Grund offensichtlich wirklichkeitsfremder Annahmen, die das Gleichgewicht dergestalt schon in den Denkansatz implizierten, daß über den Ausschluß des Konkurrenzphänomens kein Zweifel bestehen konnte. So geschah es aber, daß ein entscheidender Teilbereich der mathematischen Wirtschaftstheorie in ein Denkschema gezwängt wurde, dessen naturwissenschaftliche Herkunft bei Cournot als gesichert angenommen werden kann.

Genau so wie Cournots Art der Gleichgewichtsbestimmung für die Preistheorie der folgenden hundert Jahre richtungsweisend war, hat sich der dahinterstehende Rechtfertigungstypus des mathematischen Verfahrens in der theoretischen Ökonomik mit großer Beständigkeit erhalten, und der Geltungsbereich des Infinitesimalkalküls gilt seither zugleich als gesichert und methodologisch gerechtfertigt, weil die

---

[65] Daran kann auch die Grundsätzlichkeit der Kritik nichts ändern, mit der der fehlerhafte Denkansatz Cournots sehr bald (wenn man bedenkt, daß erst Jevons in der 2. Aufl. seiner *Theory of Political Economy* (1879) die Aufmerksamkeit der Fachwissenschaft auf das für lange Zeit unbeachtete Werk Cournots gelenkt hatte) belegt wurde; vgl. die Besprechung des Cournot'schen Werkes durch *Bertrand* 316 S. 499 ff. — *Pareto* 450 S. 1 ff. — *Edgeworth* 74 Vol. I S. 111 ff. — Vgl. hierzu auch *Zawadski* 215 S. 68 ff. — Zur dogmengeschichtlichen Entwicklung des Oligopolproblems: *Richter* 176.

[66] Vgl. u. a. *Schumpeter* 189 S. 79 f. — *v. Stackelberg* 193 S. 38. — *Machlup* 414 S. 145 ff, und 415 S. 1 ff.

gegenseitige Abhängigkeit der ökonomischen Variablen, die durch die Maximierungshypothese eindeutig funktionalen Charakter trägt, nur mit den Mitteln der Grenzanalyse erfaßt werden kann. Die oberflächliche, nach dem Vorbild der „emanzipierten" Naturwissenschaften durchgeführte Ablösung der wirtschaftlichen Erscheinungen von den zugrunde liegenden Wert- und Nutzenphänomenen, die bei Cournot eine „bloße Mechanik der Preise und Mengen"[67] und damit die völlige Veräußerlichung der ökonomischen Theorie bewirkt hat, wurde in der Folgezeit allerdings überwunden; daß sich trotz der neu gewonnenen Systematisierung der ökonomischen Theorie, die hiermit verbunden war, keine zutreffendere Begründung der mathematischen Methode entwickelt hat, wird im folgenden zu zeigen sein[68].

ff) Die mathematische Schule innerhalb der subjektiven Wertlehre

Der Übergang von einer ökonomischen Theorie, in der das mathematische Verfahren, sei es arithmetisch oder algebraisch verstanden, zur Darstellung oder Ableitung von Teilproblemen Anwendung fand, zu einer durchgängig mathematisch formulierten Wirtschaftstheorie zeichnet sich dort ab, wo sich auf der Grundlage einer systemtragenden Fundamentalkonzeption mit axiomatischem Charakter der hypothetisch-deduktive Aufbau eines formalen Aussagengefüges über dem Erfahrungsbereich „Wirtschaft" als möglich erweist. Als diese systemtragende Grundkonzeption gilt nun seit der in der ersten Hälfte des vorigen Jahrhunderts durchgeführten Umformulierung des ökonomischen Wertproblems die Vorstellung des subjektiven Nutzens und die an sie geknüpfte generelle Verhaltenshypothese der Nutzenmaximierung. Nun ist es gewiß zutreffend, daß eine derartige, mit der Begriffsapparatur der Elementenpsychologie dargestellte Auffassung vom Erkenntnisobjekt der Wirtschaftstheorie entscheidend dazu beitrug, daß die diffuse Vorstellung vom Interdependenzcharakter ökonomischer Phänomene, die durch die Physiokraten Eingang in die Wirtschaftswissenschaften gefunden hatte und seither — wenn auch durch den individualökonomischen Aspekt der Klassik zeitweilig in den Hintergrund gedrängt — für die Nationalökonomie immer stärker zu einer erfolgversprechenden Systemvorstellung heranwuchs, schließlich in eine Anerkennung der grundlegenden Bedeutung des durchgängigen Relationsbegriffs überging, der für den axiomatischen Aufbau der Wirtschaftstheorie bis heute nichts von seinem Erkenntniswert eingebüßt hat: der Begriff der mathematischen *Funktion*. Später wird sich

[67] *Waffenschmidt:* Einleitung zu Cournot 60 S. IX.

[68] Der Nachweis, daß eine logisch hinreichende Begründung des mathematischen Verfahrens auf Grund einer unzutreffenden Begriffsbildung auch nicht gelingen konnte, soll allerdings dem systematischen Teil vorbehalten bleiben.

erweisen, daß der Nutzenbegriff nicht als angemessener sinnbezogener Systembegriff für eine *ökonomische* Theorie gelten kann; hier ist jedoch vorerst zu zeigen, wie seine Einführung auf die methodologische Begründung der mathematischen Wirtschaftstheorie gewirkt hat, d. h. welcher Natur die Konzeption des Erkenntnisobjekts in der Grenznutzenschule[69] war, die einer Abbildung auf den mathematischen Kalkül für fähig erachtet wurde.

α) *Dupuit, Gossen und Jevons*

Die hiermit angedeutete Systembildung hat sich nun keineswegs schon unmittelbar mit der Einführung des Nutzenbegriffs in Verbindung mit der Grenzanalyse vollzogen, sondern nach anfänglichen Einzelleistungen schrittweise entwickelt. Der französische Ingenieur E.-J. Dupuit (1804—1866) hat bei dem Versuch, den Nutzen öffentlicher Arbeiten für die Gesellschaft und die Bedingungen seiner Veränderungen festzustellen[70], erstmalig eine mathematisch formulierte[71] Nutzentheorie geboten, in der bereits ein erheblicher Teil der später erneut[72] von der Österreichischen und Lausanner Schule in systematischer Form entwickelten Lehrmeinungen vorweg genommen wurde (der Gedanke des abnehmenden Grenznutzens[73], das Gossen'sche Sättigungsgesetz[74] und die Vorstellung von der Konsumentenrente[75], die erst von A. Marshall wiederentdeckt wurde).

Während Cournots Übertragung der Mathematik auf die Nationalökonomie von den Gedankengängen des reinen Mathematikers be-

---

[69] Vgl. zum folgenden die Monographie von *Weinberger* 206. — Da es sich in der vorliegenden Arbeit ausschließlich um die Verfahrensproblematik handelt, erübrigt es sich, den Verzicht auf eine ganze Reihe von Vertretern der Grenznutzenschule — vor allem der österreichischen Richtung — besonders zu rechtfertigen.

[70] Vgl. *Dupuit* 338 und 339. — Der zweite Aufsatz ist eine Erwiderung Dupuits auf einen Aufsatz von *Bordas* 322, der eine Antwort auf Dupuits erste Arbeit darstellt und ihn zu einer präziseren Formulierung der Lehre vom subjektiven Nutzen veranlaßt hat.

[71] Die erste Verwendung des Nutzenbegriffs in der ökonomischen Wertlehre, allerdings ohne mathematische Formulierung, findet sich bereits bei *Condillac* 52. — Vgl. hierzu *Weinberger* 206 S. 43 ff. — Heute wird immer häufiger die Priorität Bernoullis hinsichtlich des Grenznutzengedankens betont (vgl. *Bernoulli* 19, 282 und 315); nur darf man nicht vergessen, daß hier ein ausschließlich mathematisches, wahrscheinlichkeitstheoretisches Interesse am Werke war ohne die geringste Ausrichtung auf die Wirtschaftswissenschaft.

[72] Dem Werke Dupuits war das gleiche Schicksal bestimmt wie den meisten frühen Arbeiten der mathematischen Schule: es blieb für lange Zeit unbemerkt, weitgehend auch im eigenen Lande, und wurde erst wiederentdeckt, als seine Ergebnisse unabhängig von ihm erneut gefunden waren.

[73] *Dupuit* 338 S. 89 ff. und *Dupuit* 339 S. 186 f.

[74] *Dupuit* 339 S. 185.

[75] *Dupuit* 338 S. 90 f.

stimmt und von einer sauberen Trennung der beiden Bedeutungen des Mathematisierungsbegriffs getragen war, ist Dupuits Verhältnis zur mathematischen Ökonomik das des Vertreters der angewandten Mathematik (Naturwissenschaften), wodurch er von vornherein der Gefahr einer mechanischen Analogie nähersteht, weil sich bei einer Begründung der mathematischen Methode von einem bisher erprobten Anwendungsbereich aus nicht nur ein unklares Bild über die mathematische Denkweise selbst, sondern auch ein naturwissenschaftlich geformtes Erkenntnisobjekt des zu mathematisierenden Wissensbereiches ergeben muß; daß sich die hierin angelegte Tendenz zur unkritischen Übernahme einer Fremdmethode durch die unangemessene Begriffsbildung bei der inhaltlichen Interpretation der formalen Theorie noch verstärkte, ist eine Behauptung, die im folgenden näher zu begründen ist. Dieses Unternehmen ist im Falle Dupuits, mehr noch als bei seinen Vorgängern, auf die methodologische Deutung der tatsächlich gebrauchten Verfahrensweise angewiesen, weil beide Arbeiten, getragen von dem naiven Vertrauen einer wissenschaftsgläubigen Epoche auf die Angemessenheit der exakten Denkform, ohne die geringste Rechtfertigung der Mathematisierung des Gegenstandsbereiches auskommen[76].

Durch die Antinomien, die in der klassischen Wertlehre, so wie sie durch J. B. Says Werk[77] in Frankreich verbreitet war, bei der Anwendung auf praktische Wirtschaftsfragen sichtbar wurden, sah sich Dupuit zu einer Umformulierung des ökonomischen Wertproblems veranlaßt, und eben dieses Problem war es, das ihm, der die Begriffsbestimmung und Messung des wirtschaftlichen Nutzens als die grundlegende Frage der politischen Ökonomie bezeichnet[78], ein positives Verhältnis zur mathematischen Denkmethode gerechtfertigt erscheinen ließ. Die Wahl des Nutzenbegriffs als ökonomischer Grundkategorie kennzeichnet ein Bestreben, *zugleich* eine formale Theorie und den Übergang zur Rechenhaftigkeit zu erreichen, d. h. die Mathematisierung des Wissensgebietes und des Gegenstandes, die Cournot schon als getrennte, einander folgende Leistungen ansah, *gleichzeitig* durchzuführen.

Diese Tatsache wird auch etwa ein Jahrzehnt später am Werke H. H. Gossens (1810—1858)[79] deutlich, dessen methodologischer Stand-

---

[76] Die knappen Bemerkungen am Ende des ersten Aufsatzes können kaum als solche gedeutet werden; wo sie an eine methodologische Aussage heranreichen, unterstützen sie den hier darzulegenden Standpunkt. — Vgl. *Dupuit* 338 S. 110.

[77] Vgl. *Dupuit* 338 und die dort angeführten Werke von Say.

[78] Vgl. *Dupuit* 338 S. 83.

[79] Vgl. *Gossen* 84. — Vgl. hierzu *Walras* 511 S. 68 ff und 260 f. — *Beyerhaus* 319 S. 522 ff.

punkt fast ebenso spärlich explizit formuliert ist wie derjenige Dupuits, jedoch mit größerer Sicherheit aus der Darstellung entnommen werden kann, weil bei Gossen ein höherer Grad von Systematik vorliegt, die überdies noch von einer, wenn auch metaphysischen Gesamtvorstellung unterstützt wird[80], will er doch für die Erklärung des menschlichen Zusammenlebens dasselbe leisten, was Kopernikus für die Erkenntnis des Weltensystems gelungen war, und ist er doch davon überzeugt, daß es ihm gelungen ist, „die Kraft und in großen Umrissen das Gesetz ihrer Wirksamkeit zu entdecken, welche das Zusammensein der Menschen möglich macht und die Fortbildung des Menschengeschlechts unaufhaltsam bewirkt"[81], und gleichzeitig „dem Menschen mit untrüglicher Sicherheit die Bahnen zu bezeichnen, die er zu wandeln hat, um seinen Lebenszweck in vollkommenster Weise zu erreichen"[82].

Die Vorstellung, in der sozialen und wirtschaftlichen Realität handele es sich um ein System von aufeinander einwirkenden Kräften, die einer bestimmten Gesetzmäßigkeit unterliegen, ähnlich der der Schwerkraft, bestimmt Gossens Verhältnis zur mathematischen Methode, wenn er der Feststellung Ausdruck gibt, „daß es sich in der Nationalökonomie um das Zusammenwirken verschiedener Kräfte handelt, daß es aber unmöglich ist, das Resultat der Wirksamkeit von Kräften zu bestimmen, ohne zu rechnen. Darum ist es denn ebenso unmöglich, die wahre Nationalökonomie ohne Hilfe der Mathematik vorzutragen, wie dieses bei der wahren Astronomie, der wahren Physik, Mechanik usw. längst anerkannte Tatsachen sind, und es mag nicht wenig zu dem Wirrwarr beigetragen haben, in welchem die Nationalökonomie sich noch bis heute befindet, daß es bis jetzt nicht gelingen wollte, die für sie passende mathematische Form aufzufinden"[83].

Was sich hieraus für unsere Fragestellung ergibt, findet sich schon bei Dupuit angedeutet und bleibt auch über Gossen hinaus für den Zweig der mathematischen Grenznutzenschule bestehen, der die Meßbarkeit von Nutzengrößen als gesicherte Tatsache zur Systemvoraussetzung wählt; es ist das folgende: Es geht jene fruchtbare Differenzie-

---

[80] Vgl. *Gossen* 84 S. 3 f.: „... wie er (der Schöpfer; A. d. V.) durch die Gesetze der Schwerkraft seinen Welten ihre Bahn ewig und unabänderlich vorschrieb, so schrieb er durch die Gesetze der Kraft zu genießen dem Menschen ewig und unabänderlich seine Bahnen im Zusammenleben mit seinesgleichen vor." Diese „Genußkraft" beschreibt Gossen so: „Der Mensch wünscht sein Leben zu genießen und setzt seinen Lebenszweck darein, seinen Lebensgenuß auf die möglichste Höhe zu steigern" (S. 4).

[81] *Gossen* 84 S. V.

[82] *Gossen* 84 S. 1.

[83] *Gossen* 84 S. VI.

rung des Mathematisierungsbegriffs, die bei Cournot anzutreffen war, wieder verloren, und die Fundierung der ökonomischen Theorie, die bei Cournot wiederum vermißt wurde, hat offensichtlich keinen Fortschritt in der methodologischen Grundhaltung gegenüber dem mathematischen Verfahren bewirkt, und was im Ansatz als eine Überwindung des veräußerlichten Erkenntnisobjekts (Beziehung von Quantitäten — „Mechanik der Preise und Mengen") erscheinen mußte, wird dadurch zunichte, daß die Nutzenlehre als bloßes meta-ökonomisches Fundament einer auf Geldgrößen zurückgreifenden Preistheorie erklärt wird[84]. Unter diesem Dilemma sollte dann die ganze Verfahrenslehre der Grenznutzenschule leiden, bis die Meßbarkeit des Nutzens und damit die ganze hedonistische Nutzenmetaphysik durch Pareto endgültig in Frage gestellt wurde.

An dieser naturwissenschaftlichen Interpretation des mathematischen Verfahrens ändert auch Dupuits Feststellung, daß den Wirtschaftswissenschaften häufig die Angaben fehlten, die zu einer zahlenmäßig genauen Problemlösung erforderlich wären[85], nichts, im Gegenteil, sie wird dadurch vielmehr untermauert, weil der Glaube an approximative numerische Ergebnisse schon die Bestätigung dafür ist, daß der Übergang vom generell-bestimmenden zum konkret-rechnenden Verfahren der Mathematik als möglich im Rahmen einer exakten Theorie, d. h. als die Überwindung eines bloß *graduellen* Unterschiedes angesehen wird. Die Anwendung der Mathematik auf ein als meßbar konzipiertes (angeblich) ökonomisches Grundphänomen führt dann dazu, daß jene naiven Identifizierungen von funktionaler Abhängigkeit und numerischer Proportionalität wieder auftreten[86], die wir u. a. bei Canard und Whewell feststellen konnten, die aber schon bei Cournot eindeutig überwunden schienen; sie finden bei Gossen ihre Bestätigung in der Linearitäts-Voraussetzung bei der graphischen Darstellung der Nützlichkeitskurven.

Aus diesen wenigen Bemerkungen geht schon hervor, daß die methodologische Position dieses Zweiges der Grenznutzenschule um keinen Schritt über der mechanistischen Rechtfertigung der mathematischen Denkweise liegt, die als auf bloßen Analogievorstellungen beruhend erkannt werden konnte. Von einer hinreichenden Lösung des Anwendungsproblems kann deshalb nicht gesprochen werden, weil der Denkansatz, auf den der mathematische Kalkül bezogen wurde, nicht als *ökonomisches* Erkenntnisobjekt bezeichnet werden kann; darüber hinaus ist durch die Einführung des Nutzenbegriffs als einer meßbaren Größe die „behavioristische" Hypothese, die hinter einer quasi-

[84] Vgl. *Dupuit* 338 S. 86.
[85] Vgl. *Dupuit* 338 S. 106.
[86] Vgl. *Dupuit* 338 u. a. S. 90 f. — *Gossen* 84 passim.

naturwissenschaftlichen Begründung des mathematischen Verfahrens steht, keineswegs aufgegeben oder überwunden, weil der Maßstab für Nutzenvergleiche in die objektivierten Größen des wirtschaftlichen Geschehens verlegt wurde, so daß das wirtschaftliche Verhalten als solches weiterhin außerhalb des Erkenntnisrahmens des formalen Aussagengefüges verbleibt. Die Rechtfertigung der mathematischen Methode ist somit nach wie vor auf die Annahme gestützt, Wirtschaft sei ein Beziehungszusammenhang von Quantitäten und die Mathematik sei eben die Logik des Quantitativen.

Standen bei den ersten Vertretern der mathematischen Grenznutzenschule die Bemühungen um Verfahren der Nutzenmessung noch im Vordergrund, so wird die Meßbarkeit des Nutzens von dem Augenblick an als gesicherte Voraussetzung angesehen, da sich aus den bisher vorhandenen Ansätzen ein systematisches Lehrgebäude der theoretischen Ökonomik mathematischer Prägung entwickelte. Es ist das Verdienst W. St. Jevons' (1835—1882), diese Leistung als erster erbracht zu haben, indem er die zeitlich vorangegangenen Lehrmeinungen zu Ende dachte und vervollkommnete, häufig in der Weise, daß er auf Grund der geringen Publizität der frühen ökonomischen Schriften der mathematischen Schule die bereits vorhandenen Denkansätze neu entwickeln mußte. In methodologischer Hinsicht stellt das wirtschaftswissenschaftliche Hauptwerk Jevons'[87] den Höhepunkt der bisher behandelten speziellen Variante der mathematischen Grenznutzenschule dar, wohl nicht zuletzt deshalb, weil sein Verfasser seit 1866 Professor der Logik war und in bedeutenden Arbeiten[88] zur Entwicklung der formalen Logik und der allgemeinen Methodologie beigetragen hat. Damit ergibt sich gleichzeitig die Berechtigung, diesen Abschnitt der Methodengeschichte mit der Erörterung der Ansichten Jevons' über

---

[87] Vgl. *Jevons* 105. Die Ausgabe von 1911 ist ein unveränderter Abdruck der zweiten Auflage von 1879, die schon die ausführliche Vorrede über die geschichtliche Entwicklung der mathematischen Wirtschaftstheorie bringt, jedoch vermehrt um fünf Anhänge, deren dritter Jevons' ursprüngliche Konzeption einer mathematischen Volkswirtschaftslehre aus dem Jahre 1862 und deren fünfter das Verzeichnis der Werke mathematischer Nationalökonomen enthält. — Die hier angeführten Zitate beziehen sich auf die deutsche Übertragung von Weinberger: *Jevons* 107, die nach der vierten englischen Auflage angefertigt wurde, die Anhänge jedoch außer dem fünften nicht enthält. — Erwähnenswert ist außerdem noch die französische Übersetzung, *Jevons* 106, wegen des ausführlichen Vorwortes von P. Painlevé (S. V ff.), das sich gegen die mathematische Methode in der Nationalökonomie wendet und aus dem mit überraschender Deutlichkeit ersichtlich ist, inwieweit die geläufigen Rechtfertigungen des mathematischen Verfahrens unmittelbar Anlaß zum Vorwurf der naturwissenschaftlichen Analogie gegeben haben. — Vgl. zu Jevons: *Boehmert* 321 S. 711 ff., zur mathematischen Methode besonders S. 737 ff.

[88] Vgl. *Jevons* 102, 103 und 104. — Über Jevons' Beitrag zur formalen Logik vgl. *Bocheński* 22 S. 312 ff. und 345 ff.

die Mathematisierung der Nationalökonomie zu beschließen, weil die Klarheit und Ausführlichkeit seiner methodologischen Darlegungen von keinem seiner Nachfolger im engeren Sinne[89] erreicht, geschweige denn überschritten wird.

Der höhere Grad des methodologischen Bewußtseins, den wir somit bei Jevons voraussetzen können, bringt es zunächst mit sich, daß er seinen unmittelbaren Vorgängern gegenüber eine zutreffendere Vorstellung vom Wissenschaftscharakter der Mathematik und den Bedingungen ihrer Anwendung entwirft und trotz der von Grund auf unterschiedlichen Einstellung zum Problem des Nutzens hinsichtlich der doppelten Bedeutung des Mathematisierungsbegriffs zum Ausgangspunkt Cournots zurückkehrt, wenn er den Wert des mathematischen Verfahrens in der Verwendung numerisch unbestimmter algebraischer Funktionen sieht; trotzdem ist er der Überzeugung, daß durch die Zunahme statistischen Zahlenmaterials der Übergang vom generell-bestimmenden Verfahren zu einer numerischen Theorie möglich ist[90]. Läuft Jevons' Begründung des mathematischen Verfahrens damit schließlich auf denselben Fehlschluß hinaus, wie die in der Forschungsweise seiner Vorgänger implizierten Vorstellungen, nämlich auf die Identifizierung des Übergangs vom generell-bestimmenden zum numerischen Verfahren in Natur- und Sozialwissenschaften, so bleibt doch ein bemerkenswerter Unterschied unverkennbar: Während bei den Vertretern der mathematischen Nationalökonomie vor Cournot und bei Dupuit und Gossen das Bewußtsein von der doppelten Bedeutung des Mathematisierungsbegriffs völlig fehlt, somit eine naive Gleichsetzung vorliegt, weiß Jevons sehr wohl um diese Unterscheidung, nur haben die Naturwissenschaften seiner Zeit noch keine Beispiele dafür gegeben, daß der Übergang vom generell-bestimmenden zum konkret-rechnenden Verfahren auch in der Physik nicht immer durch die Ausgangssituation und die Randbedingungen vollauf determiniert ist[91], so daß bei einer Übertragung der mathematischen Denkweise auf die Nationalökonomie — soweit sie auf einer quasi-naturwissenschaftlichen Formulierung des Erkenntnisobjekts beruht — auch dort der Übergang, wenn überhaupt, nur als ein gradueller gesehen werden konnte. Der Optimismus hinsichtlich einer

---

[89] Hier wären zu nennen *Moll* 142, der mit mathematischen Mitteln eine Grundlegung der subjektiven Wertlehre versucht. — *Auspitz* und *Lieben* 7 — *Fisher* 286. — Mit Einschränkungen läßt sich hierzu auch Alfred Marshall rechnen, der trotz seiner zurückhaltenden Bemerkungen über den Erkenntniswert der mathematischen Methode (vgl. *Marshall* 133 S. 101, 545, 781 f. und *Pigou* 161 S. 435) zur mathematischen Schule zu zählen ist.

[90] Vgl. *Jevons* 107 S. 5 ff. und 104 ch. XXI.

[91] Vgl. zu der hier angedeuteten Fragestellung u. a. *Planck* 162 und 163. — *Gatterer* 83. — *de Broglie* 33 S. 223 ff. und 34 S. 63 ff. — *Frank* 77 S. 85 ff., dort weitere Literatur.

numerischen ökonomischen Theorie bei Jevons ist somit aus den Anwendungsbedingungen der Mathematik auf die Naturwissenschaften *seiner Zeit* zu erklären; das Bewußtsein von der Unterschiedlichkeit des genannten Übergangs in Natur- und Sozialwissenschaften hätte eine objektgemäße Rechtfertigung des mathematischen Verfahrens zur Voraussetzung oder zur Folge gehabt; eine solche ist aber bei Jevons nicht anzutreffen.

Sobald man nun daran geht, die Gesichtspunkte zu betrachten, unter denen Jevons die Einführung der mathematischen Methode in die Nationalökonomie als gerechtfertigt ansieht — und zwar nicht als ein Verfahren unter anderen, sondern als eine dem Objekt entsprechende Forschungsweise, mit deren Hilfe die Wissenschaft erst „befriedigend dargestellt werden kann“[92] —, bestätigt sich die Vermutung, die auf ein Analogieverfahren bei der Übertragung der mathematischen Denkmethode hindeutet, in Jevons' eigenen Worten, wenn er schreibt: „Ich habe in diesem Werke den Versuch unternommen, die Volkswirtschaftslehre als eine Mathematik der Lust- und Unlustgefühle darzustellen. ... Ich habe mich lange mit dem Gedanken beschäftigt, daß sie, welche durchweg Quantitäten zum Gegenstande hat, in der Tat, wenn schon nicht der Sprache nach, eine mathematische Wissenschaft sein muß. Ich habe mich bemüht, zu genauen quantitativen Begriffen betreffend Nutzen, Wert, Arbeit, Kapital usf. zu gelangen, und bin oft erstaunt gewesen, zu sehen, wie deutlich einige der schwierigsten Begriffe, besonders der verworrenste aller, der *Wert*begriff, eine mathematische Analyse und Darstellung zulassen. Die auf diese Weise behandelte Theorie der Wirtschaft zeigt eine auffallende Ähnlichkeit mit der Wissenschaft der statischen Mechanik, und die Gesetze des Tausches ähneln den Gleichgewichtsgesetzen eines Hebels, wie sie durch das Prinzip der virtuellen Geschwindigkeiten bestimmt sind. Die Natur des Gutes und des Wertes läßt sich aus der Betrachtung unendlich kleiner Größen von Lust- und Unlustgefühlen darstellen, geradeso wie die Theorie der Statik auf der Gleichheit unendlich kleiner Energiegrößen beruht[93].“

Damit ist die Zielsetzung der theoretischen Ökonomik — wiederum in den Worten Jevons' — „die Schilderung der Mechanik des Eigennutzes und der Nützlichkeit“[94], so daß die Anwendung der Mathematik nur auf Grund einer „Mechanisierung“ des Gegenstandsbereiches möglich wird, darüber hinaus noch auf der Grundlage einer

[92] *Jevons* 107 S. XXIX.

[93] *Jevons* 107 S. XXIV f.

[94] *Jevons* 107 S. XXXIII. — Vgl. auch S. 20.

Begriffsbildung[95], die entweder überhaupt nicht relationistisch, insofern also gar nicht in der formalen Sprache der Mathematik darstellbar ist, oder, soweit sie es doch ist — wie im Falle der zentralen Kategorie des Nutzens und der Nützlichkeit —, nicht den Tatbestand der Wirtschaft trifft, sondern fachfremden (psychologischen) Erkenntnisaufgaben zugetan ist.

Daß Jevons als der hervorragendste Vertreter der psychologisierenden Marginalisten trotz aller Nutzenspekulationen und des sich darin ausdrückenden Bewußtseins von der Sinnhaftigkeit des Objektbereichs zu keiner anderen Rechtfertigung des mathematischen Verfahrens gelangt als eben der naturwissenschaftlichen, die wir schon antreffen konnten, als der Erkenntnisgegenstand ohne Zutun der Psychologie in strenger Anlehnung an die klassische Mechanik konzipiert wurde, liegt nun daran, daß die Meßbarkeit der angeblich ökonomischen Elementargröße, des Nutzens, als gesichert unterstellt wird[96]; dadurch kommt man über einen — wie sich später herausstellen wird, völlig ungerechtfertigten — Umweg aber zu demselben Begründungstypus, wie er schon bei Cournot vorgelegen hat, so daß Jevons' Rechtfertigung der mathematischen Denkweise selbst im Wortlaut an die methodologischen Erörterungen des ersteren erinnert, wenn er schreibt: „Ich behaupte, daß alle Schriftsteller der Volkswirtschaft mathematisch vorgehen müssen, soweit sie überhaupt wissenschaftlich vorgehen, weil sie wirtschaftliche Mengenverhältnisse behandeln oder die Beziehungen solcher Mengenverhältnisse, und alle Quantitäten und Beziehungen von Quantitäten in den Bereich der Mathematik gehören[97]."

Das Ausweichen vor einer logisch angemessenen Lösung des Anwendungsproblems, das in diesem Rechtfertigungsargument insofern begründet liegt, als man die Frage der Isomorphie zwischen Gegenstandsbereich und Kalkül undiskutiert läßt und sie einfachhin als der-

---

[95] Vgl. *Jevons* 107 S. 1: „Die Wissenschaft der politischen Ökonomie ruht auf wenigen Begriffen anscheinend einfacher Art. Nutzen, Reichtum, Wert, Gut, Arbeit, Boden, Kapital sind die Elemente des Gegenstandes."

[96] Die hierin verankerten Widersprüche wären möglicherweise offenbar geworden, wäre Jevons darum bemüht gewesen, aus der Nutzentheorie die eigentlichen Grundlagen des Wirtschaftsproblems zu entwickeln und sie nicht mit der nachträglichen Funktion eines spekulativen Überbaus zu belegen, indem er die quantitative Dimension der Nutzengrößen aus ihren Wirkungen herleitet. (Vgl. *Jevons* 107 S. 11.)

[97] *Jevons* 107 S. XXXVI f. — Vgl. auch S. 3: „Es scheint mir, daß unsere Wissenschaft mathematisch sein muß, einfach deshalb, weil sie sich mit Mengen beschäftigt. Wo immer die behandelten Dinge größer oder kleiner sein können, müssen die Gesetze und Beziehungen der Natur der Sache nach mathematisch sein. Die gewöhnlichen Gesetze von Angebot und Nachfrage handeln ausschließlich von verlangten und angebotenen Güterquantitäten und drücken die Art und Weise aus, in welcher sich diese Quantitäten in Verbindung mit den Preisen ändern. Demgemäß sind die Gesetze mathematisch." (Im Original z. T. gesperrt.)

jenigen der Naturwissenschaften gleichartig ausgibt, rächt sich bei der Verwendung der mathematischen Methode und führt dazu, daß weite Partien des Jevons'schen Werkes von technischen, anstatt von ökonomischen Fragestellungen erfüllt sind[98]. Der Grund hierfür ist darin zu suchen, daß von der „wesensgemäßen" Verknüpfung von Mathematik und Naturwissenschaften her argumentiert wird, ohne ein Erkenntnisobjekt aufzuweisen, das von sich aus einen relationistischen Kalkül erforderte. Dadurch laufen Anwendungsproblem und Begriffsbildung nebeneinander her, anstatt sich gegenseitig zu bedingen, und die Anwendung der Mathematik kann nur so vor sich gehen, daß die völlig heterogenen Grundbegriffe, die in der Mehrzahl ihre Herkunft aus den älteren, mathematikfremden nationalökonomischen Systemen nicht verleugnen können, auf ihre quantitative Dimension hin untersucht werden[99], damit die Beziehungsformen der Mathematik auf quantifizierte Elemente treffen; gerade dieses Vorgehen muß zu einer mechanischen Analogie führen, weil nur den Objektivationen des Wirtschaftens, d. h. der Sach- und Güterwelt eine quantitative Dimension eignet. Daß Jevons in solchen Objektivationen und ihrem quantitativen Charakter — das bedeutet bei ihm die Eigenschaftsbestimmung nach Maß und Zahl — den hinreichenden Anlaß zur Anwendung mathematischer Methoden auf den Gegenstand der Nationalökonomie sieht, wird bestätigt durch die Angabe der Elemente des Sachgebietes, deren Bearbeitung die Mathematik übernehmen soll: „Die Rechnungsbücher im Privathaushalte, die großen Hauptbücher der Kaufleute, Bankiers und öffentlichen Ämter, die Kurszettel über Aktien, die Preislisten, Bankausweise, die Nachrichten über den Geldmarkt, über Zoll und andere Regierungseinkünfte, alle diese sind voll von zahlenmäßigen Daten, um die Volkswirtschaftslehre zu einer exakten mathematischen Wissenschaft zu machen[100]."

Damit ist Jevons' methodologischer Standort — und gleichzeitig der seiner Vorläufer, deren materiale Forschungsergebnisse er vervollkommnete — hinreichend charakterisiert. Er beruht nicht nur auf einer Fehlinterpretation des Anwendungsproblems, sondern schon auf einer falschen Deutung des logischen Charakters der Mathematik, was bei Jevons selbst seine Bestätigung erfährt[101].

β) *Die Lausanner Schule*

Die Umformulierung des Erkenntnisgegenstandes der theoretischen Ökonomik in der Lausanner Schule hatte notwendigerweise Folgen für die Interpretation und Rechtfertigung des mathematischen Ver-

---

[98] Vgl. u. a. die „Theorie der Arbeit", *Jevons* 107 S. 158 ff.
[99] Vgl. *Jevons* 107 S. 9, 161 ff., 215 ff.
[100] *Jevons* 107 S. 10.

fahrens, die kurz als eine Rückkehr zum methodologischen Standpunkt Cournots[102] zu beschreiben sind. Das bedeutet, daß eine offen zugestandene quasi-mechanische Konzeption des Erkenntnisobjekts, frei von allen psychologischen Spekulationen, der Abbildung auf einen mathematischen Kalkül für fähig erachtet wird. Bei Walras[103] kommt das zunächst in der Idee einer „économie politique *pure*" zum Ausdruck, die durch eine Reihe von Grundlagenbetrachtungen im ersten Teil seines Hauptwerkes philosophisch gestützt wird. Hierin kommt eine stark positivistische Erkenntnishaltung zum Vorschein, die die reine Wirtschaftstheorie auf die „faits naturels" festlegt und die „faits industriels" als „rapports entre personnes et choses", also den eigentlichen Gegenstand der Sozialwissenschaft, auch in ihrer theoretischen Form, dem Bereich der angewandten Wissenschaften oder Kunstlehren zuweist[104]. Außerdem wird die hierdurch bedingte Haltung gegenüber der Frage nach Mathematisierung der theoretischen Ökonomik noch durch einen Umstand verstärkt, der in engem Zusammenhang mit der Wiederbelebung der Vorstellung der allgemeinen Interdependenz durch Walras steht: die Einführung der Gleichgewichtsidee in strenger Anlehnung an ihren naturwissenschaftlichen Bedeutungsgehalt.

Insofern dieser Idee bei Walras noch nicht die Stellung einer heuristischen Analogie — wie das für die neuere Wirtschaftstheorie zutrifft —, sondern reale Bedeutung als „Gravitationszentrum eines oszillatorischen Reaktionsmechanismus", dessen Bauweise die zeitlichen Bewegungsformen der ökonomischen Quantitäten bestimmt[105], zugeschrieben wird, liegt die Übertragung einer naturwissenschaftlichen Strukturvorstellung auf das Formalobjekt der Theorie vor; der Gegenstandsbereich der Ökonomik wird als reaktives System konzipiert, das einer Maximum-Lösung zustrebt, deshalb zu seiner Beschreibung so vieler Differentialgleichungen bedarf, wie das System Unbekannte aufweist[106], damit aber auch als hinreichend determiniert gilt. Ferner kommt hinzu, daß die notwendige Entsprechung zwischen der Begriffsbildung im ansetzenden Denken und der Lösung des Anwendungsproblems bei Walras nicht gegeben ist, denn der Fundamental-

---

101 Vgl. *Jevons* 107 S. 6 f.

102 Vgl. hierzu *Hecht* 289.

103 Vgl. *Walras* 203. — Eine ausführlich kommentierte englische Übersetzung von W. Jaffé: *Walras* 204. — Vgl. zum folgenden: *Bayer* 312 S. 491 ff. — *Quittner-Bertolasi* 461 S. 16 ff. — *Leone* 402 S. 36 ff. — *Morgenstern* 292 S. 3 ff. — *Brodsky* 32. — Die Artikel von Bayer, Leone und Quittner-Bertolasi sind in methodologischer Hinsicht wertlos, weil sie von einer falschen Interpretation der mathematischen Denkweise ausgehen.

104 Vgl. *Walras* 203 S. 12 ff.

105 Vgl. hierzu *Brunner* 325 S. 25 und das dort angeführte Zitat von Walras.

begriff seines Systems, die „rareté“ ist substantiell konzipiert und nicht Ausdruck einer Beziehungsform in der ökonomischen Realität, die von sich aus einen logischen (mathematischen) Kalkül auf Grund eines ihr entsprechenden Folgerungsbegriffes fordern könnte.

Dieser dreischichtige Begründungszusammenhang weist schon darauf hin, was bei Walras als Rechtfertigung für die mathematische Denkweise in der Nationalökonomie zu erwarten ist: es kann nur derjenige Begründungstyp sein, der seine Argumente aus dem Anwendungsbereich der Naturwissenschaften bezieht, und somit den Mangel aller bisher vorgetragenen Rechtfertigungen teilt, insofern er keine hinreichende Lösung des Anwendungsproblems bietet, die in der Aufweisung einer im Gegenstandsbereich begründeten Beziehungsform zu bestehen hätte, durch die der Folgerungsbegriff des Kalküls (Funktion) gerechtfertigt erscheinen würde. Daß dabei die Meßbarkeit der ökonomischen Elementargröße (Tauschwert) als Voraussetzung der Mathematisierung genannt wird[107], kann nicht nur als die natürliche Folge eines falsch interpretierten Denkansatzes gelten, sondern verdeutlicht darüber hinaus die Tatsache, daß bei Walras der Übergang zur vollen Objektivation des Gegenstandsbereichs trotz der terminologischen Unterschiede gegenüber der von Jevons vertretenen Variante der Grenznutzenlehre nicht erreicht ist. Diese Auffassung über den Vorgang der Mathematisierung ist bestimmt von einer Fehlinterpretation der Mathematik, die sich in der wissenschaftstheoretischen Identifikation von reiner Mechanik und Mathematik (Mathematik als Zweig der Naturwissenschaften) ausspricht[108]. Der Schritt bis zur Gleichsetzung der reinen Ökonomik und der theoretischen Mechanik — der innerhalb der theoretischen Wissenschaftsform bis zu einem gewissen Grade gerechtfertigt erscheint — ist dann schnell vollzogen, und zwar auf Kosten des Anwendungsproblems der Ökonomik: „... cette économie politique pure est une science tout à fait semblable aux sciences physico-mathématiques[109].“

---

[106] Vgl. *Walras* 203 S. 427. —Vgl. hierzu *Wald* 510 S. 637 ff. — Die Beiträge von *Wald, Schlesinger* und *Menger* in 285. — *Rocher* 468 S. 178 ff.

[107] Vgl. *Walras* 203 S. 29: „La valeur d'échange est donc une grandeur et, on peut le voir dès à présent, une grandeur appréciable. Et si les mathématiques en général ont pour objet l'étude des grandeurs de ce genre, il est certain qu'il y a une branche des mathématiques, oubliée jusqu'ici par les mathématiciens, et non encore élaborée, qui est la théorie de la valeur d'échange.“

[108] Die Ansicht über den Wissenschaftscharakter der Mathematik, die in dieser Gleichsetzung zum Ausdruck kommt und die in den Gegenständen der Mathematik Abstraktionen („types ideaux") der Objekte der äußeren Natur sieht, ist die des Empirismus, wie er etwa von Mill vertreten wurde und die schärfste Kritik des Logizismus (Frege) hervorrief. Vgl. *Walras* 203 S. 29 f.

[109] *Walras* 203 S. 29 f.

Daß sich hierin eine allen Vorgängern gemeinsame Bagatellisierung des Anwendungsproblems ausspricht, ist unmittelbar zu ersehen; denn das durchaus berechtigte Bestreben, zu einer theoretischen Wissenschaft zu gelangen, erscheint bei Walras nur auf dem Wege über eine Annäherung des Erkenntnisgegenstandes der Ökonomik an den der reinen Mechanik möglich[110], letztlich also durch eine Mathematisierung des Gegenstandes[111]. Die Annahme der Gleichartigkeit der drei genannten Wissensbereiche wird dadurch erreicht, daß der empiristisch interpretierte Wissenschaftscharakter der Mathematik als tertium comparationis fungiert, und auf die Weise die Anwendung der Mathematik auf die theoretische Nationalökonomie dann hinreichend begründet erscheint, wenn ihre Begriffsbildung auf dieselbe Weise durchgeführt wird wie die der Mathematik, d. h. durch pointierende Abstraktion[112]. Die notwendige Beziehung der theoretischen Begriffsbildung zum Anwendungsproblem wird dabei übersehen, weil die Möglichkeit der Abbildung des Erkenntnisgegenstandes auf einen mathematischen Kalkül als solchen nie in Frage steht, sondern schon durch das der mathematischen Wissenschaft gleichartige Abstraktionsverfahren der erfahrungswissenschaftlichen Theorienbildung gesichert erscheint. Die Auswahl der Grundbegriffe[113] ist deshalb auch nicht von einem Verhältnis zu dem Folgerungsbegriff eines mathematischen Kalküls bestimmt; die einzigen Bedingungen, denen sie unterliegt, sind die der Idealisierung und der Quantifizierbarkeit, d. h. der Möglichkeit, dem durch den Begriffsinhalt erfaßten Tatbestand eine quantitative (meßbare) Dimension abzugewinnen.

Diese Feststellungen gewinnen besonders an Gewicht und legen den Vorwurf einer mechanischen Analogie im mathematischen Verfahren Walras' mit aller Deutlichkeit nahe, wenn man bedenkt, daß über die bloße Darstellungsfunktion hinaus, die mit der gebräuchlichen Begründung des höheren Exaktheitsgrades gefordert wird[114], die Mathematik sich als notwendiges und adäquates Sprachsystem der theoretischen Ökonomik erweisen soll[115], weil die Möglichkeit einer Gleichgewichts-

---

110 Vgl. *Walras* 203 S. 29 f.: „Si l'économie politique pure, ou la théorie de la valeur d'échange et de l'échange, c'est-à-dire la théorie de la richesse sociale considérée en elle-même, est, comme la mécanique, comme l'hydraulique, une science physico-mathématique, elle ne doit pas craindre d'employer la méthode et le language des mathématiques."

111 Vgl. *Walras* 203 S. 473, außerdem besonders die Bemühungen, die Meßbarkeit des Nutzens zu sichern (S. 72 ff.).

112 Vgl. *Walras* 203 S. 30.

113 Vgl. *Walras* 203 S. 30.

114 Vgl. *Walras* 203 S. 30.

115 Vgl. *Walras* 203 S. 115, 144, 172 und 427. — Ausdrücklich wird die mathematische Methode anläßlich der Behandlung des Bimetallismus als „la seule méthode qui convienne à l'étude de faits essentiellement quantitatif" (S. 323) bezeichnet.

lösung im Falle der Verallgemeinerung der individuellen Tauschbeziehungen nur unter Verwendung unbestimmter algebraischer Funktionen möglich ist, während die geometrische Darstellung an dem auf drei Dimensionen beschränkten menschlichen Vorstellungsvermögen, die Verwendung der natürlichen Sprache an der Unmöglichkeit einer syntaktischen Äquivalenz für *simultane* Relationen scheitert.

Ähnlich wie Cournot wird Walras durch die Konsequenzen seiner Methodologie auf inhaltlichem Gebiet zu einer Stellungnahme aufgefordert, die ihn zwingt, seinen methodologischen Standort mit aller Offenheit selbst zu fixieren; geschieht das bei Cournot ausschließlich durch die Art der Problemstellung und -lösung (Oligopoltheorie), so kommt bei Walras eine Rechtfertigung des Verfahrens hinzu. Bei der Behandlung der freien Konkurrenz[116] sieht sich Walras zu einer Auseinandersetzung mit Vorwürfen gegen das Verfahren der reinen Theorie veranlaßt, die heute noch in gleicher Weise vorgetragen werden und deren Fragwürdigkeit in dem Abschnitt über das modelltheoretische Verfahren berührt worden ist; es sind dies die Unterstellungen des mechanischen Ablaufs in den Modellen durch Ausschluß der Willensfreiheit und der Kern der theoretischen Wissenschaftsform überhaupt: die hohe Abstraktionsstufe der Modellbildungen. Walras Antwort auf den erstgenannten Einwand: „... jamais nous n'avons essayé de calculer les décisions de la liberté humaine; nous avons seulement essayé d'en exprimer mathématiquement les effets[117]", bringt trotz ihres richtigen Kerns den Ausschluß des Wertungs- und Entscheidungsphänomens zum Ausdruck, der am Boden der Walras'schen Rechtfertigung der mathematischen Methode liegt, so daß den sog. ökonomischen Quantitäten der Ansatzpunkt für die Anwendung der Mathematik[118] im Sinne des bisher gültigen Begründungsschemas endgültig zugestanden werden kann.

Walras nimmt hinsichtlich seines Methodenstandpunkts eine Mittelstellung zwischen der durch Jevons vertretenen Variante der Grenznutzenschule und den späteren Anhängern der Lausanner Schule[119] ein, deren Haltung zur Frage der Mathematisierung entscheidend durch Pareto[120] bestimmt wird, und zwar nicht durch den frühen Pareto des *Cours*, sondern den späten des *Manuel*, der mit der Vor-

---

[116] Vgl. *Walras* 203 S. 231 ff.

[117] *Walras* 203 S. 232.

[118] Vgl. *Walras* 203 S. 479.

[119] Hier wären u. a. zu nennen: Antonelli, Amoroso, Barone, Pantaleoni, di Pietri-Tonelli.

[120] Vgl. die wirtschaftstheoretischen Hauptwerke *Pareto* 154 und 156. — Daneben vor allem die methodologisch relevanten Schriften: *Pareto* 153, 451, 452, 453, 261 und 262. — Über Pareto: *Bousquet* 27. — Sonderheft 358 S. 1 ff. — *Weinberger* 513 S. 521 ff. — *Kühne* 122. — *Amoroso* 308 S. 1 ff.

stellung von der Meßbarkeit des Nutzens endgültig gebrochen hat. Wenn auch — wie an Jevons und Walras gezeigt werden konnte — der Umweg über die Nutzenvorstellung grundsätzlich nichts an der Unzulänglichkeit der Begründung des mathematischen Verfahrens änderte, so stellt er doch einen eigenständigen Rechtfertigungstypus dar, der sich durch ganz spezifische Verletzungen wissenschaftslogischer Grundregeln auszeichnet. Bei Pareto ist die Rückkehr zum Cournotschen Begründungsschema perfekt, der Gegenstand ist vollkommen veräußerlicht, und Pareto kann sich mit Recht als der größte aller Nominalisten bezeichnen[121]. So begegnet uns bei ihm dann auch derjenige Rechtfertigungstyp, der noch aus den Zeiten Cournots stammt und in der Folgezeit unkritisch übernommen wird; er gibt bis heute den Tenor der spärlichen methodologischen Einführungen der Lehrbuchliteratur an: „Insofern sich die Volkswirtschaftslehre mit Erscheinungen befaßt, deren Größen- und Maßverhältnisse von hervorragender Bedeutung sind, d. h. mit Variationen gewisser Quantitäten, mußte sie in der Mathematik, der Wissenschaft der Quantität, eine Stütze suchen[122].“

Paretos wissenschaftlicher Werdegang[123] bedingt es, daß die Analogien zur Naturwissenschaft in seinem Denken einen so großen Raum einnehmen[124] wie bei keinem anderen Vertreter der mathematischen Wirtschaftstheorie, daß sie nicht nur den Kalkül bestimmen, sondern auch die erkenntnistheoretische Grundhaltung festlegen, unter deren Einfluß das Erkenntnisobjekt gebildet wird. Es ergeben sich deshalb — vor allem in den Arbeiten, die vor 1906, dem Erscheinen des *Manuel,* liegen — die gleichen formalen Fragen der Theorienbildung, wie sie bei Walras anzutreffen waren: die bestimmende Rolle des Gleichgewichtsprinzips und der Lösungstyp, der durch die Übereinstimmung der Zahl der Gleichungen mit der der Unbekannten gekennzeichnet ist[125].

Weiterhin wird auch der Problemkreis und das Denkschema der späteren Arbeiten durch eine quasi-naturwissenschaftliche Erkenntnishaltung[126] festgelegt; und die Entpsychologisierung, die mit dem Über-

---

[121] Vgl. das Zitat bei *Bousquet* 27 S. 29.

[122] *Pareto* 261 S. 1097.

[123] Vgl. über Paretos naturwissenschaftliche Ausbildung *Weinberger* 513 S. 524 f. und *Bousquet* 27. — Paretos Dissertation (Principi fondamentali della teoria dei corpi solidi e ricerche sulla integrazione delle equazioni differenziali che ne defiscono l'equilibrio, Firenze 1869) zeigt, daß für ihn im Infinitesimalkalkül und seiner Anwendung auf die Mechanik der Prototyp der mathematischen Anwendbarkeit beschlossen liegt.

[124] Vgl v. a. *Pareto* 156 Bd. II S. 14 ff.

[125] Vgl. *Pareto* 156 Bd. I S. 31 ff., 68 ff., 208 ff., 595 ff. und *Pareto* 261 S. 1099.

[126] Vgl. *Pareto* 156 Bd. I S. 9: „La scienza di cui intraprendiamo lo studio è una scienza naturale come la psicologia, la fisiologia, la chimica ecc.“

gang von der durch den Einfluß Walras' bestimmten Variante der Grenznutzenschule zur „Wahlhandlungstheorie" einsetzt, erreicht gleichzeitig die äußerste Form der „Objektivation" des wirtschaftlichen Grundphänomens, die nach außen hin in den Umschichtungen der Grundbegriffsbildung zum Ausdruck kommt, vor allem in der Verdrängung des Nutzenbegriffs durch den der Ophelimität. Ganz im Gegensatz zu dieser Feststellung ist die deutsche Übersetzung der „Théorie des choix" dazu angetan, eine Lösung des Anwendungsproblems vorzutäuschen, die im systematischen Teil als die einzig mögliche zu behandeln sein wird. Die Vorstellung von einer objektbezogenen Formalisierung der wirtschaftlichen Grundtatsachen, die sich an den Handlungsbegriff knüpft, wird bei Pareto schon im ansetzenden Denken dadurch beseitigt, daß seine Wahlhandlungstheorie auf tatsächlichen Wahl*ergebnissen* (Güterkombinationen), auf empirisch feststellbaren Wahlakten als Ergebnissen vorangegangener Schätzungen[127] basiert, das eigentliche Phänomen des wählenden Entscheidens selbst aber unerklärt bleibt[128].

Ist das methodologische Selbstverständnis Paretos nicht sehr ausgeprägt[129], so daß eine genaue Kenntnis seiner Vorstellungen vom Anwendungsproblem nicht unmittelbar zu entnehmen ist, so zeigt der Aufbau seiner theoretischen Hauptwerke und einige allgemeine Bemerkungen über den Wissenschaftscharakter der reinen Ökonomik in deren einleitenden Kapiteln, daß ein ähnliches Mißverständnis wie bei Walras vorliegt, insofern als der Gegenstandsbereich der Wirtschaftstheorie und damit die Anwendungsbedingungen des Kalküls aus der Gleichartigkeit des Abstraktionsvorganges in den reinen Naturwissenschaften, der reinen Wirtschaftstheorie *und* der Mathematik begründet wird; Pareto unterliegt damit der gleichen kritischen Stellungnahme wie Walras.

Mit der Behandlung der Lausanner Schule kann der Abriß der Methodengeschichte beschlossen werden; sie ist die letzte der großen Systembildungen, deren Nachwirkungen das ökonomische Denken und damit gleichzeitig die methodologische Grundhaltung der Folgezeit festgelegt haben. Die bei ihr vorherrschende Rechtfertigung des mathematischen Verfahrens ist für die neueren Vertreter der mathematischen Wirtschaftstheorie vor allem deshalb entscheidend, weil das Denkschema der Wahlhandlungstheorie einen so großen Raum in der Ent-

---

[127] Vgl *Quittner-Bertolasi* 461 S. 19. — Zur Wahlhandlungstheorie vgl. *Müller* 435 S. 81 ff. u. 186 ff. — *Krelle* 118.

[128] Daß die Kritik seitens der Österreicher (vgl. *Bayer* 312 S. 505) das mathematische Verfahren selbst nicht treffen können, wird im systematischen Teil genauer begründet.

[129] Vgl. die Geringschätzung aller Methodologie in *Pareto* 154 S. 26.

wicklung der fundamentalen Wert- und Preistheorie einnimmt. Damit erübrigt es sich, die Begründungen des mathematischen Verfahrens im einzelnen weiter zu verfolgen; der dominante Rechtfertigungstyp, der auch nach Pareto nicht verlassen wurde, soll im folgenden Abschnitt der Kritik ausgesetzt werden, nicht ohne die Gegenposition gleichzeitig selbst in Frage zu stellen, jedenfalls soweit sie die Berechtigung einer theoretischen Wissenschaftsform in der Nationalökonomie generell bestreitet.

b) Die geisteswissenschaftliche Kritik

Die Kritik an einer mathematischen Wirtschaftstheorie konzentriert sich — aus noch näher zu kennzeichnenden Gründen — fast ausschließlich auf Deutschland, während im angelsächsischen und skandinavischen Sprachbereich, wo das theoretische Arbeiten seit jeher dem reinen Zweckmäßigkeitskriterium unterstellt war, die Berechtigung einer ökonomischen Theorie niemals prinzipiell, sondern höchstens nach dem Umfang der Erkenntnisleistung in Frage gestellt wurde. In Deutschland dagegen wird die Möglichkeit einer theoretischen Wissenschaftsform von einer streng dogmatischen Erkenntnistheorie häufig ganz bestritten und die historische (idiographische) Methode wegen der Spontaneität und Freiheit des gesellschaftlichen Bereichs als die allein mögliche und denkbare postuliert. Die Skepsis gegenüber einer exakten Wirtschaftstheorie zieht sich kontinuierlich durch die Lehrgeschichte und bildet, beienflußt von den geistesgeschichtlichen Strömungen des Historismus, Soziologismus und Psychologismus, so etwas wie eine „geisteswissenschaftliche Tradition" unter den Sozialwissenschaftlern und Methodologen, wobei die Berechtigung, sie als einheitliche Geistesrichtung zu behandeln, nicht so sehr von einer ihnen allen gemeinsamen methodischen Grundhaltung herzuleiten wäre — eine solche Gemeinsamkeit läßt sich weder in der Methodologie noch in der tatsächlichen Darstellungs- und Forschungsweise ablesen[130] —, sondern vielmehr aus der Einheitlichkeit eines oppositionellen Bewußtseins, von dem diese ganze Forschungsrichtung geprägt war.

Die methodologische Einheit der geisteswissenschaftlichen Tradition wurde von dem Bestreben diktiert, eine arteigene Begriffsbildung und ein dem gesellschaftlich-historischen Sein adäquates Verfahren der angeblich unrechtmäßigen, weil allein in den Naturwissenschaften angemessenen Verwendung der mathematischen Denkweise entgegenzusetzen. Wenn unsere kritische Darstellung der Gegenposition an einer verhältnismäßig späten Entwicklungsstufe ansetzt, so nicht nur, weil sich die Argumentation eines einheitlichen Gedankenganges von der

---

[130] Vgl. *Koch* 290 S. 4.

älteren über die jüngere historische Schule bis zur Verstehensproblematik dort konzentriert, sondern mehr noch, weil bei den Vertretern der „verstehenden Nationalökonomie“ das methodische Selbstbewußtsein am stärksten ausgeprägt war und in der von ihnen vorgetragenen Form bei den Gegnern der mathematischen Wirtschaftstheorie auch heute noch weiterlebt. Bevor wir diese Erörterung aufnehmen, wollen wir jedoch zunächst die Frage stellen, woraus sich geistesgeschichtlich die Mathematikfeindlichkeit und die Skepsis gegenüber der Leistungsfähigkeit der theoretischen Wissenschaftsform erklären lassen.

Die Einflüsse auf die Methodologie der Sozialwissenschaften mögen vielfältiger Natur gewesen sein, nur ist wohl neben der positiven Einwirkung des Historismus die negative Tatsache zu vermerken, die in der Mathematikfeindlichkeit des Deutschen Idealismus nach Kant zu sehen ist; daß diese Abneigung mit einer Stagnation in der formalen Logik, die schon seit Kant andauerte, einhergeht, scheint nur die Gleichartigkeit dieser beiden Disziplinen zu bestätigen. Kants *Kritik der reinen Vernunft* ist einerseits die erste — und für lange Zeit auch die letzte — große wissenschaftstheoretische Bewältigung der naturwissenschaftlichen Grundproblematik und hat durch die Art der Fragestellung „Wie ist mathematische Naturwissenschaft möglich?“ entscheidend zu dem Mißverständnis über die Dienerrolle der Mathematik an den Naturwissenschaften beigetragen; andererseits ist sie aber in ihrem Kern eine groß angelegte Zurückweisung der Leibnizschen Logik, und zwar in deren zweifacher Zielsetzung als Vereinigungsbestrebung von Mathematik und formaler Logik und der Konzeption der Philosophie als *mathesis universalis*[131]. Die Wirkung von Kants Vernunftkritik war in der Folgezeit so entscheidend, vor allem durch den Neukantianismus erneut in den Vordergrund gerückt, daß die ersten Neubegründungen in der Formalwissenschaften fast völlig unbemerkt blieben[132] und für die methodische Grundlegung der Sozialwissenschaften eine Wissenschaftslehre zur Verfügung stand, die dem Theoriebegriff, so wie er sich aus dem axiomatischen Aufbau der Formalwissenschaften ableiten ließ, feindlich gegenüberstand. Darüber

---

[131] Vgl. *Kant* 112 S. 477: „... daß Meßkunst und Philosophie zwei ganz verschiedene Dinge seien, ob sie sich zwar in der Naturwissenschaft einander die Hand bieten, mithin das Verfahren des einen niemals von dem anderen nachgeahmt werden könne.“ — Vgl. auch *Scholz* 272 S. 2 und vom selben Verfasser 187 S. 55.

[132] Vgl. *Scholz* 272 S. 3: „... die Wirkung der kantischen *Kritik* ist so groß gewesen, daß sie die deutsche Philosophie im eigentümlichen Sinne bis zu dieser Stunde nahezu kategorisch bestimmt. Auch Bolzano hat diese Wirkung nicht aufhalten können. Von jeder Bemühung um eine Leibnizische Logik ist die deutsche Philosophie seit Kant im ganzen so weit abgerückt, daß sie schon deshalb den Zugang zu Frege gar nicht hat finden können.“

hinaus blieb auf Grund der Autorität Kants die falsche Interpretation der Mathematik als angewandter Wissenschaft, die durch das unzutreffende Bild, das der Kritizismus von der reinen Mathematik entworfen hatte, vorbereitet war, in der Wissenschaftslehre der folgenden Jahrzehnte bestimmend, und noch heute ist die Vorstellung nicht ganz beseitigt, die Mathematik beziehe sich als Darstellungs- und Denkmittel auf den Gegenstandsbereich der anorganischen Naturwissenschaften.

War bei Kant durch eine erkenntnistheoretische Wendung die formale Logik zur transzendentalen geworden, so war hierdurch zwar eine Fehlinterpretation der Formalwissenschaften und ihrer Anwendung auf empirische Bereiche gegeben, gleichzeitig war aber durch die subjektivistische Deutung des Erkenntnisvorganges der Grundstock für die einzelwissenschaftliche Methodologie gelegt, und das Methodenproblem der exakten Wissenschaften (durch die gegenseitige Zuordnung von Mathematik und Naturwissenschaften für Kant auf die theoretische Physik beschränkt) mit erstaunlicher Eindringlichkeit behandelt; der Eigenwert und die zentrale Stellung von Mathematik und Naturwissenschaft bleibt für Kant unangetastet.

In der Folgezeit tritt paradoxerweise in einem Zeitalter der aufkommenden Naturwissenschaften eine fundamentale Abwendung von der Natur ein, die mit einer Verdächtigung des exakten Denkens gepaart ist. Der Verlust der Wissenschaftlichkeit setzt unmittelbar nach Kant ein und führt in kontinuierlicher Entwicklung von Fichte über Schelling und Hegel zur Lebensphilosophie[133] und dem modernen Existenzialismus — ein gerader Weg, auf dem die Konzeption der Philosophie ständig an wissenschaftlichem Gehalt zugunsten großangelegter metaphysischer Spekulationen und schließlich dichterischer Aussagen verlor. Hegels Metaphysik des Geistes erreichte es dann, daß mit der Herabwürdigung der Naturwissenschaften („Natur ist Geist in seinem Anderssein") die von Kant noch hoch bewertete Mathematik mit einer Geringschätzung belegt wurde, durch die sie aus dem Bereich der sogenannten Geisteswissenschaften ausgeklammert und ein für allemal der Bewältigung des extensionalen (quantitativen) Gegenstandsbereichs der unbelebten Natur zugewiesen war; daß diese Mißachtung der Mathematik bei Hegel[134] mit einem Zerr-

---

[133] Vgl. *Reidemeister* 172 S. 1 ff.

[134] Vgl. *Hegel* 91 Bd. II S. 35 ff.: „... die Bewegung des mathematischen Beweises ... ist ein der Sache ä u ß e r l i c h e s Tun ... Im mathematischen Erkennen ist die Einsicht ein für die Sache äußerliches Tun ... Die E v i d e n z dieses mangelhaften Erkennens, auf welche die Mathematik stolz ist, und womit sie sich auch gegen die Philosophie brüstet, beruht allein auf der Armut ihres Z w e c k s und der Mangelhaftigkeit ihres Stoffs, und ist darum von einer Art, die die Philosophie verschmähen muß. — Ihr

bild der formalen Logik[135] einhergeht, bestätigt wiederum die Gleichartigkeit der beiden Problemkreise. Die deutsche Philosophie der Folgezeit ist auch dort, wo sie das Gebiet der Grundlagenforschung erneut in ihren Aufgabenbereich einbezieht (Dilthey) „durch einen sehr deutlich bemerkbaren Verzicht auf jede Berührung mit der Mathematik und dem mathematischen Denken gekennzeichnet"[136].

Als sich in der zweiten Hälfte des vorigen Jahrhunderts die Bemühungen um eine methodische Festigung des Bereichs der sogenannten Geisteswissenschaften mehrten, wurde das Vorurteil über die notwendige Verbindung von Mathematik und Naturwissenschaften und damit die bloß äußerliche, quantitative Erkenntnisform als gesicherter Bestand übernommen und fand auf diese Weise Eingang in die Grundlagenforschung der Sozialwissenschaften, soweit diese geisteswissenschaftlich orientiert waren; mag es sich dabei um die universalistische Richtung O. Spanns, die Lebenstheorie Gottls, die Konzeption einer anschaulichen Wirtschaftstheorie durch Salin oder die phänomenologische Wirtschaftslehre Backs handeln[137], alle stehen in der Nachfolge der „geisteswissenschaftlichen Methodologie" des späten 19. Jahrhunderts, sind ihre Quellen im einzelnen auch ganz unterschiedlich.

Die nachhaltigste Wirkung auf die sozialwissenschaftliche Grundlagenforschung und damit gleichzeitig auf die Geringschätzung der theoretischen Wissenschaftsform in mathematischer Formelsprache hat allerdings die Rezeption der Verstehensproblematik hervorgerufen, die hier besonders in ihrem Einfluß auf die sogenannte „verstehende Nationalökonomie" interessieren muß, weil sie in dieser Form durch Sombart[137a] zur Kritik der mathematischen Wirtschaftstheorie benutzt wurde und heute noch in recht zweifelhaften Wiederbelebungsversuchen[138] einem ähnlichen Ziel dienen muß.

Zweck oder Begriff ist die Größe. Dies ist gerade das unwesentliche, begrifflose Verhältnis. Die Bewegung des Wissens geht darum auf der Oberfläche vor, berührt nicht die Sache selbst, nicht das Wesen oder den Begriff, und ist deswegen kein Begreifen. — Der Stoff, über den die Mathematik den erfreulichen Schatz von Wahrheiten gewährt, ist der Raum und das Eins ..." Die mathematische Erkenntnis liefert nur „tote Sätze; bei jedem derselben kann aufgehört werden; der folgende fängt für sich von neuem an, ohne daß der erste sich selbst zum andern fortbewegte und ohne daß auf diese Weise ein notwendiger Zusammenhang durch die Natur der Sache selbst entstünde ... Denn es ist die Größe, der unwesentliche Unterschied, den die Mathematik allein betrachtet."

[135] Vgl. *Hegel* 91 Bd. IV S. 211 ff.

[136] *Scholz* 272 S. 3.

[137] Vgl. hierzu *Neisser* 437 S. 225 ff. — *Wagenführ* 202 S. 321 ff. — *Sommer* 274. — *Volkenborn* 201. — *Hecht* 90.

[137a] Vgl. *Sombart* 191. — *Sombart* 499 S. 1 ff.

[138] Vgl. *Ottel* 448.

Zu diesem Zweck soll hier nicht die ganze Vorgeschichte des Verstehensbegriffs aufgerollt werden[139], weil dieser für die Sozialwissenschaften im allgemeinen und die Nationalökonomie im besonderen erst mit dem Inhalt bedeutungsvoll wurde, den er bei Dilthey gewonnen hatte. Ferner kann uns auch nicht daran liegen, in die Problematik des Verstehensbegriffs selbst einzutreten, seine Abgrenzung gegenüber dem „naturwissenschaftlichen" Erklären oder Begreifen oder den oft wiederholten Vorwurf des Relativismus bis in alle Einzelheiten zu untersuchen; vielmehr können wir uns der Fragestellung entsprechend hier auf die Antithetik von „verstehendem" und „erklärendem" („ordnendem") Verfahren beschränken und eben die Ausschließlichkeit einer solchen Gegenüberstellung in Zweifel stellen. Daneben hat uns nur noch das Postulat der höheren oder tiefergreifenden Erkenntnisleistung der verstehenden Methode zu interessieren. Ein derartiges Unternehmen kann nur Erfolg versprechen, wenn man auf die logischen Grundlagen der betreffenden Verfahrensweisen zurückgeht und die darin beschlossene Problematik nicht schon dadurch als gelöst ansieht, daß man jeden Methodenmonismus als verdächtig hinstellt und die Überzeugung verkündet, beide, Verstehen und Begreifen, tragen zur Erkenntnis bei, so als müßte man sich lediglich über die Dosierung der zwei Erkenntnisarten einigen; das geschah in den meisten Fällen, in denen man die ausschließliche Angemessenheit des verstehenden Verfahrens für die Kulturwissenschaften überhaupt in Frage stellte[140].

Die Deutung, die Dilthey[141] der geisteswissenschaftlichen Methode und Zielsetzung gegeben hat, besagt etwa das folgende: Alle Disziplinen, die es in irgendeiner Weise mit dem Menschen als einem „handelnden und leidenden Wesen" (Burckhardt) zu tun haben, seien idiographischer Natur (aber nicht im Sinne des Neukantianismus, daß schon ein bloßes Beschreiben der Einmaligkeit und Besonderheit des Erkenntnisgegenstandes hinreichende Erkenntnis garantierte) und können sich deshalb des hypothetisch-deduktiven Aussagengefüges einer theoretischen Wissenschaftsform und gar der mathematischen Denkweise nur zur *Erklärung* der Objektivationen menschlichen Handelns bedienen. Dieses Erklären verbleibe aber an der Oberfläche im rein Äußerlichen der Phänomene, während es doch gilt, deren *Sinn* durch einfühlendes *Verstehen* zu erhellen; denn das Verhalten vernunftbegabter Wesen und dessen Folgen sei eben aus den nach außen wirksamen und erkennbaren Kräften nicht vollkommen zu deuten. Wo das vom Behaviorismus unternommen wird, läge eben eine unangemes-

---

139 Vgl. hierzu *Apel* 309 S. 142 ff.
140 Vgl. etwa *v. Wiese* 519 S. 78 ff.
141 Vgl. *Dilthey* 69.

sene Übertragung einer Betrachtungsweise vor, die in der sinnlosen Welt des Tierreichs ihre Bedeutung hätte, dem vernunftgemäßen Handeln des Menschen aber nicht gerecht zu werden vermag. Die Mathematik erscheint in dieser geisteswissenschaftlichen Methodologie, dem Hegelschen Vorbild getreu, als bloße Größenwissenschaft, die ihrer Natur und Zielsetzung gemäß ausschließlich auf den Bereich der äußeren Natur Anwendung finden kann, weil nur hier ein Gegenstandsbereich vorliegt, dessen Erkenntnis mit ihren Mitteln vollauf zu bewältigen ist, der also über die rein quantitative Dimension hinaus kein *wissenschaftliches* Interesse abverlangen kann. Hieraus wird deutlich, daß der Methodendualismus von „Erklären“ und „Verstehen“ als die Verfahrensweisen, die den solchermaßen abgegrenzten Forschungsbereichen — Naturwissenschaften und Kultur-(Geistes-)wissenschaften — angeblich adäquat sind, einer objektgebundenen Wissenschaftslehre entspringt.

Der Realitätsbereich „Wirtschaft“ als ein Gesamtzusammenhang von sinnhaftem, wertbezogenem menschlichem Handeln, läßt sich — so folgerte man bei der Rezeption der Verstehensproblematik für die Sozialwissenschaften — unzweideutig als sinnvolles Geschehen charakterisieren, so daß er den Geisteswissenschaften zugeordnet werden muß, sobald er Gegenstand wissenschaftlichen Interesses werden soll[142]. Die theoretische Wissenschaftsform, die sich der mathematischen Formelsprache bedient und zu exakten Gesetzen (die angeblich „Naturgesetze“ sein sollen) gelangen will, sei in der Wirtschaftswissenschaft deshalb unzureichend, weil sie als quantitative Erkenntnisform allein an den Manifestationen wirtschaftlichen Handelns anknüpfen und die Beziehungen zwischen wirtschaftlichen Größen zwar darstellen, nicht aber durch einfühlendes Verstehen vollkommen erkennen könne. Sobald die theoretische Bewältigung des Sachgebiets „Wirtschaft“ als

[142] Vgl. *Rothacker* 267 S. 3. — Der Sinn dieses Abschnittes ist es, zu zeigen, daß die Rezeption der Verstehensproblematik für eine angemessene Lösung der nationalökonomischen Methodenprobleme ebenso unfruchtbar war wie der Einbruch der neukantianischen Wissenschaftslehre; wir können an dieser Stelle schon betonen, daß diese Übernahme ohne Erfolg bleiben mußte, weil sie genau wie alle übrigen Verbindungen der Sozialwissenschaften mit einer erkenntnistheoretisch fundierten Wissenschaftslehre schon im Ansatz die Methodenproblematik verfehlte, denn kennzeichnend für die erkenntnistheoretische im Gegensatz zur logischen Behandlung des Methodenproblems ist zumeist, daß eine irgendwie metaphysisch begründete Aufteilung der Wissensbereiche durchgeführt wird und die entsprechenden Verfahrensweisen den so konstituierten Wissenschaften zugeordnet und von dort aus erst die zugehörigen Erkenntnisziele abgesteckt werden; erst die moderne Wissenschaftslogik hat uns darauf hingewiesen, daß das Verfahren einer Wissenschaft durch das Erkenntnisziel bestimmt wird, das seinerseits seinen Ursprung im Gegenstandsbereich der Disziplin hat. (Vgl. hierzu *Juhos* 111 S. 88.)

endgültige, dem Gegenstand adäquate Erkenntnisform ausgegeben wird, liegt eine naturwissenschaftliche Analogie vor, die zu artfremden Vorstellungen über den Gegenstand beiträgt; denn Mathematisierung ist nur soweit möglich, als der Objektbereich auf Quantitäten reduziert wird[143], was in der Wirtschaft eine unzulässige Vereinfachung und gleichzeitig eine sklavische Bindung an das naturwissenschaftliche Erkenntnisprinzip darstellt, demgemäß der Erkenntnisvorgang der Außenwelt nur dann zu bewältigen ist, wenn alles Qualitative auf quantitative Bestimmungen zurückgeführt werde[144]. Der Erkenntnisbereich einer exakten — das ist hier gleichbedeutend mit mathematisch-naturwissenschaftlichen — Theorie geht deshalb über die Grenzen des Quantitativen nicht hinaus und ist nur soweit berechtigt, als sich wirtschaftliche Erscheinungen quantifizieren lassen; wo intensive, seelische Vorgänge in Quantitäten überführt werden, liegt eine unzulässige Grenzüberschreitung der „naturwissenschaftlichen" Methode vor[145], hier endet ihr Erkenntnisvermögen und muß dem Verfahren der „verstehenden Nationalökonomie" Platz machen. Sombart[146] faßt seine Kritik der „ordnenden" Nationalökonomie in den folgenden Sätzen zusammen, die bis heute den Kerngehalt dessen darstellen, was die geisteswissenschaftliche Kritik der mathematischen Nationalökonomie entgegenzuhalten hat: „Was die *Erkenntnistiefe* dieser Art von Nationalökonomie anbetrifft ... sie *muß* — wie jede Naturwissenschaft — *auf Wesenserkenntnis verzichten.* Sie kann keine Antwort auf die Fragen: woher? wodurch? wozu? erteilen, und sie

---

143 Vgl. *Sombart* 191 S. 106. — Hieran schließt sich bei Sombart folgerichtig der Vorwurf der naturwissenschaftlichen Analogie gegen das mathematische Verfahren in den Wirtschaftswissenschaften (vgl. S. 119 ff.).

144 Vgl. *Weyl* 280 S. 100.

145 Vgl. *Sombart* 191 S. 137.

146 *Sombart* 191 S. 138. — Die Unrichtigkeit, ja teilweise sogar Widersinnigkeit dieser Feststellung kann auch nicht dadurch beseitigt werden, daß Sombart als Bestätigung seiner These zustimmende Zitate *Paretos* (155 § 69) und *Schumpeters* (188 S. 37) anführt; denn bei beiden liegt eine unzureichende, weil einzig auf den quantitativen Charakter ökonomischer Größen bezogene Rechtfertigung des mathematischen Verfahrens vor, bei Pareto überdies noch die häufig wiederkehrende Vorstellung von der Gleichartigkeit des ökonomischen und mechanischen Realitätsausschnittes (naturwissenschaftliche Analogie). Trotz aller Äquivokationen, die der Begriff „Wesen" enthält, muß der Vorwurf Sombarts und der gesamten geisteswissenschaftlichen Schule der sozialwissenschaftlichen Methodologie für die Lösung des Anwendungsproblems richtungsweisend sein, weil die Grundbedingung für die Existenzberechtigung einer mathematischen Wirtschaftstheorie hier ganz klar formuliert wird: Wenn es nicht möglich ist, den eigentlichen Kern des Phänomens „Wirtschaft" zu formalisieren, dann verbleibt die mathematische Methode an der Oberfläche und muß einer anderen Erkenntnisform Platz machen.

kann für keines ihrer Ergebnisse die Dignität der Notwendigkeitserkenntnis beanspruchen. Das gilt auch und gerade für das eigenste Gebiet der ‚exakten' Nationalökonomie."

Der angemessenen Lösung des Anwendungsproblems können wir uns wiederum um einen Schritt nähern, wenn wir diese ganze Wissenschaftslehre, besonders die Vorstellung von einer verstehenden Nationalökonomie als Geisteswissenschaft radikal in Frage stellen; das wiederum kann nur geschehen, indem man die Ursprünge des Verstehensbegriffs aufzeigt und die Berechtigung für seine Übernahme in die Methodologie der Sozialwissenschaften überprüft.

Hierzu müssen wir uns zunächst einer Tatsache aus der Begriffsgeschichte erinnern, nämlich der, daß Dilthey den Verstehensbegriff nicht ursprünglich verwendet, sondern ihn von J. C. Droysen übernahm, der damit eine eigenständige Methodologie der *historischen* Wissenschaft begründen wollte. Diese Tatsache gilt es sich ganz deutlich zu machen. Droysen schreibt in seinem *Grundriß der Historik* aus dem Jahre 1868: „Nach den Objekten und nach der Natur des menschlichen Denkens sind die drei möglichen wissenschaftlichen Methoden: die (philosophisch oder theologisch) spekulative, die mathematisch-physikalische, die historische. Ihr Wesen ist: zu erkennen, zu erklären, zu verstehen ...[147]"

Der Begriff des Verstehens, so wie er in unserem Zusammenhang von Bedeutung ist, entstand also mit den Bemühungen um eine erkenntnistheoretische Grundlegung der Geisteswissenschaften in Deutschland, und zwar als ein Oppositionsbegriff, d. h. als Reaktion auf das mit der Neuzeit aufkommende Zeitalter der exakten Wissenschaften, als eine Form der Selbstbehauptung der geisteswissenschaftlichen Tradition. Das gilt sowohl für Droysen, der sich gegen die naturwissenschaftlichen Analogien der zeitgenössischen Geschichtschreibung und -philosophie (vor allem Th. Buckle und H. Taine) wandte, wie auch für Dilthey, der mit Hilfe des Verstehensbegriffs eine „Logik der Geisteswissenschaften" der „Logic of Moral Sciences" J. St. Mills entgegensetzte — ein durchaus gleichsinniges Bemühen wie das von J. C. Droysen, wenn man bedenkt, daß Mills *Logik* weitgehend von den Problemstellungen der exakten Naturwissenschaften bestimmt ist, auch dort, wo sie vorgibt, Logik der Geisteswissenschaften zu

---

[147] Hier zitiert nach *Droysen* 70 S. 330. — Dabei ist zu bedenken, daß *Sombart* (vgl. 191 S. 158 f.) mit diesem Ursprung des Verstehensbegriffs durchaus vertraut ist, ja sogar auf die ursprüngliche Stelle hinweist, an der der Begriff des Verstehens in dem hier verstandenen Sinne sich findet: Droysens Rezension der *History of Civilization* von Th. Buckle.

sein[148]. Daß hier von Seiten derjenigen Wissenschaften, die die „Ordnung des Lebens" und die „Deutung der Welt" (Rothacker) zu ihrem Gegenstand haben, ein legitimes Interesse bestand, kann soweit, allerdings auch nur soweit, bejaht werden, als es sich bei den Streitobjekten um wirkliche naturwissenschaftliche Analogien handelte, d. h. sofern artfremde Strukturelemente auf das *Real*objekt der Wissenschaften vom Menschen übertragen wurden und damit eine Ähnlichkeit in der ontologischen Struktur der beiden Bereiche unterstellt wurde[149].

Von dieser Warte aus kann man heute rückblickend erkennen, daß die Rezeption des Verstehensbegriffs und der an ihn gebundenen Methodik für die Sozialwissenschaften zumindest leicht überschätzt wurde. Daß die Art und die Unerbittlichkeit, mit der das Verstehen als adäquate und alleingültige Methode der Geisteswissenschaften proklamiert wurde, eine typische Begleiterscheinung von Oppositionsbegriffen ist, hat L. v. Wiese gegenüber Sombart behauptet: „Begreiflich ist auch, daß diese Abkehr (gemeint ist die Reaktion auf die oberflächliche Enge des naturwissenschaftlichen Forschungsbetriebs im 19. Jahrhundert, A. d. V.) zu Übertreibungen führt. Vielleicht spielt bei Sombarts Zuspitzungen ein wenig Taktik und Diplomatie der Wissenschaftspolitik mit. Wir wissen ja, daß, wenn man eine uns

---

148 Vgl. *Apel* 309 S. 144: „... die mathematische interpretatio naturae mußte erst jene äußerste Säkularisierung erfahren, welche für den ernüchterten Sinn nichts übrig ließ als das Ordnen und Formen eines Chaos von Sinnempfindungen unter dem regulativen Prinzip eines gesetzlichen Zusammenhangs (von Kant — zum Neukantianismus) oder — in der Tendenz noch nüchterner: die induktive Ableitung von generellen Regeln einer ökonomischen und prospektiven Erfahrungsbewältigung (von Locke zum Positivismus). Dieser zweite Vorgang gelangte — ebenfalls nach langwieriger Vorbereitung seiner Grundlagen durch Denker, die unerachtet der Nüchternheit ihrer methodischen Haltung noch lange am Gedanken der interpretatio naturae festhielten, — zur klassischen Ausprägung in der Ausbildung des naturwissenschaftlichen Positivismus von d'Alembert bis Comte, der in Buckle und Mill auch die eben begründeten historischen Geisteswissenschaften seinem Erkenntnisprinzip zu unterwerfen sucht." Vgl. auch S. 172. — Übrigens zeigte sich schon in einem früheren Entwicklungsstadium des Verstehensbegriffs, bei dem italienischen Humanisten Vico (1668—1744), ein ähnlicher Anlaß: die bei Leibniz entstandene und im Rationalismus weitverbreitete Konzeption der „mathesis universalis". (Vgl. *Apel* 309 S. 153.)

149 Das muß hier mit aller Deutlichkeit betont werden, einerseits weil es noch so etwas wie „heuristische" Analogien gibt — etwa der Kreislaufgedanke, die Gleichgewichtsvorstellung (nicht dagegen Mechanismus- oder Organismusidee) in der m o d e r n e n Wirtschaftstheorie —, andererseits weil uns der Analogiebegriff im Zusammenhang mit der mathematischen Methode, d. h. mit einer Wirtschafts t h e o r i e in mathematischer Formelsprache interessieren muß. Inwieweit die Bedingung von veritablen „ontologischen" Analogien in der Geisteswissenschaft der Zeit Droysens und Diltheys tatsächlich erfüllt war, kann hier nicht untersucht werden.

überlebt oder falsch erscheinende Haltung bekämpfen und durch eine andere ersetzen möchte, ein allzu gerechtes Abwägen und ein bescheiden vorgebrachter Anspruch in der Regel Mißerfolge zeitigt. Die Welt horcht erst auf, wenn eine scharf, schneidend und beinahe paradox formulierte Antithese in die Diskussion geworfen wird. Später Kommende mögen dann ausgleichen[150]."

Ähnliche Überlegungen mögen auch für die ursprüngliche Entwicklung des Verstehensbegriffs außerhalb der Sozialwissenschaften zutreffen. Greifen wir unseren Erörterungen ein wenig voraus und erwähnen hier schon die später zu beweisende These, daß mathematische Wirtschaftstheorie nichts, aber auch gar nichts mit einer naturwissenschaftlichen Analogie zu tun hat, so erscheint die Übernahme der Verstehensproblematik in die Sozialwissenschaften als ein Kampf gegen Windmühlen, jedenfalls soweit die Wissenschaftsform der Theorie in strenger Antithese zur verstehenden Nationalökonomie gedacht wurde, wie das bei Sombart und seinen Epigonen zweifellos geschah. Daß die vermeintliche Überwindung des Gegensatzes zwischen Theorie und Geschichte, die hinter den methodologischen Bemühungen Sombarts stand, mehr einer unvollkommenen, d. i. bloß doppelsinnigen „Aufhebung" im Hegelschen Sinne — nur in der Doppelbedeutung des Überwindens und Weiterführens also — gleichkam, zeigt gerade die Betonung des Verstehensbegriffs, der Versuch also, den geisteswissenschaftlichen Charakter der Nationalökonomie zu bewahren[151].

Aus alldem ergibt sich, daß die Übertragung des Verstehensbegriffs und der an ihn gebundenen Methodik für die Sozialwissenschaften nur insoweit sinnvoll ist, als diese in ihrer Fragestellung historisch sind, d. h. im ansetzenden Denken, das nicht einer Theorie entgegensteht, sondern diese vorbereitet und auf die empirische Wirklichkeit „Wirtschaft" als Faktizität zurückgreift. Sie war nur da berechtigt, wo das Wirtschaftskontinuum als geschichtliches Faktum in Analogie zur Naturwissenschaft gesehen wurde, in all den Fällen also, in denen Strukturvorstellungen aus den Naturwissenschaften unkritisch auf den Seinsbereich der Wirtschaft angewendet wurden. In diesem Sinne war bei zunehmender Gefahr der mechanischen Analogie — die nicht selten mit der Anwendung der Mathematik in der Nationalökonomie einher-

---

150 *v. Wiese* 519 S. 84.

151 Vgl. *Ottel* 448 S. 207. — Daß es zu einer „Aufhebung" dieses Gegensatzes im vollen Wortsinne nur durch eine zutreffend interpretierte mathematische Wirtschaftstheorie kommen kann, soll der folgende Abschnitt zeigen; denn die Überwindung als Weiterführung auf höherer Gedankenebene kann sich nur durch die optimale Lösung des Anwendungsproblems vollziehen, die gleichzeitig die bestmögliche Ausnutzung der sprachlogischen Möglichkeiten (theoretisches Sprachsystem — Kalkül) und die Berücksichtigung des Sachgehalts (sinnbezogenes Geschehen) garantieren muß.

ging[152] — die Rezeption der Verstehensproblematik angebracht. Viel wichtiger ist jedoch in diesem Zusammenhang die Tatsache, daß diese Übernahme nicht so gemeint war, weder von Sombart noch von seinen Nachfolgern; insofern ist die Antithetik von „verstehender" und „ordnender" Nationalökonomie unberechtigt und nur aus einem Mißverständnis der theoretischen Wissenschaftsform und der Anwendungsbedingungen der Mathematik auf empirische Wissensgebiete zu erklären. Jede theoriefeindliche Haltung in der Wirtschaftswissenschaft hätte die vielgeschmähte „Sinnlosigkeit" mathematischer Theorien zu beweisen (nicht nur: zu behaupten), und zunächst — als Rechtfertigungsgrund jeder neuen Verfahrensweise — die sogenannte naturwissenschaftliche Analogie einer mathematischen Wirtschaftstheorie zu begründen; beides ist bei Sombart nicht ausreichend und bei seinen Nachfolgern überhaupt nicht geschehen.

Wenn man das Verstehen für die „adäquate Erkenntnisform" der Kulturwissenschaften hält — wie das Sombart[153] und seine Anhänger im Hinblick auf eine „geisteswissenschaftliche" Nationalökonomie tun — so schreibt man ihm damit etwas Endgültiges, d. h. eine für den durch das (Erfahrungs-)Objekt festgelegten Erkenntnisbereich eigenständige Leistung zu; die Abgrenzung anderen Verfahren gegenüber hätte gemäß dieser Anschauung wiederum von den vorgegebenen Erfahrungstatsachen einer Wissenschaft her zu erfolgen[154]. Die notwendige Konsequenz einer so verstandenen Wissenschaftslehre und Methodologie ist dann aber keine geringere als die einer Zerstörung des einheitlichen Wirklichkeitsbildes, so wie es als Ansatzpunkt, als empirischer Vorwurf, am Anfang aller selbständigen Realwissenschaften zu stehen hätte. Nicht der vorgegebene Objektbereich in seiner ontologischen Differenzierung kann richtungsweisend für die Methodologie sein, sondern der empirische Sachverhalt kann nur, soweit er durch ein Erkenntnis*ziel* geformt wird, zum Erkenntnisobjekt werden und von dorther die Verfahrensweise einer Wissenschaft bestimmen. Zweifellos zeigt der Realitätsbereich „Wirtschaft", so wie er als empirisches Phänomen gegeben ist, ganz unterschiedliche Schichten (in der

---

152 Das gilt, wie Schams gezeigt hat, z. B. für Cassel, weil ansetzendes Denken und mathematische Ausführung durch den Verzicht auf die Wertlehre sich nicht entsprechen. — Vgl. *Schams* 474 S. 388 ff.

153 Vgl. *Sombart* 273 S. 208.

154 Der Beleg hierfür findet sich bei *Sombart* 273 S. 208 f.: „Das verstehende Erkennen stößt nach zwei Seiten an Grenzen: im räumlichen Bilde gleichsam nach u n t e n hin, dort, wo unsere Kultur in Naturtatsachen gründet oder durch Naturtatsachen bestimmt wird oder ein Sinnzusammenhang nicht mehr besteht: hier beginnt das naturwissenschaftliche Erkennen, dessen wir nie ganz entraten können ..." — Dabei ist unverkennbar, daß die letzterwähnte Begründung deutlich auf eine petitio principii hinausläuft.

Terminologie N. Hartmanns)[155]; sobald man aber daran geht, auf diesen Seinsschichten eine jeweils eigenständige, „adäquate“ Methode zu begründen, ist die Einheit des betreffenden Wirklichkeitsausschnittes zerstört und ontologisch nicht mehr der Tatbestand erfüllt, den wir als „Wirtschaft“ zu bezeichnen gewohnt sind. Daß hiermit der Forderung nach einem Methodenpluralismus nicht widersprochen wird, ist unschwer einzusehen; denn es gibt neben dem Gegenstandsbereich noch andere Bestimmungsgründe — vor allem das Erkenntnisziel, die Fragestellung —, die zur Bildung des Formalobjekts erforderlich sind, so daß auf diese Weise eine Mehrzahl von Verfahren gerechtfertigt erscheint. Geht man dieser Ansicht der modernen Wissenschaftslehre auf den Grund, so ergibt sich darüber hinaus, daß die Begründung eines Verfahrens für eine empirische Wissenschaft allein vom Erkenntnisziel und der Fragestellung her möglich ist[156]; das würde allerdings dazu führen, die theoretische und die historische Methode als die allein möglichen und denkbaren anzusehen und allen anderen Verfahren die Eigenschaft des Endgültigen abzusprechen, so daß ihnen für den Erkenntnisprozeß als Gesamtheit nur vorbereitender Charakter zugestanden werden könnte.

Die Besinnung auf den für unsere Fragestellung relevanten Abschnitt der Entwicklungsgeschichte des Verstehensbegriffs kann uns aber nur eine Seite der verfehlten Antithetik von verstehender und theoretischer Wissenschaftsform zeigen. Darüber hinaus läßt sich jedoch nicht übersehen, daß schon Dilthey den Verstehensbegriff weiter gefaßt hat, als er später für die Methodologie der Geisteswissenschaften richtungsweisend und für die Verfahrensdebatten bestimmend wurde. Auf der Zusammenschau aller hermeneutischen Wissenschaften durch Schleiermacher aufbauend, hat Dilthey die Frage nach dem Verstehen — „weit darüber hinaus, ein bloßes Methodenproblem der Geisteswissenschaften zu bleiben — zur Frage nach derjenigen Grundverfassung des menschlichen Daseins“ (gemacht), „auf Grund deren es verstehendes sein kann“[157]. In dieser Form geht der Begriff dann in die Fundamentalontologie M. Heideggers[158] ein.

Hierdurch wird nun die Bedeutung des Verstehens als Methode nicht geleugnet, sie wird vielmehr in dem Sinne unserer These von der vorbereitenden Erkenntnisleistung bestätigt; nur würde das eine Re-

---

[155] Vgl. *Hartmann* 86.

[156] So schreibt Northrop: „Scince it is the kind of question being raised by a given problem which determines the type of method appropriate for the answering of the question it follows that there will be as many different scientific methods as there are f u n d a m e n t a l l y different kinds of problems.“ *Northrop* 151 S. 19. — Im Original nicht gesperrt.

[157] *Landgrebe* 397 S. 9.

[158] Vgl. *Heidegger* 92 v. a. S. 142 ff. und 336.

vision des bisher vorherrschenden Standpunkts über den Verlauf des Erkenntnisprozesses notwendig machen. Die aller Theorie vorgelagerte Erfahrung steht nicht „Objekten" gegenüber, sondern läßt das individuelle Seiende, das als Faktizität „Gegebene"[159], erst zu Objekten werden, und zwar auf Grund eines Auswahlprinzips, dem ein Verstehen zugrunde liegt. In diesem Sinne schreibt Landgrebe: „So ist Verstehen nichts, was sich auf das Empfinden und Wahrnehmen aufbaut, sondern das Erschließen des Spielraums, innerhalb dessen erst auf Grund von Empfindungen Gegenstände erkannt werden können[160]."

Aus allem geht aber hervor — wir gelangen damit zu ähnlichen Ergebnissen wie beim Überdenken der Entstehungsgeschichte des Verstehensbegriffs und können dem Verstehen somit auch die gleiche Funktion für die Theoriebildung zuweisen, wie das dort geschah —, daß mit der verstehenden Methode keine eigenständige Wissenschaftsgruppe jenseits von Hermeneutik oder Geschichtswissenschaft konstituiert werden kann, sondern daß dem Verstehen vielmehr nur eine vorbereitende Aufgabe im Gesamtaufbau des Erkenntnisprozesses zukommt, in dem die theoretische Wissenschaftsform nach moderner Auffassung eine zentrale Stellung einnimmt.

Die Ausschließlichkeit, mit der das Verstehen als adäquate Methode der Geisteswissenschaften gefordert wird, ist deshalb schon an sich mit Zweifel zu belegen, weil alle geisteswissenschaftlichen Phänomene auf natürlichen Erscheinungen beruhen oder sich in ihnen manifestieren, so daß die idiographische Methode auf den Erkenntnisbereich verwiesen ist, der nach der Anwendung „naturwissenschaftlicher" (nomothetischer) Erkenntnisformen als unerklärtes Residuum verbleibt; sie wird aber bei der Übertragung auf die Sozialwissenschaften vollends fragwürdig, weil eine solche Rezeption auf der stillen oder auch ausgesprochenen Voraussetzung beruhen würde, daß sich der von den Geisteswissenschaften postulierte Gegenstandsbereich aus prinzipiell gleichartigen Sachverhalten konstituiere. Diese oft vernom-

---

[159] Vgl. *Landgrebe* 397 S. 10: „Die Welt, in der wir uns finden, und die Erfahrung, die wir von ihr haben, sind nicht richtig charakterisiert, wenn wir sagen, es sind zunächst ‚Objekte', die uns gegeben werden, und an denen wir dann durch einen Akt der „Einfühlung" erkennen, daß manche darunter auch noch Träger einer Bedeutung sind, sondern immer ist das Unterste in aller Erfahrung eine Weise, wie wir uns schon im Ganzen des Seienden befinden, in unserer Lage uns verstehen. Alles, was uns da gegeben ist, ist zunächst und vor allem verstanden in seiner Bedeutung für uns — nur durch eine Abstraktion wird es zum bloßen Objekt ... Es (das Verstehen, A. d. V.) ist daher nicht eine Tätigkeit, die als ein bestimmt gerichteter intentionaler Akt neben dem Erkennen hergeht, sondern es fundiert erst das Erkennen, es erschließt einen Bereich des zunächst durch die Sinne Erfaßbaren und danach Erkennbaren." (Im Original z. T. gesperrt.)

[160] *Landgrebe* 397 S. 11.

mene Ansicht, es handele sich bei dem in herkömmlicher Weise als „Geisteswissenschaften“ abgegrenzten Forschungsbereich um einen Wissenschaftstypus, bei dem tatsächlich die Gemeinsamkeit des Objektes vorliegt, die allein gestatten könnte, von einem eigenen und adäquaten Verfahren zu sprechen, muß bei genauerer Analyse als fragwürdig zurückgewiesen werden. Wenn man von einem einheitlichen Objektbereich der Geisteswissenschaften spricht, so ist dieser nur von der Methodik des Verstehens her zu konstituieren, nicht aber umgekehrt, als würde eine irgendwie ontologisch geartete Einheitlichkeit (vom Erfahrungsobjekt her) eine durchgehende Anwendung des verstehenden Verfahrens rechtfertigen oder dieses als adäquates fordern. Daher erscheint auch die Ausweitung des Verstehensbegriffs, so wie ihn die Sozialwissenschaften von den Geisteswissenschaften in engerem Sinne übernommen haben, als logisch nicht vertretbar und die nachträglich postulierte Einheitlichkeit des Objektbereichs eines umfassenden Gebietes der Geisteswissenschaften als ungerechtfertigt. Bedenkt man die Verschiedenheit der u. a. von Rothacker[161] in das Forschungsgebiet der Geisteswissenschaften einbezogenen Sachverhalte, so wird der Gegenstandsbereich der Sozialwissenschaften, besonders der Nationalökonomie, doch allein als ein von allen anderen — Kunst, Literatur, Sprache — verschiedener empfunden werden. Gerade diese Verschiedenheit, die im wesentlichen eine Verschiedenheit hinsichtlich des Invarianzgrades des entsprechenden Realitätsausschnittes ist, macht sie der Fragestellung einer theoretischen Wissenschaftsform fähig und läßt den Erkenntnisprozeß, der wegen der Sinnhaftigkeit des Erfahrungsbereiches in der Parallelität von verstehendem und hypothetisch-deduktivem Verfahren verläuft, in der oben gekennzeichneten Richtung stattfinden — gerade zum Unterschied von allen anderen Teilbereichen des geisteswissenschaftlichen Forschungskomplexes, bei denen er von der Bewältigung des invarianten Bereichs zum Sinnverstehen fortschreitet[162].

Diese Möglichkeit ergibt sich nun für die mathematische Wirtschaftstheorie dadurch, daß die Isomorphie des relationslogischen Kalküls mit einem sinnbezogenen Realitätsausschnitt nachgewiesen werden kann; und nur wenn dieser Nachweis erbracht ist, erscheint die Existenzberechtigung einer mathematischen Wirtschaftstheorie erwiesen. Alle anderen Geisteswissenschaften sind entweder nicht auf menschliches Verhalten selbst gerichtet oder setzen — soweit sie es doch sind —

---

[161] Vgl. *Rothacker* 267 S. 3.

[162] Vgl. Juhos' Schilderung des geisteswissenschaftlichen Erkenntnisprozesses an Hand eines Beispiels aus dem historischen Wissensgebiet (*Juhos* 111 S. 90 ff.).

ein idiographisches Erkenntnis*ziel* auf den ausgewählten Gegenstandsbereich an.

Untersuchen wir zum Schluß die Beziehung von theoretischem und verstehendem Verfahren mit den Kategorien der Wissenschaftslogik. Die Art, wie die Wesenserkenntnis der verstehenden Wissenschaften der theoretischen Wissenschaftsform gegenübergestellt wird, ist für die gesamte Erkenntnisrichtung der „geisteswissenschaftlichen Tradition" — von Popper[163] als „methodological essentialism" bezeichnet — charakteristisch[164]: grundsätzlich wird nur die Höherwertigkeit der erstgenannten Erkenntnisart postuliert, ohne daß ihre Aussagen auf ihren logischen Kerngehalt zurückgeführt werden, um ihren Wissenschaftscharakter überhaupt erst einmal zu begründen und sie so den Sätzen der Theorie vergleichbar zu machen. Es hieße nun einer einseitigen Ansicht mit einer gleicherweise einseitigen anderen gegenübertreten, würde man sich einfachhin auf den erkenntnistheoretischen Standpunkt des Positivismus stellen und die Sinn- und Wesenserfassung als Metaphysik — und deshalb eben nicht Wissenschaft — zurückweisen. Soll ein derartiger Vorwurf erhoben werden, so könnte er sich nach der Gesamtanlage dieser Untersuchung nur auf der Grundlage rein logischer Überlegungen ergeben.

Die Behauptung der geisteswissenschaftlichen Tradition, der Gegenstandsbereich der ihr zuzurechenden Disziplinen bedarf einer arteigenen Methode, damit sich der Sinn der nach außen zwar erkennbaren, doch nicht verstehbaren Objekte offenbare, ruht auf der Überzeugung, daß die Verfahren der beiden großen Wissensbereiche — Natur- und Geisteswissenschaften — prinzipiell unterschiedliche Anforderungen an die Sprache stellen könnten; denn die Geisteswissenschaften sind zur Darstellung ihrer Ergebnisse gleichermaßen an eine sprachliche Ausdrucksform gebunden wie die Naturwissenschaften, und ihre Sprache muß ebenso den logischen Gesetzmäßigkeiten gehorchen wie die aller anderen Wissensgebiete. Geisteswissenschaftliche Aussagen können nur in soweit einen Anspruch auf *wissenschaftliche* Gültigkeit erheben, als sie diesen Regeln genügen; das ist aber nur dann der Fall, wenn die syntaktischen Kombinationen ihrer

---

[163] Vgl. *Popper* 459 S. 94 ff. und 168 S. 34 f.

[164] Vgl. *Juhos* 379 S. 47: „Eine formale Analyse der Methode der Metaphysik würde zeigen, daß sie in ihren Thesen sprachliche Ausdrücke immer so gebraucht, daß dadurch die für diese Ausdrücke in der wissenschaftlichen bzw. Alltagssprache gültigen sprachlogischen Regeln grundsätzlich verletzt werden. Die Metaphysik verfolgt damit einen gewissen Zweck und aus der gleichen Absicht heraus unterläßt sie es, für ihre Ausdrücke, seien diese gebräuchlichen Sprachen entnommen oder neu erfunden, hinreichende widerspruchsfreie Gebrauchsregeln anzugeben, durch die ihr Sinn eindeutig festgelegt würde." — Vgl. auch vom selben Verfasser 111 S. 35 ff.

Begriffe so vollzogen wird, daß sie zu echten Sätzen führt, d. h., wenn ihre Aussagen die *beiden* Wahrheitswerte „wahr" *und* „falsch" annehmen können, andernfalls sind ihre „Sätze" sinnlose Zeichenkombinationen. Hieraus folgt nun ganz eindeutig, daß sich die Geisteswissenschaften überall da, wo sie die logische (syntaktische — sematische) Funktion der Sprache nicht überschreiten, derselben sprachlichen Ausdrucksmittel bedienen können, ja müssen, wie die Naturwissenschaften; daß andererseits aber, soweit sie darüber hinaus eine „psychologische" oder „metaphysische" Sprachfunktion postulieren, ihre „Sätze" nur äußerlich mit solchen sprachlichen Ausdrucksformen der natürlichen oder einer wissenschaftlichen Sprache übereinstimmen, in Wahrheit aber auf der Verletzung sprachlogischer Regeln beruhen, die sich einmal in der äquivoken Verwendung der Begriffe, zum anderen in der syntaxwidrigen Verbindung der sprachlichen Elementarausdrücke offenbart. Was in den Geisteswissenschaften nach der gebräuchlichen, logisch undifferenzierten und nur an der Grammatik der natürlichen Sprache ausgerichteten Terminologie als „Satz" erscheint, ist dann nur eine sinnlose Zeichenkombination, und die betreffenden Disziplinen begeben sich, soweit sie auf dergleichen Ausdrucksformen zurückgreifen, des Anspruchs der Wissenschaftlichkeit und stellen sich in den Gesamtzusammenhang der spekulativen metaphysischen Systeme, denen allen eine gleichartige Verletzung der sprachlogischen Grundregeln gemeinsam ist, durch die sie aus dem Bereich der Wissenschaften in den der Dichtkunst hinüberwechseln[165].

Unter diesem Gesichtspunkt nun müssen uns die Aussagen über das Wesen der Dinge als Überforderung dessen erscheinen, was die logischen Gesetze und Beziehungen innerhalb des vereinbarten Sprachsystems gestatten; Wesenserkenntnisse sind damit Verknüpfungen von Aussagen- bzw. Sprachelementen, wie sie die Logik *nicht* kennt. Soweit sie überhaupt noch den Charakter wissenschaftlicher Aussagen haben, verbleiben sie im rein Definitorischen, oft sogar Tautologischen stecken. Die ausgedehnten Debatten über die sogenannten Grundbegriffe in der Nationalökonomie, u.a. die bekannte v. Herrmannsche Definition der Bedürfnisse, die noch bis in die jüngste Vergangenheit ihr Unwesen in der Wirtschaftswissenschaft getrieben hat, legen hierfür ein beredtes Zeugnis ab. Ebenso oft, wenn nicht häufiger noch, stehen Wesensaussagen jedoch außerhalb des Bereichs wissenschaft-

---

[165] Vgl. *Juhos* 111 S. 31: „Wenn es aber dann darauf ankommt, das durch Einfühlung erfaßte, wertende Erleben, das dem Phänomen seinen idiographisch bedeutungsvollen Charakter gibt, mitzuteilen, dann sieht sich die Geisteswissenschaft häufig genötigt, ... die Sprache in ihrer psychologischen Funktion anzuwenden, wie das Dichtung und Metaphysik ... zu tun pflegen."

licher Objektivität und werden durch den Charakter der Erlebnissprache zu normativen Urteilen, meistens versteckt und nicht unmittelbar zu erkennen[166]. Damit gelangen wir aber, ohne den *erkenntnistheoretischen* Standort des Positivismus zu beziehen, auch zu dem Vorwurf, daß Wesensaussagen und Sinnerkenntnisse Metaphysik unter dem Deckmantel der Wissenschaft treiben, weil in den solchermaßen aufgestellten Sätzen eine gleichartige Verletzung der sprachlogischen Regeln vorliegt wie bei den als offenkundig „metaphysisch" deklarierten Sätzen und eine eigenständige Disziplin nach Auffassung der modernen Wissenschaftslehre u. a. als System von sprachlogisch gleichartigen Sätzen gilt.

Diese Überlegungen haben uns zu der Überzeugung geführt, daß der Begriff des Verstehens und die an ihn geknüpfte Methodik keinen eigenen Wissenschaftstypus konstituieren können, ausgenommen eben den seines ursprünglichen Anwendungsbereiches, der Hermeneutik; damit ist aber gleichzeitig der Anspruch der „verstehenden" Nationalökonomie, eine Gegenposition zur mathematischen Wirtschaftstheorie zu errichten, die an den Gegenstandsbereich der Wirtschaftswissenschaft ein angemessenes Verfahren heranträgt, erheblich geschwächt. Die Verstehensproblematik trat in die Nationalökonomie — wenn wir von dem Mißverständnis, das in dem Vorwurf einer mechanischen Analogie der mathematischen Wirtschaftstheorie liegt, einmal absehen — mit der berechtigten Forderung ein, einer einseitig naturwissenschaftlichen Ausrichtung dieser Wissenschaftsgruppe entgegenzutreten. Sie hat damit unser Denken wieder auf das spezifisch Menschliche an der Wirtschaft gelenkt, das für lange Zeit — und das gilt zugestandenermaßen in verstärkter Form für die Vertreter der mathematischen Wirtschaftstheorie — unter den mannigfaltigsten Vorwänden eliminiert worden war, heute jedoch auch für die theoretische Wissenschaftsform wieder in den Vordergrund gerückt ist[167].

---

[166] Vgl. *Popper* 168 und 459 und *Albert* 304 S. 257 ff. Albert schlägt für diese beiden Formen von pseudo-objektiven Aussagen in Anlehnung an *Carnap* 43 und Morris die Bezeichnungen „krypto-linguistisch" und „krypto-normativ" vor.

[167] Was hier angedeutet wird, kann erst im nächsten Abschnitt im Zusammenhang mit der logischen Fundierung der mathematischen Wirtschaftstheorie näher ausgeführt werden; es ist die These, daß jede theoretische Sozialwissenschaft in eine allgemeine Theorie der Handlung — General Theory of Action (Parsons) — einmünden muß, will sie dem Vorwurf der mechanischen Analogie oder einer sonst irgendwie gearteten Anlehnung an naturwissenschaftliche Strukturvorstellungen entgehen. Diese Ansicht vermag auch der Forderung zu genügen, die die Sozialwissenschaften einer allgemeinen Wissenschaft vom Menschen mit der Anthropologie an der Spitze eingliedern will; man braucht sich hierzu nur der fundamentalen Bedeutung des Handlungsbegriffs in der Anthropologie Kants zu erinnern (*Anthropologie in pragmatischer Sicht,* 1798).

Gehen wir zum Schluß daran, die beiden Positionen — die mathematische und die geisteswissenschaftliche Richtung — gegeneinander abzuwägen, so ergibt sich hieraus ein Entwicklungsschema für die Methodengeschichte, besonders, soweit sie den Streit um die theoretische Wissenschaftsform zum Gegenstand hat: Solange die Angriffe gegen die „geisteswissenschaftliche Tradition" und damit gleichzeitig die Begründung der mathematischen Methode mit erkenntnistheoretischen Mitteln unternommen wurde — was eben auch in der Mehrzahl der Fälle geschah — war das Unternehmen von vornherein zum Scheitern verurteilt, weil die Gegenposition nicht nur selbst auf schwachen Füßen ruhte (der durchaus einseitige, weil allein auf die *äußere* Erfahrung abgestellte Erfahrungsbegriff der positivistischen Erkenntnistheorie führt ebenso zum unbegründeten Dogmatismus wie ein übertriebener Spiritualismus der geisteswissenschaftlichen Richtung in den Sozialwissenschaften), sondern einen Kampf gegen Windmühlen unternahm und noch heute unternimmt; denn wer wollte bezweifeln, daß das Argument der theoriefeindlichen Schule zutreffend ist, das eigentlich Wirtschaftliche liege jenseits dessen, was sich uns in den ökonomischen Quantitäten empirisch erfaßbar darbiete. Nur muß man betonen, daß sich hieraus noch kein Einwand gegen die Mathematik als logisches Instrumentarium der einzelwissenschaftlichen Theorienbildung herleiten läßt.

Hieraus ergeben sich die im eigentlichen Wortsinn paradoxen Züge im geschichtlichen Verlauf der wirtschaftswissenschaftlichen Methodenstreitigkeiten: Die mathematische Schule tritt mit Rechtfertigungsgründen auf den Plan, die nicht nur im Lichte der heutigen Logik unzureichend erscheinen, sondern beim damaligen Stande der formalen Logik schon Unbehagen hervorgerufen hätten, wenn nicht die — im Vergleich mit den Naturwissenschaften — Isolation vom Entwicklungsgang der allgemeinen Grundlagenforschung vorgelegen hätte; daraufhin erhebt die „geisteswissenschaftliche Tradition" den Vorwurf der mechanischen Analogie[168], und — man muß angesichts der mangelnden logischen Fundierung der neubegründeten Verfahrensweise sagen — mit Recht. Hierdurch vor allem in Deutschland, wo der Hang zum „historischen und organizistischen" Denken[169] von jeher stärker

[168] Vgl. *v. Kempski* 246 S. 287.

[169] Vgl. u. a. *Cairnes 38* Preface, bei dem die Reaktion auf die Quantitäts-(Meßbarkeits-)these am deutlichsten zum Ausdruck kommt: „What I venture to deny is ... that mathematics can be applied to the development of economic truth, as it has been applied to the development of mechanical and physical truth; and, unless it can be shown either that mental feelings admit of being expressed in precise quantitative forms, or, on the other hand, that economic phenomena do not depend upon mental feelings, I am unable to see how this conclusion can be avoided."

verbreitet war als im anglo-amerikanischen und skandinavischen Sprachbereich, in die Defensive gedrängt, erfolgt der Gegenstoß von Seiten der mathematischen Nationalökonomie, nun aber nicht mit den Denkmitteln der formalen Logik, deren Entwicklung inzwischen erheblich fortgeschritten war, sondern von einem erkenntnistheoretischen Standort aus, der sich durch die Vereinigung von logischer (mathematischer) Grundlagenforschung und empiristischer (positivistischer) Erkenntnistheorie ergeben hatte, der philosophischen Schule des logischen Positivismus.

Das Resultat dieser mehr als hundertjährigen Entwicklung ist — wenn man von wenigen positiven Ansätzen absieht — heute für die Grundlagenforschung der Sozialwissenschaften ebenso unbefriedigend wie zu Zeiten der Einführung der mathematischen Methode in die Wirtschaftswissenschaft, weil durch die Übernahme des erkenntnistheoretischen Aspekts eine dogmatische Verhärtung der Fronten eingetreten ist, deren ungeachtet die positive Forschung voranschreitet und sich in zunehmenden Maße der mathematischen Denkwerkzeuge bedient.

2. Die logisch hinreichende Lösung des Anwendungsproblems

a) Der Ausgangspunkt

Wenden wir uns nun dem Versuch einer logisch vertretbaren Begründung des mathematischen Verfahrens in der Wirtschaftstheorie zu, so müssen wir die herkömmliche erkenntnistheoretische Grundhaltung der sozialwissenschaftlichen Methodologie weitgehend verlassen, ohne uns aber gleichzeitig auf eine andersgeartete dogmatische Erkenntnishaltung (Positivismus) festzulegen; die Rechtfertigung der mathematischen Denkweise soll allein auf formallogischer Ebene durchgeführt werden, weil bei diesem Vorgehen der höchste Grad der Unanfechtbarkeit der hier vertretenen Anschauungen gewährleistet zu sein scheint.

Durch die Gegenüberstellung von Rechtfertigungsversuchen und Kritik des mathematischen Verfahrens hat sich die Problematik, die für eine hinreichende Lösung des Anwendungsproblems verbleibt, mit aller Deutlichkeit abgezeichnet: Das Erfahrungsgebiet, das sich die Nationalökonomie als Gegenstandsbereich erwählt, muß relationistischer Natur sein, damit ein mathematischer Kalkül als leistungsfähiges Sprachsystem gelten kann; notwendige Bedingung für die Möglichkeit einer deduktiven Theorie ist aber darüber hinaus, daß es gelingt, für den Aufbau einer exakten Wirtschaftstheorie ein Erkenntnisobjekt zu formulieren, das die Sinnhaftigkeit wirtschaftlichen Geschehens offenbart. Nur wenn sich ein solches Formalobjekt auf einen mathematischen Kalkül abbilden läßt, kann das mathematische Verfahren in der Nationalökonomie gleichzeitig sinnvoll und logisch gerechtfertigt erscheinen. Hierzu wird sich eine Vermeidung aller Anklänge an naturwissenschaftliche Strukturvorstellungen ebenso als nützlich erweisen wie die Auflösung der unglücklichen Verkettung von mathematischem Verfahren und Grenznutzenschule und die Neuorientierung der theoretischen Ökonomik an *sozial*wissenschaftlichen Kategorien.

Der Weg für die folgenden Gedankengänge ist damit auf dreifache Weise vorgezeichnet: Zunächst ergaben die Erörterungen über den mathematischen Kalkül und das Anwendungsproblem, daß wir von einer gegenüber den meisten Rechtfertigungsversuchen und Angriffen veränderten Auffassung der Mathematik her argumentieren müssen: Mathematik ist nicht mehr nur Logik des Quantitativen, allein anwendbar auf meßbare oder zumindest quantifizierbare Gegenstandsbereiche, sondern gemäß der Auffassung des Formalismus ein Kalkül genereller Ordnungsformen, der als Interpretationsschema (Leerform) auch solcher Realitätsausschnitte zu gelten hat, deren Gegenstände selbst nicht mathematisierbar sind.

Solange nämlich die Ansicht vorherrschte, die Mathematik habe den Raum und die Zahl zum Gegenstand der Erkenntnis, mußte man die Einführung der mathematischen Arbeitsweise in die Wirtschaftswissenschaft damit rechtfertigen, daß es sich in dem theoretischen Teilbereich dieser Wissenschaften jeweils um ein Mehr oder Weniger, um quantitativ bestimmbare Größen handele, zwischen denen ein gegenseitiges Abhängigkeitsverhältnis besteht. Dabei lag die Betonung stets auf dem quantitativen Charakter der systembestimmenden Elemente, weniger auf der Form ihrer Beziehungen[170]. Die Mathematisierung der Wirtschaftstheorie hat mit der Rechenhaftigkeit einzelner Bereiche und Teilerscheinungen des Wirtschaftslebens grundsätzlich nichts zu tun, denn in der ökonomischen Theorie geht es nicht darum, die Grundrechenoperationen auf konkrete Phänomene anzuwenden, sie zu zählen, zu wiegen, zu messen oder zu vervielfältigen, sondern die Gesetzmäßigkeiten des Wirtschaftens mit Hilfe der mathematischen Symbolsprache als Folgerungen aus den Grundannahmen abzuleiten. Die weitverbreitete Ansicht, Theorie setze Meßbarkeit voraus, ist durch den Beweis der ontologischen Neutralität des mathematischen Denkens endgültig ad absurdum geführt. Gerade der Ver-

---

[170] Diese Ansicht wird von *Evans* 344 S. 104 treffend zusammengefaßt: „And yet even if one regards mathematics as the study of quantity merely, rather than of order in general, the fact that every financial transaction is controlled by numbers would indicate that if there is any theoretical science of economics it must be a mathematical one." — Daß sich dieser unzureichende Rechtfertigungsversuch durch die ganze Geschichte der mathematischen Wirtschaftstheorie zieht und bis auf den heutigen Tag seine Anhänger hat, konnte der dogmenhistorische Abriß beweisen.

such, der theoretischen Nationalökonomie einen mathematischen Gegenstand zu unterstellen, muß deshalb entschieden zurückgewiesen werden, weil er durch das Postulat einer direkten Beziehung zwischen den quantitativen Elementen des Wirtschaftgeschehens eine mechanische Vorstellung überträgt und damit wieder zu falschen Anschauungen über die generelle Möglichkeit der Mathematisierung von Erfahrungswissenschaften führt[171].

Ferner haben wir darauf zu sehen, daß die Lösung des Anwendungsproblems ohne Rückgriff auf naturwissenschaftliche Analogien vonstatten geht, und schließlich muß die Beweisführung an einem Erkenntnisobjekt und einer Grundbegriffsbildung ausgerichtet sein, die vor der Kritik der „geisteswissenschaftlichen Tradition" bestehen können. Nach dem, was wir in den grundlegenden Erörterungen über die Anwendbarkeit mathematischer Verfahren auf empirische Wissenschaften gezeigt haben, läßt sich die Berechtigung einer mathematischen Wirtschaftstheorie allein aus der Isomorphie des Erkenntnisobjekts mit einem mathematischen Sprachsystem herleiten, wenn man dem Vorwurf entgehen will, die Abhängigkeiten zwischen ökonomischen Größen von dem Verhalten der Wirtschaftssubjekte zu lösen und sie als ein mechanisches Beziehungssystem zu fingieren. Diese Aufgabe ist dann gelöst, wenn sich innerhalb des Erfahrungsgegenstandes ein Erkenntnisobjekt mit mathetischer Struktur auffinden läßt, dessen typische Abhängigkeitsform einem mathematischen Folgerungsbegriff zugeordnet werden kann.

Vergegenwärtigen wir uns nochmals das Fazit aus der Gegenüberstellung von unzureichenden Rechtfertigungen und Kritik des mathematischen Verfahrens in der Wirtschaftswissenschaft, so läßt sich das Problem, dem wir bei einer zutreffenden Lösung des Anwendungsproblems gegenüberstehen, schon hier umreißen. Durch den Hinweis der geisteswissenschaftlichen Kritik sind wir zunächst auf die Sinnbezogenheit des ökonomischen Gegenstandsbereiches verwiesen und

---

171 Vgl. etwa *Schuster* 496 S. 151: „Von unserem oben gewählten Ausgangspunkt kommen wir demnach zu dem Ergebnis, daß die Erkenntnisaufgabe der Wirtschaftstheorie sich auf das quantitative Gefüge einer atomhaften Materie bezieht. Stückweise ist diese Masse im System verteilt, die Preise sind die Maßzahlen dieser Quanten. Die Veränderung dieser Quanten führt uns zu der Annahme, sie aus Atomen mit verschiedenen Richtungsintensitäten zusammengesetzt und die Quantenbildung als Gleichgewichtsfälle zu betrachten. Das Gefüge ist demnach ein Gleichgewichtsgefüge, dessen Ordnung durch das Grundverhältnis der Zusammensetzung der Materie bestimmt ist." — Die Entwicklung der Nachfragetheorie — von der Kardinalnutzentheorie mit dem Postulat der Meßbarkeit zur Ordinalnutzentheorie, die zur Wahlhandlungslehre „objektiviert" wurde (Jevons-Edgeworth-Pareto) — ist ein Beweis für den Übergang der ökonomischen Theorie von der Rechenbarkeit zur formalen Beziehungslehre. (Vgl. *Hicks* 94.)

sind aufgerufen, bei der Formulierung des Formalobjekts jede Anlehnung an die naturwissenschaftliche Theoriebildung zu vermeiden; diese neuartige Konzeption des ökonomischen Geschehens muß zwar formaler Natur sein, der systemtragende Grundbegriff selbst aber kann nur auf den Sinngehalt der Wirtschaftswirklichkeit abstellen, weil er zur Theorie über einen sinnhaften Realitätsausschnitt führen und die materialistische Metaphysik des Behaviorismus methodisch umgehen soll. Hier liegt dann auch der Grund für die Ablehnung jeder Unterstützung der sozialwissenschaftlichen Grundlagenforschung durch die Wissenschaftslehre des Neupositivismus; denn auf dem Hintergrund eines einseitig verengten Erfahrungsbegriffs kommt der logische Empirismus zu einer Interpretation der Geisteswissenschaften im allgemeinen und der Sozialwissenschaften im besonderen[172], die sich streng im Rahmen der „Physikalismusthese" bewegt.

Ohne Zweifel hat das wissenschaftliche Klima der analytischen Philosophie entscheidend dazu beigetragen, daß das Problem der Anwendung mathematischer Verfahren auf nicht-naturwissenschaftliche Bereiche überhaupt gesehen wurde. Zu einer angemessenen Lösung des Anwendungsproblems in der Nationalökonomie muß die Verbindung von mathematischer Grundlagenforschung und positivistischer Erkenntnistheorie zurückgewiesen werden, weil die Erkenntnishaltung des Positivismus keine andere Rechtfertigung für die mathematische Methode in der theoretischen Ökonomik bereithält als die, welche bei ihren Befürworten schon seit Cournot als unumstößliche und hinreichende Begründung gilt; denn die Realität wirtschaftlicher Wert-

---

[172] Vgl. *Neurath* 147: „Der Physikalismus ergreift ebenso die Psychologie wie die Geschichte und Nationalökonomie, für ihn gibt es nur Gebärden, Worte, Handlungsweisen, keine ‚Motive', kein ‚Ich', keine ‚Persönlichkeit' über das hinaus, was räumlich-zeitlich formuliert werden kann" (11). „Es gibt keine ‚Tiefe' für den Physikalismus, alles ist ‚Oberfläche'." (13; im Original gesperrt.) „Wissenschaftlich voraussagbar und kontrollierbar ist alles, was als räumlich-zeitliches Gebilde durch allgemeinverständliche Zeichen wiedergegeben werden kann. Die Soziologie hat es mit menschlichem Verhalten, das heißt mit räumlich-zeitlichen Vorgängen zu tun. Die Soziologie ist für den Physikalismus wie jede Realwissenschaft ein Teil des physikalischen Gebäudes (59), „Die Soziologie behandelt den Menschen nicht anders wie die anderen Realwissenschaften Tiere, Pflanzen, Steine. Sie kennt nur eine Lehre vom ‚Verhalten' im weitesten Sinne. Sie ist ‚Sozialbehaviorismus'" (63). „Die Soziologie, die Nationalökonomie, die Geschichte berichten über die Abhängigkeit bestimmter empirisch feststellbarer Größen von anderen Größen. Sie suchen sich bestimmte Größen aus, die ihr besonderes Interesse in Anspruch nehmen. Das tun aber auch die Physiker und Chemiker, die Biologen. Aus welchen Gründen die Auswahl der Fragestellung erfolgt, ist für den Inhalt der Beantwortung völlig belanglos" (68). — Vgl. auch vom selben Verfasser 260, 439 S. 37 ff., 440 S. 142 ff., 441 S. 484 ff., 146, 148. — Außerdem *Kraft* 389 S. 273 ff. — *Kraft* 390 S. 211 ff. — *Kraft* 250 S. 217 ff. — *Rashevsky* 462 S. 357 ff.

haltungen und Entscheidungen gehört nach positivistischer Auffassung nicht zu den wissenschaftlich (d. i. intersubjektiv-gültig) darstellbaren Tatbeständen, nur was sich in den Objektivationen des Handelns sichtbar widerspiegelt, folglich auch nur daraus abzulesen ist (Behaviorismus)[173], könnte zum Aufbau einer ökonomischen Theorie herangezogen werden und wäre damit gleichzeitig Ausgangspunkt für die Begründung einer speziellen Methodologie.

Eine Rechtfertigung des mathematischen Verfahrens von Seiten eines mit letzter Konsequenz vertretenen Empirismus hätte die Behauptung zur Voraussetzung, daß die Erscheinungsformen der sozialen Vorgänge in der chemisch-physikalischen Seinsschicht alles seien, über das man wissenschaftlich sprechen könne, wenn nicht überhaupt alles, was an ihnen existent sei. Hierin liegt nun die gleiche Menge an unbewiesenen und unbeweisbaren Elementen, wie in den metaphysischen Gegenpositionen der deutschen „geisteswissenschaftlichen Tradition"[174]. Schon die unkritische Beobachtung und Beurteilung der sozialen oder ökonomischen Geschehnisse muß den Unterschied zwischen der anorganischen Natur und der Welt des Sozialen offenbaren, weil die Kategorien und kennzeichnenden Merkmale naturaler Vorgänge für die Beschreibung der von Menschen gestalteten Abläufe unzureichend sind und das zu ihrem Verständnis Wesentliche nicht erfassen können. Sinngebung durch den Menschen ist das Spezifische an den sozialen Vorgängen, das eine arteigene Ausformung der von den Naturwissenschaften geprägten exakten Denkform verlangt; denn „der Sinn eines sozialen Vorgangs macht ihn für uns überhaupt erst faßbar und beschreibbar, er ist das sozial Wichtige an ihm, vielmehr als die chemisch-physikalischen Vorgänge, die mit ihm verbunden sind"[175]. Deshalb wird es unvermeidlich sein, bei der Formulierung des Erkenntnisgegenstandes der *theoretischen* Ökonomik die Sinnfrage zu stellen, und eine Mathematisierung des Wissensbereiches wird nur insofern zweckvoll sein, als diese Aufgabe zu erfüllen ist. *Möglich* ist eine mathematische Wirtschaftstheorie auch bei bloßem Rückgriff auf die Objektivationen des sozialökonomischen Verhaltens, nur ist ihre Erkenntnisleistung — auch als rein instrumentale theoretische Wissenschaftsform — zweifelhaft, weil ihr axiomatischer Aufbau auf Grundannahmen ruht, die den eigentlichen Kern des Gegenstandsgebietes überhaupt nicht berühren.

---

[173] Vgl. *Kraft* 389 S. 274: „Wir setzen also tatsächlich eine Einordnung der sozialen Erscheinungen in das raum-zeitlich-naturgesetzliche Relationssystem voraus, kurz, wir betrachten sie als Naturerscheinungen."

[174] Vgl. hierzu *Neurath* 147 S. 45 ff.

[175] *Mackenroth* 132 S. 9. — Zur ausführlichen Kritik des Behaviorismus in den Sozialwissenschaften vgl. S. 25 ff.

Um die Abbildung des ökonomischen Geschehens auf einen mathematischen Kalkül zu ermöglichen, muß dann die Isomorphie eines auf solche Weise zu gewinnenden Formalobjekts mit einem mathematischen Folgerungsbegriff aufgewiesen werden; und wenn es gelingt zu zeigen, daß dieses strukturelle Entsprechungsverhältnis zwischen Realität und Kalkül auf Grund des realationistischen Charakters der Wirtschaftswirklichkeit logisch zu rechtfertigen ist, d. h. wenn wir nachweisen können, daß die Mathematik die adäquate Sprachform der ökonomischen Theorie ist, und daß darüber hinaus *wissenschaftliche* Aussagen über die Wirtschaft mit dem Anspruch auf höheren Erkenntnisgehalt nicht denkbar sind, folglich nur auf einem Mißbrauch logischer Regeln und der Ausnutzung der Äquivokationen von Begriffen natürlicher Sprachen beruhen können, so werden wir zu der Überzeugung geführt, daß die Erkenntnisleistung der mathematischen Wirtschaftstheorie für einen sinnbezogenen Realitätsausschnitt genau auf das abzielt, was ihr von Seiten der „verstehenden" Nationalökonomie und der „geisteswissenschaftlichen Tradition" grundsätzlich bestritten wurde, weil es angeblich als deren ureigener Bereich anzusprechen sei: die Verdeutlichung von Sinnzusammenhängen der Kulturwirklichkeit „Wirtschaft", und zwar eben so weit, wie das im Rahmen der theoretischen Wissenschaftsform prinzipiell möglich ist.

b) Der invariante Erfahrungsbereich und das formale Substrat der sozialökonomischen Realität

Die theoretische Nationalökonomie ist — wie wir zeigten — als eine hypothetisch-deduktive Wissenschaftsform eines empirischen Gegenstandsbereichs aufzufassen, weil sie auf der Grundlage vereinfachter Elemente eine Erklärung des Wirtschaftsablaufs anstrebt. Diese einfachen Elemente stellen sich der Erfahrung als die sogenannten ökonomischen Quantitäten, wie Zins, Preis, Einkommen, Angebots- und Nachfragemengen usw. dar, zwischen denen gesetzmäßige Beziehungen ergründet werden sollen. War nun für die herkömmliche Abgrenzung des Formalobjekts stets die Alternative „Quantität — Qualität"[176] oder „instrumentale oder kulturtheoretische Betrachtung der Wirtschaft"[177] eine unumstößliche Richtschnur, so daß der Erkenntnisgegenstand der reinen Wirtschaftstheorie durch die Grundbestandteile der unreflektierten Erfahrungstatsachen hinreichend umgrenzt und bestimmt sein mußte, können die Wirtschaftsgrößen nur Ausgangspunkt sein, insofern man an ihnen einen gewissen Grad der Invarianz ökonomischer Vorgänge ablesen und damit die Berechtigung und den Sinn einer theoretischen Wissenschaftsform in den Wirtschaftswissen-

---

[176] Vgl. *Guitton* 233 S. 16.

[177] Vgl. *Weippert* 515 S. 30 ff. — *Weippert* 514 S. 257 ff.

schaften ableiten kann. Bei der Formalisierung des Erfahrungsobjektes muß jedoch das „Entweder-oder“ einem „Sowohl-als auch“ weichen, will man nicht auf Grund eines falsch verstandenen Methodenpluralismus die Einheitlichkeit des Erfahrungsgegenstandes zerstören und die mathematische Wirtschaftstheorie auf eine rein äußerliche, bloß konservierende Aufgabe beschränken, ganz zu schweigen von der unzureichenden Erklärung des ontologischen Äquivalents der logischen (mathematischen) Beziehungsformen, die zum Ausgangspunkt einer Deduktionsfolge gewählt werden und deren Ziel es sein soll, in den Voraussetzungen implizierte Tatbestände zu verdeutlichen.

Hierbei wird sich eine Revision der systemtragenden Grundbegriffe als notwendig erweisen, so wie sie in der gewöhnlich als methodisch gefestigt geltenden Gruppe der Naturwissenschaften der Fall war, wo eine veränderte Begriffsbildung und die Umformulierung des Erkenntnisgegenstandes tragende Momente im Entwicklungsgang dieser Disziplinen waren; eine eindeutige Wechselwirkung zwischen solchen Bestrebungen und den Fortschritten in Methoden und Forschungstechniken war die Folge. Daß hierin die eigentliche Schwierigkeit bei der Lösung des Anwendungsproblems liegt, ist unschwer zu erkennen, denn die Aufweisung eines durchgängig gültigen Folgerungsbegriffs im Erfahrungsmaterial der Wirtschaftswissenschaften, die erst die Abspaltung eines theoretischen Teils dieser Wissenschaftsgruppe gestattet, kann nicht unmittelbar aus den zugrunde liegenden Sachverhalten erfolgen; diesen kann man nur die „gegenständlich motivierten“ Elemente (ökonomische Größen) entnehmen, währen die „formal motivierten“ Beziehungsformen (Folgerungsbegriff) Produkte unseres Denkens, d. h. konventioneller Natur sind[178]. Sie müssen auch durch die Invarianz der Abhängigkeitsverhältnisse, die sich der Erfahrung unmittelbar zeigt, nahegelegt werden und durch sie gerechtfertigt erscheinen, aber eben nur mittelbar, über die Instanz des begrifflich-logischen Denkens.

Der Ansatzpunkt für die mathematische Formulierung der theoretischen Nationalökonomie, der sich aus dem Erfahrungsmaterial ergibt, besteht in gewissen Abhängigkeitsverhältnissen zwischen den konstitutiven Elementen der Wirtschaftswirklichkeit, so wie sie etwa durch statistische Zeitreihen verdeutlicht werden könnten: die Bedarfsdeckung ist in Form und Umfang abhängig von den Güterpreisen und dem Einkommen, die Höhe des Einkommens bestimmt sich durch die verwendete Arbeitszeit und den Absatz der Produktion, das Er-

---

[178] Vgl *Beth* 318 S. 430 f. Die Unterscheidung zwischen den formal und gegenständlich motivierten Elementen einer erfahrungswissenschaftlichen Theorie ist P. Bernays zu verdanken.

zeugungsvolumen erweist sich als abhängig von den Kosten usw.[179]. Die Kategorie der variablen Größenbeziehungen, die dieser Vorstellung deshalb zugrunde liegt, weil die Interdependenz der Wirtschaftsgrößen in allen Erscheinungen der wirtschaftlichen Realität wiederkehrt, somit Erfahrungstatsache ist, fordert den mathematischen *Funktionsbegriff* als systembestimmende Beziehungsform für das Erkenntnisobjekt. Die Kategorie der Funktionalität ist dabei kein bloßer Ersatz für die kausale Erklärungsform wirtschaftlichen Geschehens, so wie sich im Gefolge der modernen Naturwissenschaften in allen Wissensbereichen ein Mißtrauen gegenüber der streng kausalen Betrachtungsweise durchgesetzt hat[180] — das scholastische „scientia est cognitio certa per *causas*" ist heute, wie je Richtschnur und Fruchtbarkeitskriterium der empirischen Wissenschaften —; sondern der unserem Gegenstandsgebiet angemessene Folgerungsbegriff, mit dessen Hilfe eine hypothetisch-deduktive Wirtschaftstheorie zu entwikkeln ist.

Wirtschaft ist nun nicht der funktionale Zusammenhang zwischen ökonomischen Variablen, so wie sie sich uns im Ablauf des Wirtschaftsprozesses darstellen — damit wären wir ja den „quantitätsbezogenen" Begründungen einer mathematischen Nationalökonomie um nichts voraus und hätten weiterhin eine wesensfremde Analogie auf den Bereich des Wirtschaftens übertragen —, sondern „was wir als Außenstehende bei einer Betrachtung der Welt der Wirtschaft sehen, sind nur die Verwirklichungen der in dem Wirtschaftsplan bzw. in den Wirtschaftsplänen aufgestellten Dispositionen. Das eigentlich Wirtschaftliche ist nicht erkennbar. Es ist der Ausführung einer getroffenen Disposition vorgeschaltet ... Was wir wirtschaftliches Geschehen oder

---

179 Vgl. *Schams* 480 S. 513 f.

180 Diese Ansicht vertritt beispielsweise *Huizinga* 99 S. 50: „Die Kategorien, mit denen sich das Denken bis dahin geholfen hat, scheinen sich aufzulösen. Grenzen werden ausgewischt. Gegensätze erweisen sich als vereinbar. Alle Gruppen von Erscheinungen verschlingen sich in einem Reigen. Interdependenz wird das Stichwort aller modernen Betrachtung menschlichen und gesellschaftlichen Geschehens. Ob es sich um die Soziologie, um Nationalökonomie, um die Psychologie oder um die Historie handelt, überall muß einseitige, orthodox-kausale Erklärung Platz machen für die Erkenntnis vielseitiger, zusammengesetzter Beziehungen und gegenseitiger Abhängigkeiten. Der Begriff Voraussetzung drängt sich an die Stelle von Ursache." — Vgl. hierzu außerdem: *Mangold* 252 S. 384 f. — *Mayer* 253. — *Sombart* 191 S. 108 ff. — *Marchal* 418 S. 590 f. — *Weinberger* 512 S. 85 ff. — *Ottel* 448. — *Ischboldin* 374 S. 33 ff. — *Goldiner* 359 S. 446 ff. u. S. 561 ff. — *Mast* 419 S. 589 ff. — *Albert* 302 S. 695 ff. — *Abruzzi* 299 S. 537 ff. — *Feuer* 345 S. 681 ff. — Das Problem ist nur in der Schwedischen Schule einer zutreffenden Lösung zugeführt worden, besonders durch Åkermans Gegenüberstellung von „Kalkülmodellen" und „Kausalanalyse"; vgl. *Åkerman* 1, 2 und 3. — *Åkerman* 301 S. 181 ff.

Ablauf des Wirtschaftsprozesses nennen, ist nur die Manifestation wirtschaftlichen Handelns“[181].

Damit ist die Rechtfertigung des mathematischen Verfahrens auf Grund der Quantifizierbarkeit der Elemente zunächst schon deshalb unzulänglich, weil eben diese Quantitäten nicht das darstellen, was wir als Wirtschaft zu bezeichnen gewohnt sind, viel mehr aber noch, weil die rein formale Lösung des Anwendungsproblems (Isomorphie) auch unvollständig durchgeführt wird: die Zuordnung der Elemente zu den Symbolen des Kalküls kann nur den ersten Schritt in der Mathematisierung einer Erfahrungswissenschaft darstellen und muß — soll diese Formalisierung gelingen — von dem Nachweis der Übereinstimmung der Grundverknüpfungsform im Realitätsbereich mit der syntaktischen Fundamentalbeziehung (Folgerungsbegriff) ergänzt werden. Die erstgenannte Teillösung kann in der Wirtschaftstheorie allein die Aufstellung von Definitionsgleichungen hinreichend erklären; das jedoch, wodurch der Aufbau der ökonomischen Theorie erst ermöglicht wird, die mathematische Formulierung der Reaktionsfunktionen als Ausdruck wirtschaftlichen Verhaltens und Entscheidens, bleibt unbegründet, weil das Interdependenzphänomen unkritisch als Rechtfertigung des Funktionsbegriffs angesehen wird, während eine sorgfältige Analyse ergibt, daß die Beziehung zwischen den ökonomischen Quantitäten keine unmittelbare, wie in den Naturwissenschaften ist, sondern nur über menschliches Verhalten entsteht. Jede Formulierung des Erkenntnisgegenstandes der reinen Wirtschaftstheorie hat diesen Tatbestand zu berücksichtigen, und nur soweit das gelingt, kann man davon sprechen, ein Formalobjekt zu besitzen, das gleicherweise dem Gegenstandsbereich angemessen und auf einen mathematischen Kalkül abzubilden sei.

Wenn wir durch die vorläufige Kennzeichnung des mathematischen Funktionsbegriffs als der adäquaten Beziehungsform zwischen den Grundannahmen einer ökonomischen Theorie die Kategorie der Quantität als bedeutungslos und für die Mathematisierung der Wirtschaftswissenschaften nicht erforderlich erkannt haben, so müssen die letzten fachfremden Elemente noch dadurch ausgeschlossen werden, daß wir den Vorwurf des direkten Inbezugsetzens der ökonomischen Variablen zurückweisen, weil sonst der Theorie ein nachträglicher, ausschließlich

[181] *Schneider* 186 S. 11 ff. — Bemerkenswert ist die Diskrepanz zwischen *dieser* Feststellung und des Verfassers unzureichender Rechtfertigung der mathematischen Methode in der theoretischen Nationalökonomie. Vgl. *Schneider* 486 S. 594 ff. — Zum letzteren vgl. auch *Mangold* 252 S. 389: „... die ökonomische Theorie ist weder Psychologie noch Soziologie des Wirtschaftens, sie analysiert daher auch nicht das Handeln der wirtschaftenden Menschen, sondern lediglich dessen objektive Niederschläge.“ — Vgl. außerdem S. 399.

konservierender Charakter zuzugestehen wäre und das Entscheidende am Phänomen des Wirtschaftens nicht in die theoretische Wissenschaftsform einginge.

Ein solcher Versuch hat sich naturgemäß an die Bedingungen zu halten, die unser menschliches Erkenntnisvermögen hinsichtlich der Formulierung eines Erkenntnisobjekts stellt, so daß alle Versuche, die aus der Oppositionsbewegung der geisteswissenschaftlichen Tradition geboren wurden, hier zwar als richtungsweisend akzeptiert werden können, weil der Ansatzpunkt dieser Schule — die Faktizität und Sinnhaftigkeit des Realitätsausschnitts „Wirtschaft" — für die Eigenschaftsbestimmung einer formalen Wirtschaftstheorie relevant und in gewissem Sinne auch konstitutiv ist; dagegen kann von einer endgültigen Problemlösung nicht gesprochen werden, da von allen Richtungen dieser geisteswissenschaftlich orientierten Methodologie die fruchtbare, für die theoretische Wissenschaftsform unumgängliche Trennung zwischen Erfahrungsobjekt und Erkenntnisgegenstand preisgegeben wurde[182]. Andererseits ist aber die Auffassung, die hinter der langen Reihe der unzulänglichen Rechtfertigungsversuche einer mathematischen Wirtschaftstheorie steht, ebenfalls zurückzuweisen, denn es bedeutet eine Verleugnung des zugrundeliegenden Seinsbereichs, wenn man die Beziehung ökonomischer Quantitäten einfachhin als eine Abstraktionsstufe im Verlauf des Übergangs vom Material- zum Formalobjekt bezeichnet. Diese Ansicht wurde unterstützt durch die Entwicklung der Geistesgeschichte zusammen mit der durch die Vereinigung von Mathematik und Naturwissenschaften hervorgerufenen Hierarchie der Wissenschaften, weil hierdurch der Eindruck entstand, die Anwendung des exakten Denkens auf die Wirklichkeit habe die Veräußerlichung des Gegenstandes der betreffenden Wissenschaft zur notwendigen Voraussetzung und Mathematisierung bedeute nicht in erster Linie gedankliche Ordnung des Tatsächlichen, sondern die Offenlegung der quantitativen Dimension (Zahl und Maß) des Objekts.

Eine veränderte Auffassung vom Erkenntnisobjekt der reinen Wirtschaftstheorie, die den Übergang „ von einer mechanischen Wissenschaft zu einer Wissenschaft vom Menschen"[183] verdeutlichen muß, und die allein eine Abbildung auf einen mathematischen Kalkül rechtfertigen könnte, muß sich in der Begriffsbildung niederschlagen. Die Begriffsapparatur, die bei der Formulierung des Erkenntnisgegenstandes Verwendung findet, wird dabei von einer Erkenntnishaltung aus festgelegt, die in der Nationalökonomie nur die konsequente Folge

---

[182] Vgl. *Wagenführ* 202 S. 321 ff.

[183] Vgl. *Marchal* 418 S. 577 ff.

des an allen empirischen Wissenschaften abzulesenden Übergangs von den Substanzbegriffen zu den Funktionsbegriffen ist, der sich im Laufe des Ablösungsprozesses dieser Wissenschaften aus dem Mutterschoße der Philosophie in zunehmendem Maße durchgesetzt hat[184]. Wenn sich ein solcher Übergang in den Wirtschaftswissenschaften gar nicht oder nur unvollkommen vollzogen hat, so liegt das daran, daß hier nicht in dem Maße wie in den Naturwissenschaften die Weiterentwicklung und der gesamte Aussagewert infolge eines bestimmten physikalischen Grundphänomens davon abhängig wurde, die Bewährungsprobe der substantiellen Begriffsbildung, die in der neuzeitlichen Physik durch die Erklärung des Bewegungsphänomens hervorgerufen wurde, hat ihre Parallele in den Wirtschaftswissenschaften in gewissen Antinomien, die sich aus der konsequenten Anwendung der objektivistischen Wertlehre ergaben. Anläßlich dieser Ereignisse glaubte man den Übergang von der substantiellen zur funktionellen Begriffsbildung dadurch hinreichend vollzogen zu haben, daß man die Arbeitswertlehre der Klassik durch den Grenznutzengedanken ersetzte[185]. Der gewaltige Fortschritt in der Betrachtungsweise wirtschaftlicher Vorgänge, der hierin begründet liegt, kann aber nicht darüber hinwegtäuschen, daß dieser Übergang nur ein scheinbarer war und nicht dazu geführt hat, daß ein dem Erfahrungsobjekt adäquates formales Substrat konstruiert werden konnte, welches zugleich eine mathematische Darstellung rechtfertigt. Wenn trotzdem bis in die jüngste Vergangenheit die Vorstellung verbreitet war, die Grenznutzenschule sei *das* Paradigma der mathematischen Wirtschaftstheorie, so ist das genau so irreführend wie alle anderen für hinlänglich erachteten inhaltlichen Interpretationen und methodologischen Rechtfertigungen, nur setzt es darüber hinaus ein Gelingen des Übergangs in der Begriffsbildung voraus, die wir für die mathematische Abbildung als unumgänglich bezeichneten.

Daß das Begriffssystem der Grenznutzenschule in dieser Beziehung unzureichend war, beweist nicht zuletzt die Tatsache, daß durch sie keine Überwindung der quantitätsbezogenen Begründungen des mathematischen Verfahrens in der Wirtschaftstheorie erreicht wurde; denn entweder wurde zur mathematischen Behandlung die Quantifizierbarkeit des Nutzens vorausgesetzt oder — sobald die Meßbarkeitshypothese als endgültig überwunden galt (Pareto) — man war gezwungen, zu einer naturwissenschaftlich veräußerten Konzeption des Erkenntnisgegenstandes zurückzukehren. War die Grenznutzenschule auch bemüht, das Wertproblem als eine „Relation zwischen einem disponierenden Sub-

---

[184] Vgl. *Cassirer* 50. — *Lewin* 405 S. 421 ff.

[185] Vgl. *Morgenstern* 292 S. 9 f. — *Schuster* 496 S. 157 f.

jekt und einem ihm zur Verfügung stehenden Vorrat"[186] zu erfassen, um damit die Nachteile der älteren Wertlehren zu überwinden, indem sie das Wirtschaftssubjekt als einzig möglichen Bezugspunkt des Wertphänomens aufwies, so zeigt eine logische Analyse des Nutzenbegriffs, daß trotz einer relationistischen Einstellung zum wirtschaftlichen Fundamentalproblem keine adäquate Begriffsbildung vorliegt. Das Verlassen des Wertobjektivismus ist nur scheinbar, weil der Nutzenbegriff formallogisch zwar ein Relationsbegriff ist, in dem die beiden erheblichen Leerstellen (Argumentwerte) vom Menschen und der Güterwelt ausgefüllt werden, dagegen aber nicht der grundlegenden Beziehungsform des Erfahrungsobjekts entspricht, weil die Leerstelle der *Subjekt*variablen von den Sachgütern, die der *Objekt*variablen vom Menschen ausgefüllt wird. Außerdem steht der Nutzenbegriff noch insofern im Widerspruch zur wirtschaftlichen Wirklichkeit, als er keine *sozial*ökonomische Kategorie ist, sondern auf dem Hintergrund einer assoziationspsychologischen Grundthese das Phänomen des Wirtschaftens zu einem individualpsychologischen Akt degradiert.

Muß damit der einzige Versuch der funktionellen Begriffsbildung schon vom formallogischen, um wieviel mehr aber noch vom inhaltlichen Aspekt aus als gescheitert angesehen werden, so ergibt sich für die Formulierung eines angemessenen Erkenntnisgegenstandes ein zweifaches Problem der Abgrenzung: einmal gegenüber den bloßen Manifestationen wirtschaftlichen Handelns, die unserer Erfahrung als Mannigfaltigkeit von sog. ökonomischen Größen gegenüberstehen, zum zweiten aber gegenüber dem im Subjekt allein verweilenden Urteilsakt, aus dem das wirtschaftliche Verhalten geboren wird; im ersten Fall haben wir uns gegen die gebräuchlichste logische Begründung des mathematischen Verfahrens, im zweiten sowohl gegen eine psychologistisch zugespitzte Verstehenslehre als auch gegen die Vorstellung einer notwendigen Verbindung von mathematischer Wirtschaftstheorie und hedonistischer Metaphysik in der Grenznutzenschule zu wenden. Bei aller Eigenständigkeit eines so zu gewinnenden Formalobjekts darf eine Ausrichtung auf die anderen Disziplinen der Sozialwissenschaften nicht verlorengehen, und wenn ökonomische Theorie auch nicht mit Soziologie und Psychologie gleichzusetzen ist oder deren Arbeitsgebiete usurpieren darf, so läßt sich ein Erkenntnisgegenstand mit Ansatzpunkten für die Nachbargebiete der Wirtschaftswissenschaft nur formulieren, sobald die Subjektstellung des Menschen im Mittelpunkt aller methodologischen Bemühungen steht; nur von hier aus läßt sich die Einheit der Sozialwissenschaften ermöglichen, die allein eine

---

[186] *Morgenstern* 292 S. 9.

fruchtbare Zusammenarbeit aller Wissenschaften vom Menschen gewährleisten kann[187].

Wenn eine solche Einheit der sozialwissenschaftlichen Einzeldisziplinen möglich sein soll, so muß sie sich in den zumindest innerhalb des Gesamtbereichs der Sozialwissenschaften undefinierbaren Grundbegriffen abzeichnen, die also so zu konzipieren sind, daß sie das gesamte sozialwissenschaftliche Relationsgefüge in seinem formalen Grundgehalt wiedergeben; formallogisch hätte das zur Folge, daß ausschließlich mit einer solchen Begriffsmenge eine Theorie meta-ökonomischer Art errichtet werden kann[188]. Gleichzeitig wäre der gesamte Definitionsbereich der abgeleiteten Begriffe in diesen undefinierten Grundbegriffen impliziert.

Geht man nun daran, das Formalobjekt der ökonomischen Theorie auf dem so gekennzeichneten Hintergrund zu formulieren, so wird der Ausgangspunkt durch die elementaren Erscheinungen allen Wirtschaftens bestimmt. Das Grundphänomen der Wirtschaft, das wir als Knappheitsprinzip zu bezeichnen gewohnt sind, läßt sich etwa dahingehend beschreiben, daß der gesamte Prozeß der Befriedigung von Lebensbedürfnissen seinen Ursprung in der Tatsache hat, daß einer grundsätzlich unbegrenzten Zahl von Bedürfnissen der Menschen beschränkte Mittel zu deren Deckung gegenüberstehen[189]; diese Spannung zu überbrücken, ist das Ziel wirtschaftlichen *Verhaltens,* das wir als *Planen* und *Stellungnehmen* zu Lebensbedürfnissen aufzufassen haben, aus denen *Wahl, Entscheidung* und *Handlung* resultieren.

Die theoretische Beschreibung hat nun Aufschluß über den Ablauf wirtschaftlicher Vorgänge zu geben, und zwar — soweit sie eben modelltheoretisches Verfahren ist — nicht über den tatsächlichen Vorgang, sondern über die Auswirkungen möglicher wirtschaftlicher Planungen und Entscheidungen: sie ist nicht Kausalanalyse, sondern als Modellbetrachtung höchstens deren Voraussetzung. Dabei ist für die Rechtfertigung des mathematischen Verfahrens von Bedeutung, daß das beschriebene wirtschaftliche Grundphänomen auf den mathematischen Kalkül abzubilden ist, so daß die Anwendung der Mathematik nicht mit der gewaltsamen Umdeutung des in dieser ökonomischen Elementarerscheinung begründeten Erkenntnisgegenstandes erkauft werden muß. Gerade das ist aber bisher ständig geschehen, wo die mathematische Denkweise als das der theoretischen Ökonomik ange-

---

187 Vgl. *Hilgard* and *Lerner* 240 S. 16: „... there is need for a view of man which will permit data on economic behavior to be integrated with aspects of human behavior studied by other social scientists."

188 Vgl. *v. Kempski* 386 S. 386.

189 Vgl. *Robbins* 177 S. 16: „Economics is the science which studies human behaviour as a relationship between ends and scarce means which have alternative uses."

messene Verfahren postuliert wurde, weil man zunächst versuchte, das Formalobjekt der Volkswirtschaftslehre einem bestehenden Kalkül (Infinitesimalrechnung) dadurch isomorph zu machen, daß man gewaltsam Parallelen zu den naturwissenschaftlichen Anwendungsbereichen des Sprachsystems konstruierte und damit zu *Ablauf*modellen gelangte, die den reaktiven Systemen der Mechanik durchaus ähnlich waren, da sie eine durch die Ausgangssituation und die Randbedingungen völlig determinierte Endsituation annahmen, was mathematisch in der Übereinstimmung der unbekannten Variablen mit der Zahl der Gleichungen zum Ausdruck kommen mußte. Die mechanische Analogie solcher Ablaufmodelle geht viel weiter, als das gewöhnlich in der Kritik behauptet wird, denn außer der Tendenz zur Quantifizierung der Elemente besteht Übereinstimmung in der Auswahl der systembestimmenden Bewegungsvorstellungen[190]. Diese Angleichung an naturwissenschaftliche Systemvorstellungen in den Modellen der reinen Wirtschaftstheorie tritt am deutlichsten in den strukturell (morphologisch) festgelegten preistheoretischen Extremfällen der klassischen mathematischen Schule hervor: der vollkommenen Konkurrenz und dem reinen Monopol, in denen die Verhaltenshypothesen so gesetzt sind, daß die das Modell konstituierenden Variablen entweder vollkommen kontrolliert werden können oder Plandaten sind; der Verhaltenstypus wird bei den zusätzlichen Bedingungen des machtfreien Marktes und der vollkommenen Voraussicht[191] zu einem bloßen Reagieren auf die Ausgangskonstellation, woraus der Vorwurf von seiten der Wissenssoziologie entstand, die Modelle der reinen Wirtschaftstheorie pflegten einen Denkstil, der dem „subtheologisch" untermauerten Denkstandort der klassischen Schule entspräche[192].

Die inneren Widersprüche eines im Analogieverfahren gewonnenen Erkenntnisgegenstandes zeigten sich in der Preistheorie überall dort, wo das zunächst erfolgversprechende Schema mit letzter Konsequenz auf Zusammenhänge angewendet wurde, denen die Modellvoraussetzungen diametral entgegengesetzt waren, bei Marktsituationen also, wo die Kontrolle der relevanten ökonomischen Variablen nicht mehr unterstellt werden konnte. Sobald erkannt war, daß das eigentlich Wirtschaftliche am Tauschvorgang nicht die technisch anmutenden Verschiebungen von Güterzusammensetzungen, sondern das Konkurrenzphänomen war, zog man schon lange, bevor an eine Lösung der sog. gleichgewichtslosen Marktsituationen gedacht werden konnte, die Konsequenzen daraus, indem man die Marktformen nicht mehr als

---

[190] Vgl. *Löwe* 410 S. 153 f. — *Löwe* 411 S. 403 ff. — *Hayek* 89.
[191] Vgl. *Morgenstern* 432 S. 337 ff.
[192] Vgl. *Sultan* 502 und *Eisermann* 342.

morphologisch bestimmte Situationen auffaßte, denen ein bestimmter Verhaltenstyp eindeutig zugeordnet werden kann, sondern als eine Reihe unterschiedlicher Verhaltensweisen, die ihrerseits auf eine vom Wirtschaftssubjekt zu gestaltende *Veränderung* einer Situation abzielten. Wurde damit das herkömmliche Schema der Preistheorie „vom Kopf auf die Füße gestellt", so blieben die methodologischen Konsequenzen, die für die Rechtfertigung der mathematischen Methode daraus zu ziehen gewesen wären, weitgehend aus.

Die Formalisierung des Erfahrungsobjekts hätte nach den bisherigen Ausführungen auf der Grundlage einer dem klassischen und neoklassischen Standpunkt gegenüber veränderten Konzeption des Wirtschaftsmenschen zu erfolgen; die ökonomischen Elementarphänomene des Wertens, Planens und Entscheidens müssen auch in der reinen Theorie die Mechanik des Marktgeschehens verdrängen[193], und nur auf diesem Hintergrund hätte die Begriffsbildung zu erfolgen, mit deren Hilfe ein Erkenntnisgegenstand zu finden wäre, der einem mathematischen Kalkül isomorph ist.

Ausgangspunkt wirtschaftlichen Verhaltens ist die Befindlichkeit in einer konkreten Situation, die aber — und hier liegt der erste Fehler der substantiellen Begriffsbildung der älteren Theorie — nicht von sich aus „ökonomische Situation" ist, sondern erst dadurch, daß der Mensch wertend zu der ihn umgebenden Dingwelt Stellung nimmt, weil er in ihr Anlaß und Triebfeder, gleichzeitig aber auch Mittel der Befriedigung von Lebensbedürfnissen sieht, wird die Ausgangskonstellation zur *ökonomischen* Situation. Diese einmalige ausdrückliche Berücksichtigung der Relation zwischen Wirtschaftsmensch und Sachwelt kann jetzt nicht schon als ausreichend für die Bestimmung des weiteren Ablaufs angesehen werden, so daß die Argumentation allein auf der Grundlage der ökonomischen Quantitäten weitergeführt wird und das Wirtschaftssubjekt als notwendige Folge der steigenden Abstraktion der nun einsetzenden theoretischen Wissenschaftsform aus dem Deduktionsprozeß eliminiert werden kann. Das darf eben deshalb nicht geschehen, weil der Ablauf — hier nicht als zeitliche Geschehensfolge, sondern als zeitloses Relationsgefüge von Wirklichkeitselementen verstanden — durch die Bestimmung der Ausgangssituation nicht hinreichend determiniert ist; denn die äußeren Tatsachen, die eine solche Anfangslage bestimmen und für den Ablauf in den *Reaktions*modellen der Naturwissenschaften ausreichend sind, sind dadurch, daß der Mensch im Wirtschaftsprozeß zu ihnen Stellung nimmt, keine objektiven Tatsachen; sie lösen das Verhalten zwar aus, legen es aber nicht

193 Vgl. *Paulsen* 159 S. 7 ff.

eindeutig fest[194]. Da der wirtschaftende Mensch zielstrebig handelt, sucht er auf Grund bestimmter, durch den zu erreichenden Zweck ausgelöster Motive die Umgestaltung der Ausgangssituation, die ihn ihrerseits durch die Auslösung eines Mangelempfindens zum wirtschaftlichen Verhalten veranlaßt hat. Ebensowenig wie die mathematische Methode an den Objektivationen wirtschaftlichen Handelns anknüpfen konnte, sind die Motivationen selbst der geeignete Ausgangspunkt der theoretischen Ökonomik, und das nicht nur, weil sie nicht Psychologie sein will — dieser Standpunkt muß bei den zunehmenden Vereinigungsbestrebungen der einzelnen Wissenschaften als veraltet erscheinen —, sondern weil die Motivationen nicht in eindeutiger Beziehung zum tatsächlichen Handeln stehen, außerdem eine individualpsychologische Kategorie bezeichnen, die dazu angetan ist, das wirtschaftliche Verhalten seiner sozialen Dimension zu entkleiden.

Damit scheint die eigenartige Zwischenstellung der Wirtschaft hinreichend begründet, die weder in den quantitativen Erscheinungen der Sachgüterwelt, noch in den psychischen Vorgängen der Entscheidungsvorbereitungen liegt, sondern gerade in der Beziehung zwischen Menschen und Dingwelt, die darin besteht, daß eine Ausgangssituation bewertet wird und auf Grund einer durch das gewünschte Endziel motivierten Handlung in eine andere Situation überführt wird, wobei sich die Motivation in der tatsächlichen Verhaltensmaxime objektiviert.

Ist die Ablösung des eigentlichen ökonomischen Phänomens von den bloßen Manifestationen menschlichen Handelns, den sog. ökonomischen Quantitäten, für eine logische Begründung der mathematischen Wirtschaftstheorie als unumgänglich einzusehen, so ist die sehr wesentliche Vermeidung des Rückgriffs auf die subjektiven, psychischen Entscheidungen — die schon an Hand einer logischen Analyse des Nutzenbegriffs begründet werden konnte — nicht unmittelbar nachzuvollziehen, wenn man nicht den einfachen Ausweg einer Beschränkung der einzelwissenschaftlichen Disziplinen durch ihren Gegenstandsbereich (Psychologie — Ökonomik) wählt. Auf der Grundlage der neuen Wissenschaftslogik läßt sich jedoch Klarheit über diesen Punkt gewinnen.

Bei der Begründung einer wissenschaftlichen Disziplin wie der theoretischen Ökonomik, hat man notwendigerweise auf objektive Tatbestände zurückzugreifen, weil der Aufbau einer Wissenschaft von der Möglichkeit ihrer sprachlichen Darstellbarkeit abhängt. Das „Objektive" sind dabei nicht die handgreiflichen, räumlichen, nur der sinn-

---

[194] Vgl. *Hayek* 89 S. 25 f.: „So far as human actions are concerned the things are what the acting people think they are." — Außerdem vom selben Verfasser: 88 S. 78 ff.

lichen Wahrnehmung zugänglichen Sachverhalte, sondern alles, „was sich in Worten ausdrücken läßt“[195], ohne die sprachlogischen Regeln durch begriffliche Äquivokation oder syntaktische Fehlverbindungen zu verletzen. Auf diese Weise ist die relationistische Zwischenstellung der Wirtschaftswirklichkeit hinsichtlich ihrer wissenschaftlichen Bearbeitung genau umrissen: die „Objektivität“ der theoretischen Wissenschaftsform hat den Menschen als Subjekt des Wirtschaftens zu berücksichtigen, gleichzeitig aber die Objektivationen in der „dinglichen und gesellschaftlichen Welt“[196]; die Verabsolutierung eines der beiden Beziehungselemente führt zur philosophischen Spekulation oder zur naturwissenschaftlichen Analogie, die zur materialistischen Metaphysik überhöht werden kann. Der Schritt aus der hedonistischen Nutzenmetaphysik und den quasi-physikalischen Anpassungsmodellen führt zu einer neuen Form der ökonomischen Theorie, die auf „Kalkülmodellen“ ruht, Modellen also, die aufzufassen sind als „rationalization of the plans of relevant groups in a certain society in a given period“[197].

Die mathematische Formulierung wirtschaftlicher Zusammenhänge erscheint somit erst dann gerechtfertigt, wenn es gelingt, die gegenseitigen Abhängigkeitsverhältnisse der wirtschaftlichen Realität zu den Handlungen und Maximen der wirtschaftenden Menschen in Beziehung zu setzen, nicht aber schon durch die Vorstellung der stetigen Ausdehnung (Quantität) der wirtschaftlichen Größen. Wo dennoch die Rückführung des Anwendungsproblems auf die Quantifizierbarkeit der Elemente des Wirtschaftens unternommen wird — „alle rein ökonomischen Prozesse lassen sich ohne wesentliche Einschränkungen vollständig quantifizieren“[198] — hat das nicht nur eine stark verengte Interpretation der Abhängigkeit aller mathematischen Axiome von den axiomatischen Beziehungen der natürlichen Zahlenreihe zur Voraussetzung[199], wodurch allerdings die Anwendbarkeit in den Erfahrungswissenschaften auf Diskretes im Sinne der Bestimmung durch Maß und Zahl beschränkt bliebe, sondern würde außerdem erfordern, daß eine eindeutige, aus den Wirtschaftsgrößen ablesbare Beziehung

---

195 Vgl. *Frege* 79 S. 35 ff., der bei dem Versuch, die Zahl unabhängig von psychologischen Deutungen als etwas Objektives zu sichern, diese Frage behandelt: „So verstehe ich unter Objectivität eine Unabhängigkeit von unserem Empfinden, Anschauen und Vorstellen, von dem Entwerfen innerer Bilder aus den Erinnerungen früherer Empfindungen aber nicht eine Unabhängigkeit von der Vernunft...“ (36) und „Objectiv ist ... das Gesetzmäßige, Begriffliche, Beurtheilbare; das rein Anschauliche ist nicht mittheilbar“ (35).

196 *Paulsen* 159 S. 8. — Vgl. auch *Lamprecht* 396 S. 577 ff.

197 *Åkerman* 301 S. 182. — Vgl. auch *Åkerman* 3 S. 71 f.

198 *Mangold* 252 S. 381.

199 Vgl. *Kraft* 116 S. 14 ff.

zwischen den Objektivationen menschlichen Handelns und eben diesem Handeln besteht. Unter diesen Umständen wäre die Erkenntnisleistung der mathematischen Methode in der Wirtschaftswissenschaft schon durch den Problemansatz bei den ökonomischen Variablen garantiert und die Bemühungen um eine besonders geartete theoretische Wissenschaftsform über einem *sinnbezogenen* Realitätsausschnitt, die darin auszumünden hätte, der Theorie gerade den Aussagegehalt zuzusprechen, den die verstehende Nationalökonomie für sich postuliert, würde zu einer unnötigen, spekulativ überhöhten Meta-Ökonomik werden. Aus einigen Untersuchungen[200], die sich den überkommenen Rechtfertigungstypus für die mathematische Denkweise in der Ökonomik nicht unkritisch zu eigen machen, spricht nun die Überzeugung, einen hinreichenden Beleg für die geforderte Eindeutigkeit zwischen Manifestation und Handlung in der Wirtschaftsordnung gefunden zu haben, die die mathematische Wirtschaftstheorie gewöhnlich als vornehmlichen oder auch ausschließlichen Anwendungsbereich postuliert: „Weil und insoweit die Ableitungen der Markttheorie die ‚verstehbaren' Strukturmerkmale des kapitalistischen Wirtschaftsprozesses als Daten verwerten, ist alle gute Theorie seit den Klassikern echte Erfahrungswissenschaft, die sich energisch dagegen zur Wehr setzen muß, deshalb mit dem Gedankenspiel müßiger Phantasten zusammengebracht zu werden, weil die rationale Methode der Datenverknüpfung in allen Fällen die gleiche sein kann[201]."

Sieht man von der unnötigen Beschränkung des modelltheoretischen Verfahrens ab, die hierin zum Ausdruck kommt und der exakten Wirtschaftstheorie nicht selten den Vorwurf eingetragen hat, sie führe im Gewande der Wissenschaft die Apologie einer bestimmten Wirtschaftsordnung, so unterliegt man der Verwechselung von Theorieform und -inhalt oder unterstellt zumindest, daß eine bestimmte formale Ausprägung des theoretischen Sprachsystems nur in einer Richtung inhaltlich interpretiert werden könne. Es läßt sich nicht leugnen, daß ein solcher Anspruch nicht selten von seiten der Grenznutzenschule vorgetragen wurde, nur muß man festhalten, daß der Beweis hierfür noch heute aussteht. Der höhere Grad der Rationalität und damit Rechenhaftigkeit der kapitalistischen Wirtschaftsordnung kann zwar zur inhaltlichen Festlegung dominanter Verhaltenshypothesen der ökonomischen Theorie Anlaß geben, nicht aber den syntaktischen Aufbau des Sprachsystems bestimmen, weil die Theorie nicht von einer möglichst hohen Stufe *materialer* Rationalität abhängig ist und eine solche gegenseitige Bedingtheit von Erfahrungsmaterial und Kalkül

---

[200] Vgl. *Löwe* 410 S. 155 ff. — *Mangold* 252 S. 381 f.

[201] *Löwe* 410 S. 156; vgl. auch S. 162.

nicht das trifft, was wir bei der Beschreibung des generellen Anwendungsproblems als die Voraussetzungen einer Abbildung der ökonomischen Realität auf das mathematische Sprachsystem erkannten. Muß dieser Versuch einer angemessenen, weil aus dem sinnbezogenen Erfahrungsbereich begründeten Rechtfertigung des mathematischen Verfahrens der ökonomischen Theorie — der übrigens der einzige neben den vom logischen Empirismus und der neuen Logik geführten ist — als gescheitert gelten, so verweist er doch darauf, deutlicher als das alle oberflächlichen, einfachhin von den Manifestationen des Wirtschaftens ausgehenden Verfahrensbegründungen tun, daß der Ansatzpunkt für die Lösung des Anwendungsproblems bei den wirtschaftlichen Grundphänomenen, dem wertbezogenen Entscheiden und Handeln liegen muß; von diesem und nur von diesem Phänomen her kann die Isomorphie aufzuzeigen sein, will man die theoretische Ökonomik als Lehre von den wirtschaftlichen Handlungen verstehen.

c) Der Isomorphiebeweis: Ökonomische Theorie als mathematische Theorie wirtschaftlicher Handlungen

Die begriffliche Fassung des Wirtschaftens als einer eigenartigen Relation zwischen menschlichem Geist und Sachgüterwelt, als Mensch-Ding-Beziehung[202], steht am Anfang der Lösung des Anwendungsproblems, und von einer zweckmäßigen Durchführung dieser methodologischen Grundaufgabe hängt es ab, für welchen Umkreis von Sachverhalten die exakte Wirtschaftstheorie ihre instrumentale Erkenntnisleistung beanspruchen kann. Die Erwägungen des vorangehenden Ab-

---

[202] Vgl. hierzu *v. Wiese* 520 S. 647 ff. und zum gleichen Thema 521 S. 28 ff. — *Koch* 290 S. 5 sieht in der Gegensätzlichkeit von „Mensch-Mensch-Beziehung" und „Mensch-Ding-Beziehung" (Soziologie — Wirtschaftswissenschaft), von der v. Wiese ausgeht, mit Recht keine hinreichende Differenzierung; denn der Gegenstand der Nationalökonomie umschließt deutlich beide Beziehungsformen. Nur scheint das unterscheidende Merkmal, das die Ökonomik als eigenständige Disziplin neben der Soziologie begründet, doch die Mensch-Güterwelt-Beziehung zu sein.

[203] Vgl. *Croce* 63 S. 227: „... und was anders als mathematisch, kann die ökonomische Wissenschaft sein, deren Sätze, wie man gesehen hat, weder philosophisch noch historisch und nicht einmal einfach naturalistisch sind? Sie hat in der Tat einen mathematischen Anstrich: nicht schon von reiner Mathematik, von Arithmetik, Algebra oder Berechnung, sondern von angewandter Mathematik, die auf den Grund ihrer Berechnung Begriffe stellen, die der Wirklichkeit entnommen sind, und die in bezug auf den numerischen Formalismus als Material betrachtet werden. Die ökonomische Wissenschaft ist nichts anderes als eine auf den Begriff der *Wollung* oder *Handlung* angewandte Mathematik; und in der Tat erforscht sie nicht die Natur der Wollung oder Handlung, sondern unterwirft sie, nachdem gewisse Bestimmungen der menschlichen Handlungen gegeben sind, der Berechnung, um daraus sogleich die notwendigen Veränderungen und Konsequenzen zu erkennen." (Im Orig. nicht gesp.) — Vgl. außerdem vom selben Verfasser 334 S. 15 ff. und 335 S. 121 ff. in der engl. Übers. S. 172 ff. bzw. S. 197 ff.

schnitts haben mit einiger Deutlichkeit darauf verwiesen, daß ein Begriff am Anfang einer axiomatisch aufgebauten Wirtschaftstheorie stehen muß, der zugleich den Tatbestand des wirtschaftlichen Verhaltens erfaßt und bei hinreichender Formalisierung seinen relationistischen Charakter offenbart, welcher seine Abbildung auf einen mathematischen Kalkül gesichert erscheinen läßt. Dieser Begriff ist nun der der „Handlung“[203] — nicht der des „Verhaltens“ oder „Handelns“ oder gar der „Entscheidung“, die daneben auf Grund der Objektbestimmung zur Auswahl stünden —, weil ihm allein der Grad der Objektivität (im Sinne Freges) zukommt, den die theoretische Wissenschaftsform ihren Grundbegriffen abverlangen muß, und weil er als einziger aus einer Reihe anderer Begriffe ähnlichen Inhalts die Beziehungsform verdeutlicht, die im Gegenstand der Wirtschaftswissenschaften liegt.

Soll die Rückführung der reinen Wirtschaftstheorie auf eine allgemeine Theorie der Handlungen gelingen, und soll eine solche Handlungstheorie zugleich den Hintergrund für die Rechtfertigung der mathematischen Form der theoretischen Ökonomik abgeben, so kommt alles auf eine angemessene Formulierung des Handlungsbegriffs als der eigentlichen sozialwissenschaftlichen Grundkategorie an, wobei im Hinblick auf die umfassende Erkenntnisaufgabe der theoretischen Wissenschaftsform einer hierauf aufbauenden einheitlichen Sozialwissenschaft ein Grad der Formalisierung erreicht werden muß, der den Begriffsumfang groß genug werden läßt, um alle zum Gegenstandsbereich der Sozialwissenschaften gezählten Vorgänge zu umfassen. Außerdem verlangt die Anwendung der mathematischen Denkweise, daß die Begriffsbildung strukturell oder relationistisch sei; daß sich diese beiden Bedingungen letztlich entsprechen, bedarf keiner näheren Erläuterung.

Schon die Erwähnung des Handlungsbegriffs verweist auf die Tatsache, daß die klassische europäische Soziologie — vor allem Pareto[204] und M. Weber[205] — in dem Bewußtsein, eine der Fundamentalkategorien des Soziallebens zu erfassen — in seiner Bestimmung eine ihrer wesentlichen Aufgaben erblickt hat; und es drängt sich die Frage auf, ob die Grundlagenforschung der Nationalökonomie hieraus zu profitieren vermöchte. Ein Überblick über die relevanten Darstellungen[206] vermittelt jedoch den Eindruck, daß eine Anleihe bei der älteren Soziologie nicht möglich ist, weil beide Erfordernisse, die wir als unabdingbar für die angemessene Bestimmung des Handlungsbegriffs aufstellten, dort nicht erfüllt sind; denn weder sind der Weber'sche oder

204 Vgl. *Pareto* 155.
205 Vgl. *Weber* 279.
206 Vgl. *Parsons* 157.

paretianische Handlungsbegriff formal genug, weil sie inhaltlich von den Motivationen her interpretiert sind, noch sind sie relationistisch konzipiert, da sie sich vielmehr auf den im Subjekt verankerten Handlungsursprung als auf das daraus resultierende Beziehungsfeld des Tatsächlichen beziehen. Den erforderlichen Grad der Formalisierung konnte der Handlungsbegriff in den älteren soziologischen Systemen schon deshalb nicht erreichen, weil er auf einen zu eng begrenzten Anwendungsbereich bezogen wurde (Soziologie) oder aber — bei umfassenderer Interpretation — nur zur Übertragung einer durch den beschränkten Anwendungsbereich eines Sachgebietes geforderten inhaltlichen Bestimmung führte, wie das etwa für Paretos Begriff des logischen Handelns zutrifft[207].

Deshalb kann man auf einen Handlungsbegriff mit den genannten Eigenschaften nur insoweit hoffen, als seine Bestimmung von einer Ausgangsposition her getroffen wird, die eines der erwähnten Erfordernisse bewußt intendiert; eine solche liegt nun vor in den Bestrebungen, zu einer Einheit der Sozialwissenschaften zu gelangen. Auf der Suche nach einem umfangreichen systemtragenden Begriff, über dem alle sozialwissenschaftlichen Teilbereiche zu einer Theorienbildung gelangen können — worin ihre Einheit formallogisch zum Ausdruck kommt[208] — bot sich der Begriff der Handlung an, und zwar mit formalen Bestimmungen, die ihn in demselben Maße zu umfassenden Leistungen innerhalb der instrumentalen Erkenntnisaufgabe theoretischer Aussagengefüge befähigte, wie er von allen subjektivistischen und psychologischen Elementen gereinigt und zu einer reinen Beziehungskategorie wurde; daß er dabei bis zu einem erheblichen Ausmaß seine inhaltlichen Bestimmungen verliert — genau in derselben Weise, wie das etwa für den Begriff des Handelns in der Praxeologie L. v. Mises[209] gilt —, braucht nicht zu stören, solange man sich über den Aussagewert der theoretischen Wissenschaftsform im klaren ist.

So verstanden, wird der Handlungsbegriff auf die Beziehung zwischen zwei Situationen reduziert, der Ausgangssituation und der Endsituation, deren Verbindung unter dem Einfluß zweckorientierten Verhaltens zustande kommt[210]. Wirtschaftliches Handeln wird damit zu

---

[207] Vgl. die Erschließung der neben dem Bereich der Wirtschaft noch relevanten Gebiete des logischen Handelns (Strategie und Politik), *Pareto* 155 § 152.

[208] Vgl. *v. Kempski* 386 S. 386.

[209] Vgl. *v. Mises* 140. — *v. Mises* 141. — *v. Mises* 425 S. 465 ff. — Dazu die Kritik von *Mackenroth* 132 S. 35 ff.

[210] Vgl. *Parsons* 157 S. 44. — *Parsons* und *Shils* 158 passim. — *v. Kempski* 383 S. 459. — *v. Kempski* 385 S. 62. — *v. Kempski* 387 S. 177 ff. — Eine zutreffende Beschreibung sozialen Handelns, die das wirtschaftliche Verhalten gut kennzeichnet und aus der die Abstraktion des formalen Handlungsbegriffs klar ersichtlich ist, gibt *Topitsch* 508 S. 323: „Handlung ist

einem Spezialfall sozialen Handelns, insofern, als die Überführung der wirtschaftlichen Ausgangskonstellation in eine Endsituation unter der Maxime des sog. wirtschaftlichen Prinzips steht, das wiederum ganz formal ohne die psychologischen Elemente eines inhaltlich interpretierten Rationalitätsbegriffs aufzufassen ist[211]: das Wirtschaftssubjekt versucht, die Ausgangssituation so zu transformieren, daß eine ihm am günstigsten erscheinende Endsituation aus seinem Handeln resultiert; weiter nichts als das Handeln nach bestimmten Maximen hätten wir damit unter dem Rationalitätsbegriff zu verstehen. Jede inhaltliche Interpretation würde den Ausgangspunkt auf eine Ebene zurückverlegen, wo die theoretische Wissenschaftsform noch nicht ansetzen kann, weil die Voraussetzung *eindeutiger* Beziehungen nicht gegeben ist: die Maxime ist in bezug auf die Motive mehrdeutig[212]. Aus welchen Motiven wirtschaftliche Maxime entstehen, ist nicht Gegenstand der ökonomischen Theorie; sie kann nur die Folgen beschreiben, die sich beim Auftreten einer bestimmten Maxime für die Gestalt der Endsituation ergeben.

Durch eine solche allgemeine Bestimmung des Handlungsbegriffs ist wirtschaftliches Handeln in eindeutige Beziehung zum Modellbegriff der Wirtschaftstheorie und zur Konzeption des wirtschaftlichen Gleichgewichts getreten: die Ausgangskonstellation zeigt uns eine Anzahl ökonomischer Größen, die in Beziehung zueinander stehen und auf Grund von Annahmen über die Verhaltensmaxime der wirtschaftenden Menschen in eine neue Situation überführt werden. Die disponierenden Wirtschaftssubjekte bestimmen nicht nur die Struktur der Ausgangssituation, sondern ebenso die Endsituation; die Verknüpfung beider geschieht durch den „Korrelator" der Maxime wirtschaftender Personen[213]. Die weitere Präzisierung der relevanten Grundbegriffe muß nun die mathetische Struktur offenbaren und den Weg für

---

stets in die Zukunft gerichtete Entscheidung bewußter Subjekte über ihr Tun und Unterlassen im Handlungsfeld, jenem Ausschnitt des Geschehens, den sie zumindest teilweise voraussehen und beeinflussen können. Innerhalb dieses Bereiches kann der Mensch die Folgen der verschiedenen möglichen Handlungsweisen wenigstens im Umriß abschätzen und eine wertende Entscheidung zwischen ihnen treffen. In allen diesen Fällen gibt das Erkennen nur Auskunft über Tatsachen und Möglichkeiten, über Art und Grad der Beeinflußbarkeit, aber nicht über die letzten *Wert*grundsätze, nach denen die Entscheidung vollzogen werden soll. Solche Grundsätze bildet sich der Handelnde zum Teil selbst aus seinen Lebenserfahrungen, vor allem aber findet er in seiner sozialen Umgebung mehr oder minder dauerhafte, wenn auch prinzipiell veränderliche Ordnungen von Werthaltungen und Verhaltensregeln vor, die ihm von Kind auf eingeflößt und aufgezwungen werden."

[211] Vgl. *Preiser* 460 S. 1 ff. — *Möller* 429 S. 241 ff. — *Grunau* 361 S. 255 ff. — *Samuelson* 184 S. 4 ff. — *Richter* 466 S. 88 ff.

[212] Vgl. *v. Kempski* 386 S. 395.

[213] Vgl. *v. Kempski* 385 S. 66 f.

die Anwendung des mathematischen Kalküls freigeben; das ist dann erreicht, wenn die neu gewonnene Begriffsbildung, die als objektbezogen bezeichnet werden muß, dem von der mathematischen Wirtschaftstheorie bearbeiteten Beziehungssystem isomorph ist oder, anders ausgedrückt, wenn sich hieraus der Funktionsbegriff ergibt, der zugleich die durchgängige Relationsform des Realobjekts und der Folgerungsbegriff des Kalküls ist. Wenn das gelingt, so ist die mathematische Wirtschaftstheorie als Theorie über einem sinnbezogenen Realitätsausschnitt logisch hinreichend fundiert und das Entsprechungsverhältnis zwischen Erfahrungsobjekt und Erkenntnisgegenstand ist von einer Behauptung auf die gesicherte Ebene des Beweises überführt.

Die Ausgangssituation entsteht, indem sich der Mensch zur Sachgüterwelt und zu anderen Menschen in Beziehung setzt; daß diese Dispositionen unter dem Einfluß einer bestimmten ökonomischen Handlungsmaxime stehen, daß zweckorientiert, planmäßig gehandelt wird, macht den ökonomischen Charakter der Situation aus und die handelnden Menschen zu Wirtschaftssubjekten. Die Stellungnahme zur Güterwelt beinhaltet das Auswahl- und Wertphänomen. Alles, was an diesen Dispositionen sprachlich erfaßbar ist, ein logisches Äquivalent hat und damit Gegenstand der theoretischen Erfahrungswissenschaft sein kann, sind die Aktualisierungen bestimmter Motivreihen, die sich in Form von Urteilen sprachlogisch niederschlagen. Bedenkt man nun, daß solche Urteile durch die Verallgemeinerung des Funktionsbegriffs seit Frege[214] in eine Satzfunktion übergehen, wenn die Konstanten durch Variable ersetzt werden, so entspricht das dem gebräuchlichen Vorgang der Theorienbildung. Durch die Rückführung des wertenden, wählenden Urteils auf die Satzfunktion ist der Grundtatbestand des Wirtschaftens der Abbildung auf den logischen Kalkül fähig geworden, nur muß man sich zu einer angemessenen Interpretation dieses Sachverhalts zusätzlich vor Augen halten, daß der gewöhnliche Sprachgebrauch die funktionale Beziehung falsch zum Ausdruck bringt und den Anschein hervorruft, die Funktion sei die abhängige Variable; nur wenn man erkennt[215], daß der Funktionsbegriff in der Relation selbst liegt, nicht in dem Argumentwert, kann die Abbildung wirtschaftlicher Urteile auf den Funktionenkalkül als adäquates Vorgehen verstanden werden, weil die Argumentwerte der ökonomischen Satzfunktionen Sachgüter oder Größen sind und deshalb bei einer falschen Auffassung vom Funktionsbegriff der Vorwurf gegen den gebräuchlichen Rechtfertigungstyp des mathematischen Verfahrens zu nahe liegt.

---

[214] Vgl. *Frege* 81 S. 5 ff.

[215] Vgl. *Frege* 81. — Außerdem vom selben Verfasser 80 S. 3 ff. und 230 S. 658 ff.

Begegnen uns bei der Abbildung des Auswahlphänomens, also bei der Bestimmung des in den Begehrkreis des Wirtschaftssubjekts fallenden Güter, prädikative Urteile, Satzfunktionen mit einem Argumentwert, so erfordert der Übergang von der Mensch-Ding-Beziehung zur Mensch-Mensch-Beziehung den Schritt von den einstelligen zu mehrstelligen Prädikaten; die Berücksichtigung der soziologischen Dimension des Wirtschaftsgeschehens kann nur durch Relationen erfolgen, weil bei der Beschreibung des Tauschvorganges Funktoren (Relatoren) erforderlich werden, die mehrere wirtschaftlich relevante Leerstellen aufweisen. Handelte es sich bei der Umschreibung der wirtschaftlichen Grundphänomene um Eigenschaftsbestimmungen, wie „x ist wertvoll“, „y ist ein wirtschaftliches Gut“ usw., die der Klassenkalkül bewältigen kann, so wird der Übergang zum Extensionenkalkül aus den eingangs genannten Gründen erforderlich, besonders, wenn man auf Grund des Erfahrungsmaterials darauf verwiesen wird, welche bedeutende Rolle die Bildung der Konverse einer ökonomischen Relation spielt, ja, daß der Tauschvorgang in seinen Grundlinien hierdurch eindeutig zu beschreiben ist.

„Produzieren“, „nachfragen“, „anbieten“, „tauschen“ usw. sind ungesättigte Funktionen, die durch die Argumentwerte zu ergänzen sind und durch die Auffüllung der Variablen (ökonomische Güter, Geld) in wahre (oder falsche) Sätze übergehen. Der individuale Tauschvorgang ist damit auf das Vorhandensein zweier asymmetrischer Relationen (Urteilsfunktionen) zurückgeführt: Bezeichnen u ein wirtschaftliches Gut (Butter), v Geld, x und y den Nachfrager bzw. Anbieter des Gutes und **R** und **Q** die Relationen „will nachfragen“ bzw. „will anbieten“, so ist die Ausgangssituation eines elementaren Marktvorganges durch die beiden Relationen x **R** u und y **Q** v beschrieben, die durch die Erhöhung der Anzahl der Relationen zu der die Marktseite betreffenden Ausgangskonstellation des allgemeinen Gleichgewichtsproblems erweitert werden kann. Unterstellt man, daß sich die Nachfragerelation auf einen gegebenen Preis bezieht und daß es nach den Wertschätzungen des Wirtschaftssubjektes eine ganze Reihe von Elementpaaren gibt, für die die Relation „will nachfragen“ in ein wahres Urteil übergeht, so ist die grundlegende funktionale Beziehung der mathematischen Wirtschaftstheorie, das Cournot'sche Nachfragegesetz, auf ein „wirtschaftsdispositives“ Urteil zurückgeführt[216]. Damit ist die Ausgangskonstellation, so wie sie den mathematischen Ansatzpunkt der ökonomischen Modelle bildet, als eine Verknüpfung von Relationen charakterisiert[217] und ihre Beziehung zum Sinn- und Wert-

---

[216] Vgl. *Schams* 480 S. 526 f.

[217] Vgl. *v. Kempski* 385 S. 62.

geschehen wirtschaftlicher Urteilsakte erwiesen. Sie kann somit als Ansatzpunkt der wirtschaftlichen Maxime gelten, durch die der Übergang zur Endsituation eingeleitet wird.

Bevor eine logische Beschreibung des Handlungsvorgangs unternommen wird, muß die Endsituation näher charakterisiert werden; das erweist sich vor allem deshalb als erforderlich, weil die mathematische Wirtschaftstheorie eine Gleichsetzung von Willens-(Plan-)größen und tatsächlichen Vorgängen vornimmt, d. h. die Relatoren so interpretiert, daß aus einem „soll produziert werden" bzw. „will nachfragen" ein „wird produziert" bzw. „wird nachgefragt" wird; anders könnte sie auf Grund der ihr eigenen Schlußweise zu keiner Endsituation gelangen, weil der tatsächliche Übergang vom Plan zur Entscheidung und Handlung nicht in die logische Form des hypothetischen Urteils eingeht.

Die Rechtmäßigkeit einer solchen Identifikation wird nun unter Zuhilfenahme einer heuristischen Analogie gesichert, die das Denkschema des weitaus größten Teils der mathematischen Ökonomik abgibt: die Idee des wirtschaftlichen Gleichgewichts. Aller ontologischen und normativen Bezüge entkleidet, beschreibt sie eben genau das, was wir bei der Formalisierung des Handlungsbegriffs als Endsituation bezeichnet haben. Werden die Modellvoraussetzungen so gewählt, daß die Endsituation real ungleichgewichtig ist, so bedeutet das in der Begriffsapparatur der Handlungstheorie, daß sie eine neue Anfangssituation impliziert, d. h. eine weitere ökonomische Handlung auslöst. Die Funktion der Gleichgewichtsidee in der ökonomischen Modellbildung besteht darin, auf Grund einer gegebenen Bedingungskonstellation Handlungsschemata zu entwickeln[218], die als Bewegungen auf einen Ruhepunkt hin oder von ihm weg zu verstehen sind. Damit gewinnt die Theorie den Ansatzpunkt für die Beurteilung von Richtungsänderungen im wirtschaftlichen Verhalten und die Möglichkeit, eine konkrete Lage im Wirtschaftsprozeß als Entwicklungsstufe zum Gleichgewichtszustand aus der vorangehenden Situation — immer unter der Annahme zweckrationalen Verhaltens der beteiligten Wirtschaftssubjekte — abzuleiten. Der Gleichgewichtsbegriff ist ein Maßstab für die Beurteilung der Auswirkungen wirtschaftlicher Aktionen und Reaktionen, und das ex definitione, denn er bezeichnet einen Zustand, bei dem diejenigen Wirtschaftseinheiten, denen Gelegenheit zur Veränderung gegeben ist, keine Veranlassung, und die, denen Veranlassung gegeben ist, keine Gelegenheit dazu haben[219].

---

[218] Vgl. *Furlan* 287 S. 51.

[219] Vgl. *Boulding* 26 S. 638.

Ist die Endsituation als die Verwirklichung des Wirtschaftsplans charakterisiert, so erfolgt diese Verwirklichung selbst auf Grund einer Verhaltensmaxime, die in die Theorie als ein zweckrationales Handeln (Gewinn- oder Nutzenmaximierung) eingeht; das besagt nicht, daß die Theorie völlig rationale Motive unterstellt, sondern allein, daß bei gegebenen psychischen (rationalen oder emotionalen) Handlungsanlässen eine Verhaltensweise gebildet wird, die die Ausgangsgrößen des Modells andere Werte annehmen läßt und so in die geplante Endsituation überführt. Die Gleichgewichtslage wird damit durch den Korrelator der Verhaltensmaxime als mathematische Abbildung der Ausgangssituation verstanden[220].

Häufig genug zeigt sich, daß die in der Alltagssprache vorliegenden Motivationen so unterschiedlich erscheinen, daß ihre Rückführbarkeit auf *eine* Maxime der ökonomischen Modelle zunächst als unmöglich gilt, eine genaue logische Analyse erweist jedoch das Gegenteil[221]. Die Beschränkung der ökonomischen Theorie auf die Verhaltensmaxime, die ihr oft den Vorwurf der Inhaltsleere oder Tautologie eingebracht haben, ist ihrer instrumentalen Erkenntnisleistung durchaus angemessen. Die Verhaltensweise ist damit als Maxime mathematisch darstellbar; ihre Beziehung zu den Urteilen der Wirtschaftssubjekte scheint gesichert, weil der Übergang von den Urteilsfunktionen zur mathematischen Formulierung auf Grund der Strukturgleichheit aller Sätze des Funktionenkalküls unmittelbar vollzogen werden kann. Der Handlungsablauf, der durch Ausgangssituation und Maxime beschrieben ist, wird damit mathematisch erfaßbar, und wenn die mathematische Wirtschaftstheorie mit Funktionen zwischen ökonomischen Variablen arbeitet, so sind diese Beziehungen nichts Unmittelbares, sondern die Größenrelationen, die als Begleiterscheinungen, als äußerlich sichtbares Bild jedes Handlungsablaufs auftreten, sind sowohl in der Ausgangssituation, wie auch in der Verhaltensmaxime auf sinnerfüllte Werturteile zurückgeführt worden. Die grundsätzliche Ordnungsfunktion des mathematischen Denkens trifft damit in der Wirtschaft auf einen geordneten Zusammenhang ökonomischer Quantitäten, Mengen

---

220 Vgl. *v. Kempski* 387 S. 182: „Beschreibt man nämlich eine Situation strukturell, nämlich als eine konjunktive Verknüpfung von Relationen der Personen und Gegenstände, die sich in einer Situation befinden, so läßt sich die Maxime oder die Gesamtheit der effektiv wirksam werdenden Maximen auffassen als die Transformation, die diese Situation auf die Endsituation abbildet — genauer die eine von der strukturellen Beschreibung der Ausgangssituation implizierte Verkettung von Relationen abbildet auf eine solche Verkettung von Relationen, die von der strukturellen Beschreibung der Endsituation impliziert wird. Die Handlung stellt sich so strukturell als eine Abbildung der Ausgangssituation auf die Endsituation dar."

221 Vgl. *Schneider* 487 und *Machlup* 413.

und Preisen, deren adäquate Beschreibung deshalb möglich ist, weil hinter den Relationen wirtschaftlicher Größen und ihren Verkettungen die Entscheidungen und Urteile des Wirtschaftsmenschen als Instanzen aufzuweisen sind, die den geordneten Zusammenhang ökonomischer Quantitäten hervorrufen. Die mathematische Logik hat durch den Beweis der syntaktischen Gleichheit von mathematischen und Satzfunktionen auf die Möglichkeit der mathematischen Darstellung von Urteilen hingewiesen. Werthaltung und Sinn des wirtschaftlichen Handelns werden nur durch das Urteil wirksam[222], sie bestimmen seine Form und sind allein in ihm sprachlich darstellbar. Alles, was an dem wirtschaftlichen Urteil sinnbezogen ist, kommt damit auch in der mathematischen Darstellung zum Ausdruck und muß aus ihr wieder verstehbar sein[223].

Damit ist aber erwiesen, daß die mathematische Wirtschaftstheorie innerhalb des von der theoretischen Wissenschaftsform gesteckten Rahmens die Erkenntnisleistung über die Welt wirtschaftlicher Handlungen zu erbringen vermag, die nur auf Grund einfühlenden Verstehens möglich sein sollte; die Richtigkeit dieser These ist nicht zuletzt darin begründet, daß eine „verstehende Nationalökonomie" gleichermaßen an das Ausdrucksmittel der Sprache gebunden ist. Der Funktionsbegriff als Folgerungsbegriff des mathematischen Kalküls hat sein Korrelat im zugrunde liegenden Erfahrungsbereich, er ist der entscheidenden „ontologischen" Beziehungsform (Handlungsstruktur) isomorph. Wie streng dieser Begriff gerade mit dem Verhalten wirtschaftender Menschen verknüpft ist, ist daraus ersichtlich, daß er explizit erst zu einem Zeitpunkt in die theoretische Nationalökonomie einging, als der Wertbegriff nicht mehr einer objektiven Eigenschaft der wirtschaftlichen Güter zugeordnet, sondern als abhängig von den Dispositionen handelnder Wirtschaftssubjekte aufgefaßt wurde. Damit erscheint der Vorwurf des Inbezugsetzens von Quantitäten durch die ökonomische Theorie widerlegt, weil die subjektive Werttheorie ja gerade den endgültigen Bruch mit der mechanistischen Vorstellung der wirtschaftlichen Eigengesetzlichkeit bedeutete.

Die mathematische Wirtschaftstheorie kann deshalb als vollwertige Theorie der wirtschaftlichen Handlungen gelten; der Begriff der mathematischen Funktion kennzeichnet eben nur solche Beziehungen zwischen ökonomischen Größen, die in einem Zusammenhang auftreten, der als „Handlung" definiert wurde[224]. Damit ist aber auch deutlich gezeigt, daß der Problemkomplex der exakten Wirtschaftstheorie nur mit Hilfe der Relationslogik analysiert werden kann, weil

---

222 Vgl. *Schams* 480 S. 529.
223 Vgl. *v. Freytag-Löringhoff* 354 S. 63 ff.
224 Vgl. *v. Kempski* 385 S. 67 f.

seine Struktur einem logischen Kalkül isomorph ist, dessen Folgerungsbegriff (Funktion) mathematisch definiert ist. Die Verwendung der mathematischen Symbolsprache ist dabei durchaus zweitrangig und gehorcht ausschließlich Zweckmäßigkeitsgesichtspunkten; wo es sich um Fragestellungen handelt, die auf keiner einfachen Größenbeziehung beruhen, sondern sich als eine Verkettung von Relationen darstellen, erscheint der Übergang zur Ableitung in der Sprache der Mathematik endgültig gerechtfertigt[225].

[225] Vgl. *Morgenstern* 430 S. 9: „Die theoretische Ökonomie hat es nun aber vorwiegend mit vielgliedrigen Beziehungen zu tun ..., so daß sich daraus der Zwang zur Verwendung der Relationslogik notwendigerweise ergibt."

C. Schluß: Der Erkenntniswert der mathematischen Wirtschaftstheorie

Die Erkenntnisleistung der Mathematik für die Volkswirtschaftslehre, wie für alle empirischen Wissenschaften, muß innerhalb der Grenzen verstanden werden, die von der Wissenschaftsform der Theorie für den entsprechenden Erfahrungsbereich abgesteckt sind; denn das Bedürfnis nach einem axiomatisierten Sachgebiet (Theorie) ist es in allen Fällen gewesen, das ein Verhältnis zur Mathematik auferlegte. Das modelltheoretische Verfahren ist die dem komplexen Erfahrungsobjekt „Wirtschaft" angemessene Denkform, die adäquate logische Hilfskonstruktion, um die unübersehbare Fülle von Tatsachen und Abhängigkeitsverhältnissen verständlich zu machen, was eben ohne die gedankliche Ausschaltung gewisser „störender" Faktoren überhaupt nicht möglich wäre. Die Untersuchung am Modell stellt die einzige Möglichkeit dar, allgemeingültige Aussagen über denknotwendige Zusammenhänge im Wirtschaftsablauf zu machen, weil nur im rationalen Schema Größenbeziehungen in gegenseitiger Abhängigkeit konstruiert werden können. Die Erfahrung selbst zeigt sich dem Erkenntnissubjekt als ungestaltene Mannigfaltigkeit, deren Wirkzusammenhänge sich nicht erschließen, bevor sie den Gesetzen unseres Denkens nachgebildet sind. Die Ordnung der realen Mannigfaltigkeit durch die Konstruktion exakter Gesetzmäßigkeiten zwischen vereinfachten Grundannahmen eines empirischen Gegenstandsbereiches ist das letzte Ziel aller theoretischen Erfahrungswissenschaften. Wenn sich diese Beziehungen zwischen den gedanklich gesetzten Elementen mit voller Notwendigkeit und Allgemeingültigkeit ergeben sollen, so kann nur die Denkform der Mathematik herangezogen werden. Ihre endgültige Bestätigung erfährt die mathematische Verfahrensweise schließlich durch die Erkenntnisleistung der einzelwissenschaftlichen Theorie im Hinblick auf das vorgegebene Erfahrungsobjekt. Für die theoretische Nationalökonomie erweist sich das mathematische Verfahren deshalb als notwendiges Sprachsystem, weil das Erkenntnisobjekt mathetische Struktur besitzt und die Beziehungsform zwischen seinen Grundannahmen einem mathematischen Relationsbegriff zugeordnet werden kann. Die Mathematik, deren Gegenstände nicht der Wirklichkeit entnommen sind, die folglich auch keine Erkenntnisse über die Realität enthalten kann, wird nicht nur als Darstellungsform nützlich — diese Funktion betrifft allein die Symbolsprache —, sondern vornehmlich als Denkform, weil der Erkenntnisgegenstand einen relationslogischen Kalkül erfordert. Der axiomatische Aufbau der Wirtschaftstheorie verlangt einen Denkprozeß, der sich eines *mathematischen* Folgerungsbegriffes bedient. Die symbolische Präzisionssprache ist nur das adäquate Ausdrucksmittel des theoretischen Erkenntnisapparates, weil die Verbalanalyse nur „sukzessive Lösungen" vorzunehmen imstande ist[1]. Sobald es sich um eine Superposition von gegenseitigen Beziehungen handelt — und das ist für die Mehrzahl ökonomischer Fragestellungen zutreffend —, können simultane Zusammenhänge nur noch mit mathematischen Hilfsmittel gelöst werden.

Darüber hinaus haben die Erkenntnisse der modernen Sprachphilosophie gezeigt, daß ein verballogischer Denkansatz wegen der Vieldeutigkeit der Sprache unzutreffende und widerspruchsvolle Voraussetzungen einschließen kann, daß ferner während der deduktiven Ableitung durch einen Bedeutungswandel der sprachlichen Ausdrücke neue Voraussetzungen eingeführt werden können, alte unberechtigterweise fallen gelassen werden. Das mathematische Verfahren, dem die größte Einfachheit des Denkweges von den Prämissen zu den Schlußfolgerungen zugestanden werden muß, schließt die Nachteile der Wortanalyse aus, die überall dort, wo es sich um einfache Beziehungen zwischen zwei Elementen handelt, grundsätzlich dasselbe leistet. Die mathematische Formulierung einer theoretischen Erfahrungswissenschaft ist keine bloße Drapierung intuitiv gewonnener Erkenntnisse, sondern zwingt zum präzisen Ausdruck und zur Berücksichtigung *aller* Voraussetzungen eines konkreten Problemkreises. „Insofern ist der Weg in die Mathematik ein Weg ins Freie, der uns von der Bindung an die Zufälligkeit eines Sprechens in gerade verfügbaren Bildern befreit, während Strukturen gemeint sind[2]." Die Schwierigkeiten, die das Operieren mit der formalisierten Sprache der Mathematik mit sich bringt, wird weitgehend kompensiert durch die Beseitigung der Widersprüche einer inhaltlichen Redeweise[3], und durch den Verzicht, jeden einzelnen Denkschritt in der Anschauung nachzuvollziehen.

Mathematik kann aus sich selbst also keine ökonomische Theorie schaffen; sie geht von wirtschaftlichen Grundlagen aus und gelangt wieder zu wirtschaftlichen Schlußfolgerungen. Sie stellt innerhalb der Wirtschaftstheorie das sprachliche Ausdrucksmittel dar, das dem axiomatischen Aufbau der Theorie adäquat ist, weil es leichter und bequemer, als das verballogisch möglich ist, sämtliche Folgerungen

---

[1] Vgl. *Tinbergen* 507 S. 647.
[2] *v. Kempski* 246 S. 287.
[3] Vgl. *Morgenstern* 430 S. 14.

aus der Ausgangskonstellation ökonomischer Größen abzuleiten vermag. Der stereotype Vorwurf gegen eine mathematische Formulierung des Denkansatzes und der einzelnen Denkschritte, durch die Mathematik könne man nicht zu neuen Erkenntnissen in den empirischen Wissenschaften gelangen, alles was aus der mathematischen Ableitung hervorgehe, sei durch das vormathematische Denken schon in die Voraussetzungen hineingelegt, so daß das Verfahren der mathematischen Wirtschaftstheorie einem Verstecken von Ostereiern gleiche, die man nur dort zu suchen hätte, wo man sie selbst versteckt hätte[4], verkennt die eigentliche Erkenntnisleistung einer formalisierten Sprache. Gewiß kann eine axiomatisierte Wissenschaft nicht objektiv Neues bieten, trotzdem kann ihr Inhalt aber „psychologisch" neu sein, insofern als wir vorher nicht gewahr waren, daß er implizit in den Postulaten enthalten war. Die analytischen Umformungen der Mathematik haben zwar tautologischen Charakter — „tautologisch" bedeutet hier aber nicht ebensoviel wie „nichtssagend", es ist kein wertgebundener Begriff —, trotzdem leisten sie aber einen tatsächlichen Erkenntnisbeitrag, weil unser mangelhaft komprehensives Denken nicht imstande ist, alle durch die Prämissen gesetzten Implikationen zu überschauen[5].

Die formale Sprache (Mathematik) einer einzelwissenschaftlichen Theorie läßt nun den Eindruck entstehen, es handele sich um Aussagensysteme, die ihrer ideellen Beziehungen wegen in keiner auch noch so entfernten Beziehung zu einer vorgegebenen erfahrbaren Wirklichkeit stehen. Das trifft auch insoweit zu, als nach moderner Auffassung keine Sprache direkt das Seiende abbildet, „sondern die objektiven Begriffe und objektiven Sätze. Wir sprechen nicht das Seiende aus, wie es ist, sondern so, wie wir es denken"[6]. Diese Ansicht ist bei der Formalisierung der empirischen Wissenschaft bis zur letzten Konsequenz verwirklicht worden, indem die mathematische Symbolsprache als das adäquate Ausdrucksmittel einer axiomatisierten Erfahrungswissenschaft betrachtet wird. Hierdurch wird erreicht, daß das logische Operieren mit der Sprache nur auf syntaktischer Ebene vor sich gehen kann, d. h., daß während des deduktiven Denkprozesses von jeder Bedeutung der verwendeten Symbole abgesehen wird, obwohl diese auf Grund genau definierter Zuordnungsregeln immer auf etwas empirisch Gemeintes gerichtet sind. Der Formalismus ist ja eben die Methode, „die darin besteht, daß man vom eidetischen Sinn der

[4] Vgl. *Röpke* 469 S. 380.

[5] Vgl. *Hahn* 288 S. 15. „Was das logische Schließen leistet, ist also dies: es macht uns bewußt, was alles wir — auf Grund der Verabredung über den Gebrauch der Sprache — durch Behauptung eines Systems von Sätzen (zwar nicht ausdrücklich, aber doch implizit und vielleicht unbewußt) mitbehauptet haben."

[6] *Bocheński* 21 S. 12.

Zeichen vollständig absieht und auf Grund bestimmter, nur die graphische Gestalt der Zeichen betreffender Umformungsregeln mit den Zeichen operiert"[7]. Die axiomatische Methode in den Realwissenschaften führt also nur insofern zu „bedeutungslosen" Denkschritten, als die Deduktion selbst in Frage steht; die Grundannahmen müssen in den empirischen Wissenschaften stets wahre Urteile (Erfahrungstatsachen) enthalten, die auf Grund inhaltlicher Interpretationen entstehen und den Axiomen den bloß konventionalistischen Charakter nehmen, der ihnen im logisch-mathematischen Kalkül zukommt. Sind die Voraussetzungen einer einzelwissenschaftlichen Theorie aber einmal gesetzt, so kann sich das deduktive Schlußverfahren allein auf den „operativen Sinn" der mathematischen Symbolik stützen, ja es gibt in der theoretischen Physik und in anderen axiomatisierten Erfahrungswissenschaften Aussagen, denen man im einzelnen sogar keinen „eidetischen Sinn" mehr beilegen kann, die aber im ganzen wieder zu eidetisch interpretierbaren Ergebnissen führen[8]; das bedeutet aber nicht weniger, als daß es in den theoretischen Systemen bestimmter Realwissenschaften Zusammenhänge zwischen den ideellen Elementen des betreffenden Gegenstandsgebietes gibt, die nur mit Hilfe der mathematischen Symbolik gefunden werden können, weil unser mangelhaft komprehensives Denken nicht imstande ist, solche Beziehungen zu überschauen[9].

---

[7] *Bocheński* 21 S. 46.

[8] Vgl. *Bocheński* 21 S. 44 f. — Die Unterscheidung zwischen dem eidetischen und dem operativen Sinn eines Sprachzeichens ist für die moderne Methodologie von grundlegender Bedeutung. Ein eidetischer Sinn eines Zeichens ist dann gegeben, wenn wir innerhalb eines Systems die Zuordnungsregeln zu einem Gemeinten kennen; sein operativer Sinn besteht dagegen in den syntaktischen Regeln, in seinen Beziehungen zu anderen Zeichen desselben Systems.

[9] Daß diese Vorteile der mathematischen Sprachform mit ihrer hohen Esoterik erkauft werden müssen, erscheint nur selbstverständlich, und es muß einfach unklar bleiben, wie man in den Sozialwissenschaften — über eine gerechtfertigte Betonung des Verständigungsproblems unter den Wissenschaftlern (vgl. etwa *Clark* 333 S. 75 ff. und *Bodenhorn* 320 S. 32) hinaus — auf dieser Grundlage einen Einwand gegen eine Wirtschaftstheorie in mathematischer Formelsprache konstruieren kann, während kein Naturwissenschaftler bisher den Erkenntniswert der Relativitätstheorie von der Möglichkeit ihrer allgemeinverständlichen Darstellung unter Verzicht auf das komplizierte mathematische Formelwerk abhängig machte; denn es ist einfach nicht möglich, bestimmte Relationsformen verballogisch zu erfassen, weil die syntaktischen Beziehungen unserer Alltagssprache im wesentlichen an der klassischen Logik orientiert sind und deshalb wissenschaftlich oft unzureichend sind, ganz abgesehen von der erforderlichen Konstanz der Begriffsinhalte, die für die Wissenschaft unbedingt erforderlich ist, für die die nichtsymbolisierte Sprache aber keine hinreichende Garantie zu geben vermag. — Vgl. *Ottel* 448 S. 222 und *Hahn* 85.

Das Problem der Anwendbarkeit mathematischer Verfahren erweist sich schließlich als eine bloße Zweckmäßigkeitsfrage. Ist die ontologische Neutralität des axiomatischen Denkens in der Symbolik der Mathematik einmal erkannt, so stellt sich der gesamte Bereich der mathematischen Wissenschaften als ein logisches Sprachsystem dar, das der Ableitung sämtlicher Implikationen aus den Grundannahmen eines hypothetisch-deduktiv zu behandelnden Erkenntnisgegenstandes aus dem Bereich der Erfahrungswissenschaften dient. Inhaltliche Vorbehalte, die sich aus der Natur des entsprechenden Erfahrungsobjektes ergeben, sind prinzipiell nicht denkbar; wenn überhaupt Bedenken bestehen, so können sie sich nur auf die praktischen Erfolgsaussichten der mathematischen Methode beziehen[10]. Sobald es sinnvoll erscheint, für einen Bereich der erfahrbaren Wirklichkeit ein Erkenntnisobjekt zu konstruieren, das hypothetisch-deduktiv darstellbar ist, erweist sich die mathematische Symbolsprache als grundsätzlich identisch mit allen anderen Sprachsystemen; darüber hinaus zeigt sich aber, daß dem mathematischen Verfahren eine bedeutende Erkenntnisleistung zukommt, weil sich bestimmte Folgerungen in den axiomatisierten Systemen nur noch auf Grund tautologischer Umformungsregeln in der Ableitung der Mathematik ergeben, verballogisch jedoch nicht mehr zu erfassen sind. Die große Bequemlichkeit im Manipulieren mathematisierter einzelwissenschaftlicher Theorien, das Prinzip der „Denkökonomie", ist zwar auf weiten Strecken das vorherrschende Kriterium für die Bedeutung der Mathematik in den theoretischen Realwissenschaften, neuerdings vermehren sich jedoch die Fragestellungen, zu deren Lösung allein das logische Operieren auf der syntaktischen Ebene des Sprachsystems (Mathematik) beitragen kann[11]. Der Umfang der Anwendungsmöglichkeiten mathematischer Denkmethoden erweitert sich ständig durch die Entwicklung neuer mathematischer Teilbereiche, und der Fortgang der Wissenschaftsgeschichte hat deutlich erwiesen, daß solchen neuentdeckten Aussageformen jeweils auch weitere Beziehungen noch nicht oder noch nicht voll mathematisierter theoretischer Erfahrungswissenschaften zugeordnet werden konnten.

---

[10] Vgl. *v. Freytag-Löringhoff* 353 S. 604.

[11] Die Auswirkungen dieser Entwicklung auf die Wirtschaftstheorie werden von *Morgenstern* 431 S. 11 umrissen: „Indeed a state has been reached where some of the most important results of the theory could be found only by means of mathematics and cannot even any longer be translated adequately into words, precisely as it happens in physical theory. I want to emphasize that the mathematical nature of the theory is something innate and not just a dressing-up of fundamentally simple ideas."

Literaturverzeichnis

A. Selbständige Bücher und Schriften

1. *Åkerman*, J.: Ekonomisk Kausalitet, Skrifter utgivna av Fahlsbeckska Stiftelsen, Bd. XXIV, Lund 1936.
2. *Åkerman*, J.: Das Problem der sozialökonomischen Synthese, Skrifter utgivna av Vetenskaps-Societeten i Lund, Bd. XXI, Lund 1938.
3. *Åkerman*, J.: Ekonomisk Teori, Bd. I: De Ekonomiska Kalkylerna, Lunds Universitets Årsskrift, N. F., Avd. 1, Bd. XXXVI, Nr. 2, Lund und Leipzig 1939.
4. *Allen*, R. G. D.: Mathematik für Volks- und Betriebswirte, deutsch von E. Kosiol, Berlin, o. J. (1956).
5. *Allen*, R. G. D.: Mathematical Economics, London 1956.
6. *Amonn*, A.: Objekt und Grundbegriffe der theoretischen Nationalökonomie, Wien 1911.
7. *Auspitz*, R., und R. *Lieben:* Untersuchungen über die Theorie des Preises, Leipzig 1889.
8. *Ayer*, A. J.: Language, Truth and Logic, 2nd ed., London 1946.
9. *Back*, J.: Die Entwicklung der reinen Ökonomie zur nationalökonomischen Wesenswissenschaft, Jena 1929.
10. *Barone*, E.: Grundzüge der theoretischen Nationalökonomie, übers. von H. Staehle mit einer Einführung von J. Schumpeter, 2. Aufl., Berlin und Bonn 1935.
11. *Barone*, F.: Il Neopositivismo Logico, Filosofia della Scienza, Vol. II, Torino o. J. (1953).
12. *Bavink*, B.: Ergebnisse und Probleme der Naturwissenschaften, 9. Auflage, Zürich 1948.
13. *Becker*, O.: Grundlagen der Mathematik in geschichtlicher Entwicklung, Freiburg und München 1954.
14. *Becker*, O., und J. E. *Hofmann:* Geschichte der Mathematik, Bonn 1951.
15. *Behmann*, H.: Mathematik und Logik, Leipzig 1927.
16. *Bense*, M.: Geist der Mathematik, München und Berlin 1939.
17. *Bense*, M.: Konturen einer Geistesgeschichte der Mathematik, 2. Aufl., Hamburg 1948.
18. *Bense*, M.: Der Begriff der Naturphilosophie, Stuttgart 1953.
19. *Bernoulli*, D.: Die Grundlagen der modernen Wertlehre: Versuch einer neuen Theorie der Wertbestimmung von Glücksfällen, übers. von A. Pringsheim mit einem Vorwort von L. Fick, Sammlung älterer und neuerer staatswissenschaftlicher Schriften des In- und Auslandes, hrsg. von L. Brentano und E. Leser, No. 9, Leipzig 1896.
20. *Beth*, E. W.: Les Fondements Logiques des Mathematiques, 2. Aufl., Paris und Louvain 1955.
21. *Bocheński*, I. M.: Die zeitgenössischen Denkmethoden, München o. J. (1954).

22. *Bocheński*, I. M.: Formale Logik, Freiburg und München o. J. (1956).
23. *Bollnow*, O. F.: Das Verstehen — Drei Aufsätze zur Theorie der Geisteswissenschaften, Mainz 1949.
24. *Bolzano*, B.: Wissenschaftslehre, 4 Bde., Sulzbach 1837.
25. *Bonn*, M. J.: So macht man Geschichte — Bilanz eines Lebens, München o. J. (1953).
26. *Boulding*, K. A.: Economic Analysis, rev. ed., New York 1948.
27. *Bousquet*, G. J.: Vilfredo Pareto, sa vie et son Oeuvre, Paris 1928.
28. *Bouvier*, E.: La Méthode Mathématique en Économie Politique, Paris 1901.
29. *Boven*, P.: Les Applications Mathématiques à l'Économie Politique, Thèse, Lausanne 1912.
30. *Braithwaite*, R. B.: Scientific Explanation, A Study of the Function of Theory, Probability and Law in Science, Cambridge 1953.
31. *Briefs*, G.: Untersuchungen zur klassischen Nationalökonomie, Jena 1915.
32. *Brodsky*, V. M.: Le Role des Mathématiques dans l'Oeuvre de Léon Walras, Toulouse 1944.
33. *Broglie*, L. de: Licht und Materie. Ergebnisse der neuen Physik, Hamburg 1939.
34. *Broglie*, L. de: Die Elementarteilchen. Individualität und Wechselwirkung — Ergebnisse der neuen Physik, II. Teil, Hamburg 1944.
35. *Brunner*, A.: Erkenntnistheorie, Köln 1948.
36. *Buquoy*, G. v.: Die Theorie der Nationalwirthschaft, nach einem neuen Plane und mehrern eigenen Ansichten dargestellt, Leipzig 1815.
37. *Burkamp*, W.: Begriff und Beziehung. Studien zur Grundlegung der Logik, Leipzig 1927.
38. *Cairnes*, J. E.: The Character and Logical Method of Political Economy, London 1857.
39. *Canard*, N. F.: Principes d'Économie Politique, Paris 1801.
40. *Cantor*, M.: Vorlesungen über die Geschichte der Mathematik, 4 Bde., 3. Aufl., Leipzig 1907 ff.
41. *Carnap*, R.: Der logische Aufbau der Welt. Versuch einer Konstitutionstheorie der Begriffe, Wien 1928.
42. *Carnap*, R.: Abriß der Logistik, mit besonderer Berücksichtigung der Relationstheorie und ihrer Anwendungen, Schriften zur wissenschaftlichen Weltauffassung, Bd. 2, Wien 1929.
43. *Carnap*, R.: Logische Syntax der Sprache, Schriften zur wissenschaftlichen Weltauffassung, Bd. 8, Wien 1934.
44. *Carnap*, R.: The Unity of Science, London 1938.
45. *Carnap*, R.: Introduction to Semantics, Cambridge, Mass. 1946.
46. *Carnap*, R.: Meaning and Necessity. A Study in Semantics and Modal Logic, Chicago 1947.
47. *Carnap*, R.: Einführung in die symbolische Logik mit besonderer Berücksichtigung ihrer Anwendungen, Wien 1954.
48. *Carnap*, R., H. *Hahn* und O. *Neurath*: Wissenschaftliche Weltauffassung. Der Wiener Kreis, Wien 1929.
49. *Cassel*, G.: On Quantitative Thinking in Economics, Oxford 1935.
50. *Cassirer*, E.: Substanzbegriff und Funktionsbegriff, 2. Aufl., Berlin 1923.
51. *Ceva*, G.: De re Numeraria quoad Fiere Potuit, Geometrice Tractata, Mantua 1711.

52. *Condillac*, E. B. de: Le Commerce et le Gouvernement, Paris 1776.
53. *Courant*, R.: Vorlesungen über Differential- und Integralrechnung, 2 Bde., Berlin 1927/1929.
54. *Cournot*. A. A.: Recherches sur les Principes Mathématiques de la Théorie des Richesses, Paris 1838.
55. *Cournot*, A. A.: Essaie sur les Fondements de la Connaissance et sur les Caractères de la Critique Philosophique, Paris 1851.
56. *Cournot*, A. A.: Traité de l'Enchainement des Idées Fondamentales dans les Sciences et dans l'Histoire, Paris 1861.
57. *Cournot*, A. A.: Principes de la Théorie des Richesses, Paris 1863.
58. *Cournot*, A. A.: Revue Sommaire des Doctrines Économiques, Paris 1876.
59. *Cournot*, A. A.: Researches into the Mathematical Principles of the Theory of Wealth, ed. by T. N. Bacon, New York 1879, 2nd ed. 1927.
60. *Cournot*, A. A.: Untersuchungen über die mathematischen Grundlagen der Theorie des Reichtums, deutsch von W. G. Waffenschmidt, Samml. sozw. Meist., Bd. XXIV, Jena 1924.
61. *Couturat*, L.: La Logique de Leibniz, Paris 1901.
62. *Couturat*, L.: Opuscules et Fragments Inedits de Leibniz, Paris 1903.
63. *Croce*, B.: Philosophie der Praxis — Ökonomik und Ethik, in: Gesammelte philosophische Schriften, 1. Reihe, Bd. III, hrsg. von H. Feist und R. Peters, Tübingen 1929.
64. *Cunnynghame*, H.: A Geometrical Political Economy, being an Elementary Treatise on the Method of Explaining some of the Theories of Pure Economic Science by Means of Diagrams, Oxford 1904.
65. *Davanzati*, B.: Lezione delle Monete, Firenze 1588.
66. *Demaria*, G.: Principi Generali di Logica Economica, 2. Aufl., Milano 1948.
67. *Descartes*, R.: Discours de la Méthode, deutsch von A. Buchenau, 4. Aufl., Leipzig 1922.
68. *Dijksterhuis*, E. J.: Die Mechanisierung des Weltbildes, Berlin-Göttingen-Heidelberg 1956.
69. *Dilthey*, W.: Gesammelte Schriften, Bd. II, 2. Aufl., Berlin und Leipzig 1923, Bd. VII, 1927.
70. *Droysen*, J. G.: Historik. Vorlesungen über Enzyklopädie und Methodologie der Geschichte, im Auftr. d. preuß. Akad. d. Wiss. hrsg. von R. Hübner, 2. Aufl., München und Berlin 1943.
71. *Dubislav*, W.: Die Philosophie der Mathematik in der Gegenwart, Berlin 1932.
72. *Einstein*, A.: Geometrie und Erfahrung, Berlin 1921.
73. *Einstein*, A., und L. *Infeld*: Die Evolution der Physik, Hamburg 1956.
74. *Edgeworth*, F. Y.: Papers Relating to Political Economy, 3 vols., London 1925.
75. *Föhl*, C.: Geldschöpfung und Wirtschaftskreislauf, München und Leipzig 1937.
76. *Fraenkel*, A.: Einleitung in die Mengenlehre, 3. Aufl., Berlin 1928.
77. *Frank*, C.: Philosophia naturalis. Institutiones Philosophiae Scholasticae, Pars IV, 2. Aufl., Freiburg 1949.
78. *Frege*, G.: Begriffsschrift, eine der arithmetischen nachgebildete Formelsprache des reinen Denkens, Halle 1879.
79. *Frege*, G.: Die Grundlagen der Arithmetik, eine logisch-mathematische Untersuchung über den Begriff der Zahl, Breslau 1884.

80. *Frege*, G.: Function und Begriff, Jena 1891.
81. *Frege*, G.: Grundgesetze der Arithmetik, begriffsschriftlich abgeleitet, 2. Bde., Jena 1893/1903.
82. *Friedman*, M.: Essays in Positive Economics, Chicago 1953.
83. *Gatterer*, A.: Das Problem des statistischen Naturgesetzes, Innsbruck 1924.
84. *Gossen*, H. H.: Entwicklung der Gesetze des menschlichen Verkehrs und der daraus fließenden Regeln für menschliches Handeln, Bibl. d. Volkw. u. Gesw., Bd. XXI, 3. Aufl., Berlin 1927.
85. *Hahn*, A.: Wirtschaftswissenschaft des gesunden Menschenverstandes, Frankfurt 1954.
86. *Hartmann*, N.: Der Aufbau der realen Welt, 2. Aufl., Berlin 1949.
87. *Hasbach*, W.: Die philosophischen Grundlagen der von F. Quesnay und A. Smith begründeten politischen Ökonomie, Leipzig 1890.
88. *Hayek*, F. A.: Individualismus und wirtschaftliche Ordnung, Erlenbach-Zürich o. J. (1952).
89. *Hayek*, F. A.: The Counter-Revolution of Science: Studies in the Abuse of Reason, Glencoe, Ill., 1952.
90. *Hecht*, A.: Nationalökonomie als Geisteswissenschaft, Wien-Leipzig 1928.
91. *Hegel*, G. W. F.: Werke, hrsg. von G. Lasson, fortgef. von J. Hoffmeister, Bd. II: Phänomenologie des Geistes, 5. Aufl., Leipzig 1949; Bd. III/IV: Wissenschaft der Logik, 2. Aufl., Leipzig 1934.
92. *Heidegger*, M.: Sein und Zeit I, Halle 1927.
93. *Heiß*, R.: Der Gang des Geistes. Eine Geschichte des neuzeitlichen Denkens, Bern 1948.
94. *Hicks*, J. R.: A Revision of Demand Theory, Oxford 1956.
95. *Hilbert*, D.: Grundlagen der Geometrie, 7. Aufl., Berlin und Leipzig 1930.
96. *Hilbert*, D., und W. *Ackermann*: Grundzüge der theoretischen Logik, Berlin 1928.
97. *Hilbert*, D., und P. *Bernays*: Grundlagen der Mathematik, 2 Bde., Berlin 1934/39.
98. *Hölder, O.*: Die mathematische Methode, Berlin 1924.
99. *Huizinga*, J.: Im Schatten von Morgen, Berlin und Leipzig 1935.
100. *Husserl*, E.: Logische Untersuchungen, Bd. I, 4. Aufl., Halle 1928.
101. *Hutchison*, T. W.: The Significance and basic Postulates of Economic Theory, London 1938.
102. *Jevons*, W. St.: Pure Logic or the Logic of Quality apart from Quantity, London-New York 1864.
103. *Jevons*, W. St.: Elementary Lessons in Logic, London 1870.
104. *Jevons*, W. St.: Principles of Science, 2 vols., London 1874.
105. *Jevons*, W. St.: The Theory of Political Economy, 2nd ed., London 1879, 4th ed. 1911.
106. *Jevons*, W. St.: La Théorie de l'Économie politique, franz. von H. E. Barrault und M. Alfassa, mit einem Vorwort von P. Painlevé, Paris 1909.
107. *Jevons*, W. St.: Die Theorie der politischen Ökonomie, übertr. v. O. Weinberger, Samml. sozw. Meist., Bd. XXIII, Jena 1923.
108. *Jordan*, P.: Die Physik des 20. Jahrhunderts, 7. Aufl., Braunschweig 1947.

109. *Jordan*, Z.: The Development of Mathematical Logic and Logical Positivism in Poland between the two Wars, London-New York-Toronto 1945.
110. *Juhos*, B.: Elemente der neuen Logik, Frankfurt-Wien 1950.
111. *Juhos*, B.: Das Wertgeschehen und seine Erfassung, Monographien zur philosophischen Forschung, Bd. XVIII, Meisenheim am Glan 1956.
112. *Kant*, I.: Gesammelte Schriften, hrsg. v. d. königl. preuß. Akad. d. Wiss., I. Abt., Bd. III: Kritik der reinen Vernunft (2. Aufl. 1787), Berlin 1904.
113. *Kaufmann*, F.: Methodenlehre der Sozialwissenschaften, Wien 1936.
114. *Keynes*, J. M.: The General Theory of Employment Interest and Money, London 1936.
115. *Keynes*, J. N.: The Scope and Method of Political Economy, 4th ed., London 1955.
116. *Kraft*, V.: Mathematik, Logik und Erfahrung, Wien 1947.
117. *Kraft* V.: Der Wiener Kreis. Der Ursprung des Neopositivismus, Wien 1950.
118. *Krelle*, W.: Theorie wirtschaftlicher Verhaltensweisen. Meisenheim-Wien 1953.
119. *Kröncke*, C.: Versuch einer Theorie des Fuhrwerks mit Anwendung auf den Straßenbau, Gießen 1802.
120. *Kröncke*, C.: Das Steuerwesen nach seiner Natur und seinen Wirkungen untersucht, Darmstadt und Gießen 1804.
121. *Kröncke*, C.: Anleitung zur Regulierung der Steuer, Gießen 1810.
122. *Kühne*, O.: Die mathematische Schule in der Nationalökonomie, Bd. I: Die italienische Schule (bis 1914). Sozialwissenschaftliche Forschungen, Abt. I, Bd. 8, Berlin und Leipzig 1928.
123. *Lang*, J.: Grundlinien der politischen Arithmetik, Kursk 1811.
124. *Lang*, J.: Über den obersten Grundsatz der politischen Ökonomie, Riga 1809.
125. *Lang*, J.: Historische Entwicklung der Deutschen Steuerverfassung, Riga 1793.
126. *Laue*, M. v.: Geschichte der Physik, Bonn 1947.
127. *Launhardt*, W.: Kommerzielle Trassierung der Verkehrswege, Hannover 1872.
128. *Launhardt*, W.: Das Massennivellement. 2. Aufl., Hannover 1877.
129. *Launhardt*, W.: Mathematische Begründung der Volkswirtschaftslehre, Leipzig 1885.
130. *Le Trosne:* De l'Ordre Social, Paris 1777.
131. *Ludwig*, G.: Grundlagen der Quantenmechanik, Berlin 1954.
132. *Mackenroth*, G.: Sinn und Ausdruck in der sozialen Formenwelt, Meisenheim am Glan 1952.
133. *Marshall*, A.: Principles of Economics, 8th ed., London 1920.
134. *Mazet*, C. E. du: Nouveaux principes d'Économie Politique, Paris 1849.
135. *Mazet*, C. E. du: De la Valeur, Paris 1851.
136. *Menger*, C.: Untersuchungen über die Methode der Sozialwissenschaften und der politischen Ökonomie insbesondere, Leipzig 1883.
137. *Menger*, K.: Moral, Wille und Weltgestaltung. Grundlegung zur Logik der Sitten, Wien 1934.
138. *Mill*, J. St.: A System of Logic Ratiocinative and Inductive, 2 vols., London 1843, 9th ed. 1875.

139. *Mill*, J. St.: Essays on some Unsettled Questions of Political Economy, London 1844.
140. *Mises*, L. v.: Nationalökonomie — Theorie des Handelns und des Wirtschaftens, Genf 1940.
141. *Mises*, L. v.: Human Action, New Haven 1949.
142. *Moll*, C. L.: Der Werth — eine neue Theorie desselben, Leipzig 1877.
143. *Moret*, J.: L'Emploi des Mathématiques en Économie Politique, Paris 1915.
144. *Münzhuber*, J.: Eine Einführung in die Philosophie, Nürnberg 1948.
145. *Neumann*, J. v., und O. *Morgenstern:* Theory of Games and Economic Behavior, 3rd. ed., Princeton 1953.
146. *Neurath*, O.: Wirtschaftsplan und Naturalrechnung, Berlin 1925.
147. *Neurath*, O.: Empirische Soziologie — Der wissenschaftliche Gehalt der Geschichte und Nationalökonomie, Schriften zur wissenschaftlichen Weltauffassung, Bd. V, Wien 1931.
148. *Neurath*, O.: Was bedeutet rationale Wirtschaftsbetrachtung? Wien 1935.
149. *Nogaro*, B.: La Méthode de l'Économie Politique, Paris 1939.
150. *Nogaro*, B.: La Valeur Logique des Théories Économiques, Paris 1947.
151. *Northrop*, F. S. C.: The Logic of the Sciences and the Humanities, New York 1947.
152. *Oncken*, A. (ed.): Oeuvres Économiques et Philosophiques de F. Quesnay, Frankfurt und Paris 1888.
153. *Pareto*, V.: Comment se pose le Problème de l'Économie Pure, Société Stella, Lausanne 1898.
154. *Pareto*, V.: Manuel d'Économie Politique, franz. v. A. Bonnet, Paris 1909.
155. *Pareto*, V.: Traité de Sociologie, 2 vols., hrsg. von P. Boven, Paris 1917.
156. *Pareto*, V.: Corso di Economia Politica, 2 vols., Torino 1949.
157. *Parsons*, T.: The Structure of Social Action. A Study in Social Theory with Special Reference to a Group of European Writers, 2nd ed., Glencoe, Ill., 1949.
158. *Parsons*, T., und E. A. *Shils:* Toward a General Theory of Action, Cambridge, Mass., 1951.
159. *Paulsen*, A.: Die Gestalt des Wirtschaftsmenschen in der theoretischen Nationalökonomie, Berlin 1949.
160. *Petty*, W.: Economic Writings, Vol. 1: Political Arithmetick, ed. by C. H. Hull, Cambridge 1899.
161. *Pigou*, A. C.: Memorials of Alfred Marshall, London 1925.
162. *Planck*, M.: Physikalische Gesetzlichkeit im Lichte neuerer Forschung, Leipzig 1926.
163. *Planck*, M.: Determinismus oder Indeterminismus? 2. Aufl., Leipzig 1948.
164. *Pohle*, L.: Die gegenwärtige Krisis in der deutschen Volkswirtschaftslehre, Leipzig 1911.
165. *Poincaré*, H.: Wissenschaft und Hypothese, 3. Aufl., Leipzig 1914.
166. *Poincaré*, H.: Der Wert der Wissenschaft, 3. Aufl., Leipzig und Berlin 1921.
167. *Popper*, K.: Logik der Forschung, Wien 1935.
168. *Popper*, K.: The Open Society and its Enemies, Princeton 1950.
169. *Ramsay*, F. P.: The Foundations of Mathematics and other Logical Essays, ed. by R. B. Braithwaite, London-New York 1931.

170. *Reichardt,* H.: Augustin A. Cournot — Sein Beitrag zur exakten Wirtschaftstheorie, Tübingen o. J. (1954).
171. *Reichenbach,* H.: Der Aufstieg der wissenschaftlichen Philosophie, Berlin o. J. (1951).
172. *Reidemeister,* K.: Geist und Wirklichkeit, Berlin-Göttingen-Heidelberg 1953.
173. *Reigrotzki,* E.: Exakte Wirtschaftstheorie und Wirklichkeit, Göttingen 1948.
174. *Ricardo,* D.: The Works and Correspondence of David Ricardo, Vol. I, ed. by P. Sraffa, Cambridge 1951.
175. *Riedle,* H.: Herrmann Heinrich Gossen, Winterthur 1953.
176. *Richter,* R.: Das Konkurrenzproblem im Oligopol, Berlin 1954.
177. *Robbins,* L.: An Essay on the Nature and Significance of Economic Science, 5th ed., London 1949.
178. *Rueff,* J.: Des Sciences Physiques aux Sciences Morales, Paris 1922.
179. *Russell, B.:* The Principlies of Mathematics, London 1903.
180. *Russel,* B.: Introduction to Mathematical Philosophy, London 1919.
181. *Russell,* B.: The Scientific Outlook, 2nd ed., London 1949.
182. *Sacher,* E.: Grundzüge einer Mechanik der Gesellschaft, I. theoretischer Teil, Jena 1881.
183. *Sagoroff,* S.: Wirtschaftsstatistik, Bd. I, Bern 1950.
184. *Samuelson,* P. A.: Foundations of Economic Analysis, Cambridge, Mass., 1948.
185. *Scheler,* M.: Gesammelte Werke, Bd. 5: Vom Ewigen im Menschen, 4. Aufl., Bern o. J. (1954).
186. *Schneider,* E.: Einführung in die Wirtschaftstheorie, Bd. I, 4. Aufl., Tübingen 1953.
187. *Scholz,* H.: Geschichte der Logik, Berlin 1931.
188. *Schumpeter,* J.: Das Wesen und der Hauptinhalt der theoretischen Nationalökonomie, Leipzig 1908.
189. *Schumpeter,* J.: Capitalism, Socialism and Democracy, 2nd ed., London 1947.
190. *Smith,* A.: An Inquiry into the Nature and Causes of the Wealth of Nations, ed. by E. Cannan, Vol. I, 4th ed., London 1925.
191. *Sombart,* W.: Die drei Nationalökonomien. Geschichte und System der Lehre von der Wirtschaft, München und Leipzig 1930.
192. *Spann,* O.: Die Haupttheorien der Volkswirtschaftslehre auf lehrgeschichtlicher Grundlage, 17. Aufl., Leipzig 1928.
193. *Stackelberg,* H. v.: Marktform und Gleichgewicht, Berlin-Wien 1934.
194. *Stein,* O.: Menge und Größe in der Wirtschaft, Berlin 1936.
195. *Tarski,* A.: Introduction to Logic and the Methodology of the Deductive Sciences, 2nd ed., New York 1946.
196. *Tarski,* A.: Logic, Semantics, Metamathematics, Oxford 1956.
197. *Thomas,* E.: Graf Georg von Buquoy. Ein Beitrag zur Geschichte der deutschen Nationalökonomie am Anfang des 19. Jahrhunderts. München und Leipzig 1929.
198. *Thünen,* J. H. v.: Der isolierte Staat in Beziehung auf Landwirtschaft und Nationalökonomie, hrsg. von H. Waentig, Samml. sozw. Meist., Bd. XIII, Jena 1930.
199. *Ulmer,* F.: Grunderkenntnisse einer allgemeinen Wirtschaftslehre, Salzburg 1948.

200. *Virgilii*, F., und C. *Garibaldi:* Introduzione alla Economia Matematica, Milano 1899.
201. *Volkenborn*, K.: Die theoretische Nationalökonomie als Geisteswissenschaft, Diss., Berlin 1928.
202. *Wagenführ*, H.: Der Systemgedanke in der Nationalökonomie, Jena 1933.
203. *Walras*, L.: Élements d'Économie Politique Pure ou Théorie de la Richesse Social, 4. Aufl., Paris und Lausanne 1900.
204. *Walras*, L.: Elements of Pure Economics or the Theory of Social Wealth, engl. von W. Jaffé, London o. J. (1954).
205. *Weinberg*, J. R.: An Examination of Logical Positivism, London 1936.
206. *Weinberger*, O.: Die Grenznutzenschule, Halberstadt 1926.
207. *Weinberger*, O.: Mathematische Volkswirtschaftslehre, Leipzig-Berlin 1930.
208. *Weyl*, H.: Das Kontinuum — Kritische Untersuchungen über die Grundlagen der Analysis, Leipzig 1918.
209. *Whewell*, W.: History of the Inductive Sciences from the Earliest to the Present Time, London 1837.
210. *Whewell*, W.: Philosophy of the Inductive Sciences, London 1840.
211. *Whitehead*, A. N.: Science and the Modern World, New York 1925, repr. 1952.
212. *Whitehead* A. N., und B. *Russel:* Principia Mathematica, 3 vols., Cambridge 1910/13.
213. *Winter*, A.: Kritik in der Nationalökonomie, Berlin 1936.
214. *Wittgenstein*, L.: Tractatus Logico-Philosophicus, London 1922, 6th ed., 1955.
215. *Zawadski*, W.: Les Mathématiques Apliquées a l'Économie Politique, Paris 1914.
216. *Zilsel*, E.: Das Anwendungsproblem. Ein philosophischer Versuch über das Gesetz der großen Zahl und die Induktion, Leipzig 1916.

B. Sammelwerke und Beiträge in Sammelwerken

a) Sammelwerke (mit Abkürzungen)

Actes du Congrès International de Philosophie Scientifique, 7 Fasc., Paris 1936. *ACIPS*

Actes du Huitième Congrès de Philosophie à Prague, Prag 1936. *AHCIP*

Mathematical Thinking in the Social Sciences, hrsg. von P. F. Lazarsfeld, Glencoe, Ill., 1954.

Readings in Philosophical Analysis, hrsg. von H. Feigl und W. S. Sellars, New York 1949. *RPA*

Readings in the Philosophy of Science, hrsg. von H. Feigl und M. Brodbeck, New York 1953. *RPS*

Science Language and Human Rights, American Philosophical Association, Eastern Division, Vol. I, Philadelphia 1952. *SLHR*

The Policy Sciences — Recent Developments in Scope and Method, hrsg. von D. Lerner, H. D. Lasswell et al., Stanford 1951. *Policy Sciences*

b) Beiträge in Sammelwerken

217. *Abel*, Th.: „The Operation called Verstehen", *RPS*, S. 677 ff.
218. *Arrow*, K. J.: „Mathematical Models in the Social Scienes", *Policy Sciences*, S. 129 ff.

219. *Bergmann,* H.: „Zur Geschichte und Kritik der isomorphen Abbildung“, *ACIPS,* Fasc. VII, S. 65 ff.
220. *Brunswick,* E.: „Psychologie als objektive Beziehungswissenschaft“, *ACIPS,* Fasc. II, S. 15 ff.
221. *Campbell,* N. R.: „The Structure of Theories“, *RPS,* S. 288 ff.
222. *Carnap,* R.: „Von der Erkenntnistheorie zur Wissenschaftslogik“, *ACIPS,* Fasc. I, S. 36 ff.
223. *Carnap,* R.: „Über die Einheitssprache der Wissenschaft“, *ACIPS,* Fasc. II, S. 60 ff.
224. *Carnap,* R.: „Foundations of Logic and Mathematics“, International Encyclopedia of Unified Science, Vol. I, No. 3, Chicago 1939.
225. *Carnap,* R.: „Logical Foundations of the Unity of Science“, International Encyclopedia of Unified Science, Vol. I, No. 1, 5th impr., Chicago 1952, S. 42 ff.
226. *Cohen,* M. R.; und E. *Nagel:* „The Nature of a Logical or Mathematical System“, *RPS,* S. 129 ff.
227. *Deuring,* M.: „Sinn und Bedeutung der mathematischen Erkenntnis“, Das Problem der Gesetzlichkeit, hrsg. von der J. Jungius-Gesellschaft, Bd. II, Hamburg 1949, S. 25 ff.
228. *Einstein,* A.: „Geometry and Experience“, *RPS,* S. 189 ff.
229. *Feigl,* H.: „Logical Empiricism“, *RPA,* S. 3 ff.
230. *Frege,* G.: „Was ist eine Funktion?“, Festschrift für L. Boltzmann, Leipzig 1904, S. 656 ff.
231. *Gibrat,* R.: La sciene économique — méthodes et philosophie“, *ACIPS,* Fasc. II, S. 22 ff.
232. *Grelling,* K.: „Der Einfluß der Antinomien auf die Entwicklung der Logik im 20. Jahrhundert“, Travaux du IXème Congrès International de Philosophie, Fasc. VI, Paris 1937, S. 8 ff.
233. *Guitton,* H.: „L’objet de l’Économie Politique“, Bilans de la Connaissance Économique, Tome II, hrsg. von R. Mossé, Paris 1953.
234. *Hempel,* C. G.: „Geometry and Empirical Science“, *RPA,* S. 248 ff.
235. *Hempel,* C. G.: „The Fundamentals of Concept Formation in Empirical Science“, International Encyclopedia of Unified Science, Vol. II, No. 7, Chicago 1952.
236. *Hempel,* C. G.: „Problems of Concept and Theory Formation in the Social Sciences“, *SLHR,* S. 65 ff.
237. *Hempel,* C. G.: „On the Nature of Mathematical Truth“, *RPS,* S. 148 ff.
238. *Hermes,* H., und H. *Scholz:* „Mathematische Logik“, Enzyklopädie der Mathematischen Wissenschaften mit Einschluß ihrer Anwendungen, Bd. I, 1, Heft 1, Teil I, 2. Aufl., Leipzig 1952.
239. *Hilbert,* D.: „Über die Grundlagen der Logik und der Arithmetik“, Verhandlungen des 3. Internationalen Mathematiker-Kongresses, Leipzig 1905, S. 174 ff.
240. *Hilgard,* E. R., und D. *Lerner:* „The Person: Subject and Object of Science and Policy“, *Policy Sciences,* S. 16 ff.
241. *Ingarden,* R.: „Der logische Versuch einer Neugestaltung der Philosophie“, *AHCIP,* S. 203 ff.
242. *Jordan,* P.: „Mathematik und Naturgesetzlichkeit“, Das Problem der Gesetzlichkeit, hrsg. von der J. Jungius-Gesellschaft, Bd. II, Hamburg 1949, S. 67 ff.
243. *Jørgensen,* J.: „Die logischen Grundlagen der Wissenschaften“, *AHCIP,* S. 100 ff.

244. *Jørgensen,* J.: „The Development of Logical Empiricism", International Encyclopedia of Unified Science, Vol. II, No. 9, Chicago 1951.
245. *Kaufmann,* F.: „Die Bedeutung der logischen Analyse für die Sozialwissenschaften", *AHCIP,* S. 209 ff.
246. *Kempski,* J. v.: „Auf dem Wege zur Mathematik", in: Deutscher Geist zwischen gestern und morgen, hrsg. von J. Moras und H. Paeschke, Stuttgart 1954, S. 281 ff.
247. *Kempski,* J. v.: Art. „Sozialwissenschaft" in: Handwörterbuch der Sozialwissenschaften, Bd. IX, Tübingen-Stuttgart-Göttingen 1955.
248. *Knight,* F. H.: „The Limitations of Scientific Method in Economics", The Trend of Economics, hrsg. von R. Tugwell, New York 1924, S. 229 ff.
249. *Kobylecki,* S. A.: „Relation as a Primitive and Fundamental Idea of Mathematical Logic and of Philosophy", *AHCIP,* S. 226 ff.
250. *Kraft,* J.: „Die Geisteswissenschaften als Naturwissenschaften", *AHCIP,* S. 217ff.
251. *Łukasiewicz,* J.: „Bedeutung der logischen Analyse für die Erkenntnis", *AHCIP,* S. 75 ff.
252. *Mangold,* G.: „Methodologische Anmerkungen zur theoretischen Ökonomie", Festgabe für Georg Jahn, hrsg. von K. Muhs, Berlin 1955, S. 359 ff.
253. *Mayer,* H.: „Der Erkenntniswert der funktionellen Preistheorien", Wirtschaftstheorie der Gegenwart, Bd. II, hrsg. von H. Mayer, Wien 1932.
254. *Menger,* K.: „Die neue Logik", Krise und Neuaufbau in den exakten Wissenschaften, Leipzig und Wien 1933.
255. *Menger,* K.: „Einige neuere Fortschritte in der exakten Behandlung sozialwissenschaftlicher Probleme", Neuere Fortschritte in den exakten Wissenschaften, Leipzig und Wien 1936.
256. *Morgenstern,* O.: „Mathematical Economics", Encyclopedia of the Social Sciences, ed. by E. R. A. Seligman und A. Johnson, Vol. V/VI, repr. New York 1951, S. 364 ff.
257. *Morris,* Ch. W.: „Scientific Empiricism", International Encyclopedia of Unified Science, Vol. I, No. 1, 5th impr., Chicago 1952, S. 63 ff.
258. *Nagel,* E.: „Logic without Ontology", RPA, S. 191 ff.
259. *Nagel,* E.: „Problems of Concept and Theory Formation in the Social Sciences" *SLHR,* S. 43 ff.
260. *Neurath,* O.: „Foundations of the Social Sciences", International Encyclopedia of Unified Sciences, Vol. II, No. 1, Chicago 1944.
261. *Pareto,* V.: „Anwendung der Mathematik auf Nationalökonomie", Enzyklopädie der Mathematischen Wissenschaften, Bd. I, 2, Leipzig 1900/04, S. 1094 ff.
262. *Pareto,* V.: „Economie mathématique", Encyclopédie des Sciences Mathématiques, Tome I, Vol. IV, Fasc. 4, Paris 1911; abgedr. in engl. Übers. von J. I. Griffin in: Int. Ec. Pap., Vol. 5 (1955), S. 58 ff.
263. *Parsons,* T.: „Die Stellung der Soziologie innerhalb der Sozialwissenschaften", Die Einheit der Sozialwissenschaften, hrsg. von W. Bernsdorf und G. Eisermann, Stuttgart 1955, S. 64 ff.
264. *Peter,* H.: „Weltanschauung und Einheit der Wissenschaft — Bemerkungen zu Methodenfragen der Sozialwissenschaften", Die Einheit der Sozialwissenschaften, hrsg. von W. Bernsdorf und G. Eisermann, Stuttgart 1955, S. 4 ff.

265. *Reichenbach,* H.: „Probability Methods in Social Science“, *Policy Sciences,* S. 121 ff.
266. *Rothacker,* E.: Diskussionsbeitrag zu W. Sombarts Vortrag auf dem Sechsten Deutschen Soziologentag, Schriften der Deutschen Gesellschaft für Soziologie, Serie 1, Bd. VI, Tübingen 1929, S. 235 ff.
267. *Rothacker,* E.: „Logik und Systematik der Geisteswissenschaften“, Handbuch der Philosophie, hrsg. von A. Baeumler und M. Schröter, München und Berlin 1926.
268. *Ruggles,* R.: „Methodological Development“, A Survey of Contemporary Economics, Vol. II, Homewood, Ill. 1952, S. 409 ff.
269. *Schischkoff,* G.: „Die gegenwärtige Logistik und Leibniz“, Beiträge zur Leibniz-Forschung, Bd. I, Reutlingen 1947, S. 224 ff.
270. *Schmidt,* A.: „Mathematische Grundlagenforschung“, Enzyklopädie der Mathematischen Wissenschaften mit Einschluß ihrer Anwendungen, Bd. I, 1, Heft 1, Teil II, Leipzig 1950.
271. *Schmoller,* G.: Art. „Volkswirtschaft, Volkswirtschaftslehre und -methode“, Handwörterbuch der Staatswissenschaften, 3. Aufl., Bd. VIII.
272. *Scholz,* H.: „Die klassische deutsche Philosophie und die neue Logik“, *ACIPS,* Fasc. VIII, S. 1 ff.
273. *Sombart,* W.: „Das Verstehen“, Verhandlungen des Sechsten Deutschen Soziologentages, Schriften der Deutschen Gesellschaft für Soziologie, Serie 1, Bd. VI, Tübingen 1929, S. 208 ff.
274. *Sommer,* L.: „Das geisteswissenschaftliche Phänomen des Methodenstreits“, Festschrift für Carl Grünberg und als Sonderabdruck, Leipzig 1932.
275. *Tarski,* A.: „Über den Begriff der logischen Folgerung“, *ACIPS,* Fasc. VII, S. 1 ff.
276. *Tarski,* A.: „The Semantical Conception of Truth“, *RPA,* S. 52 ff.
277. —: „Volkswirtschaftliche Regelungsvorgänge im Vergleich zu Regelungsvorgängen der Technik“, Vorträge aus einer gleichlautenden Tagung, die vom Haus der Technik, Essen, und von der VDI-VDE-Fachgruppe Regelungstechnik am 3. und 4. März 1955 in Essen veranstaltet wurde, zusammengestellt von H. Geyer und W. Oppelt, München 1957.
278. *Walter,* E. J.: „Prolegomena einer Axiomatik der Gesellschaftswissenschaften“, *ACIPS,* Fasc. II, S. 50 ff.
279. *Weber,* M.: „Wirtschaft und Gesellschaft“, Grundriß der Sozialökonomik, 3. Abt., 1. und 2. Halbbd., 3. Aufl., Tübingen 1947.
280. *Weyl,* H.: „Philosophie der Mathematik und der Naturwissenschaft“. Handbuch der Philosophie, hrsg. von A. Baeumler und M. Schröter, München und Berlin 1927.
281. *Woodger,* J. T.: „The Technique of Theory Construction“, International Encyclopedia of Unified Science, Vol. II, No. 5, Chicago 1949.

C. Beiträge in periodischen Veröffentlichungen und Zeitschriften

a) Beiträge in periodischen Veröffentlichungen

282. *Bernoulli,* D.: Specimen theoriae novae de mensura sortis, Commentarii Academia Scientiarum Imperialis Petropolitanae, Vol. 5 (1738), S. 175 ff.
283. *Bollnow,* O. F.: Die Methode der Geisteswissenschaften, Mainzer Universitätsreden, Heft 16/17, Mainz 1950.

284. *Carnap,* R.: Die Aufgaben der Wissenschaftslogik, Einheitswissenschaft, Heft 3, Wien 1934.
285. —: Ergebnisse eines mathematischen Kolloquiums, Heft 6, Leipzig und Wien 1935.
286. *Fisher,* I.: Mathematical Investigations in the Theory of Value and Price, Transactions of the Connecticut Academy, Vol. 9 (1892). Neudruck New Haven 1925.
287. *Furlan,* V.: Die Lehre vom wirtschaftlichen Gleichgewicht, Schriften des Vereins für Sozialpolitik, Bd. 183, I (1931), S. 45 ff.
288. *Hahn,* H.: Logik, Mathematik und Naturerkennen, Einheitswissenschaft, Heft 2, Wien 1933.
289. *Hecht,* L.: A. Cournot und L. Walras, ein formaler und materialer Vergleich wirtschaftstheoretischer Ableitungen, Heidelberger Studien, Bd. I, Heft 6, Heidelberg 1930.
290. *Koch,* W.: Die Bedeutung der theoretischen Ökonomik für die allgemeine Soziologie, Recht und Staat in Geschichte und Gegenwart, No. 188, Tübingen 1953.
291. *Kraft,* V.: Die Grundformen der wissenschaftlichen Methoden, Sitzungsberichte der Akademie der Wissenschaften in Wien, phil.-hist. Kl., Bd. 203, III, Wien 1926.
292. *Morgenstern,* O.: Die drei Grundtypen der Theorie des subjektiven Wertes, Schriften des Vereins für Sozialpolitik, Bd. 183, I (1931), S. 3 ff.
293. *Scholz,* H.: Was ist ein Kalkül und was hat Frege für eine pünktliche Beantwortung dieser Frage geleistet?, Semesterberichte zur Pflege des Zusammenhanges von Universität und Schule, hrsg. von H. Behnke, 7. Sem., Sommer 1935, S. 16 ff.
294. *Schröter,* K.: Ein allgemeiner Kalkülbegriff, Forschungen zur Logik und zur Grundlegung der exakten Wissenschaften, Heft 6, Leipzig 1941.
295. *Walther,* A.: Begriff und Anwendungen des Differentials mit besonderer Berücksichtigung der Bedürfnisse des Unterrichts und der Naturwissenschaften, Beihefte zur Ztschr. f. Math. u. Natw. Unterr., No. 14, Leipzig und Berlin 1929.
296. *Whewell,* W.: Mathematical Exposition of some Doctrines of Political Economy, Cambridge Philosophical Transactions, Vol. 3 (1829), S. 191 ff.
297. *Whewell,* W.: Mathematical Exposition of some Leading Doctrines of Mr. Ricardo's „Principles", Cambridge Philosophical Transactions, Vol. 4 (1831), S. 155 ff.
298. *Whewell,* W.: Second Memory, Cambridge Philosophical Transactions, Vol. 9 (1850), S. 128 ff.

b) Beiträge in Zeitschriften

299. *Abruzzi,* A.: „Problems of Inference in the Socio-Physical Sciences", The Journ. of Phil., Vol. 51 (1954), S. 537 ff.
300. *Ajdukiewicz,* K.: „Sprache und Sinn", Erkenntnis, Bd. 4 (1934), S. 100 ff.
301. *Åkerman,* J.: „Ekonomisk kalkyl och kausalanalys", Ekonomisk Tidsskrift 1942, engl. in Int. Ec. Pap., Vol. 4 (1954), S. 181 ff.
302. *Albert,* E. M.: „Causality in the Social Sciences", The Journ. of Phil., Vol. 51 (1954), S. 695 ff.
303. *Albert,* H.: „Logische Analyse und ökonomische Theorie", Schw. Ztschr. f. Vw. u. Stat., Bd. 91 (1955), S. 216 ff.

304. *Albert*, H.: „Entmythologisierung der Sozialwissenschaft", Köln. Ztschr. f. Soz. u. Sozpsych., Bd. 8 (1956), S. 243 ff.
305. *Allais*, M.: „L'emploi des mathématiques en économique", Metroeconomica, Vol. 1 (1949), S. 63 ff.
306. *Allais*, M.: „Puissance et dangers de l'utilisation de l'outil mathématique en économique", Econometrica, Vol. 22 (1954), S. 58 ff.
307. *Altschul*, E., und E. *Bieser*: „Probability Models in Modern Physics and their Methodological Significance for Social Sciences", Jhrb. f. Natök. u. Stat., Bd. 166 (1954), S. 20 ff.
308. *Amoroso*, L.: „Vilfredo Pareto", Econometrica, Vol. 6 (1938), S. 1 ff.
309. *Apel*, K. O.: „Das Verstehen (eine Problemgeschichte als Begriffsgeschichte)", Arch. f. Begriffsgesch., Bd. 1 (1955), S. 142 ff.
310. *Arias*, G.: „Les précurseurs de l'économie monétaire en Italie", Rev. d'Econ. Pol., Vol. 37 (1922), S. 740 ff.
311. *Bagiotti*, T.: „Reminiszenzen anläßlich des hundertsten Jahrestages des Erscheinens des Buches von Gossen", Ztschr. f. Natök., Bd. 17 (1957), S. 39 ff.
312. *Bayer*, H.: „Lausanner und Österreichische Schule der Nationalökonomie. Zur Methode und Problemstellung der reinen Wirtschaftstheorie", Ztschr. f. d. ges. Stw., Bd. 86 (1929), S. 491 ff.
313. *Behmann*, H.: „Sind die mathematischen Urteile analytisch oder synthetisch?", Erkenntnis, Bd. 4 (1934), S. 1 ff.
314. *Bernays*, P.: „Die Philosophie der Mathematik und die Hilbertsche Beweistheorie", Bl. f. Dtsch. Phil., Bd. 4 (1930/31), S. 326 ff.
315. *Bernoulli*, D.: „Exposition of a New Theory on Measurement of Risk", Econometrica, Vol. 22 (1954), S. 23 ff.
316. *Bertrand*, J.: Rezension von A. A. Cournots Recherches, Journal des Savants, 1883, S. 499 ff.
317. *Beshers*, J.: „Models and Theory Construction", Am. Soc. Rev., Vol. 22 (1957), S. 32 ff.
318. *Beth*, E. W.: „Die Stellung der Logik im Gebäude der heutigen Wissenschaft", Studium Generale, Bd. 8 (1955), S. 425 ff.
319. *Beyerhaus*, G.: „Gossen und seine Zeit", Ztschr. f. Vw. u. Sozpol., N. F., Bd. 5 (1926), S. 522 ff.
320. *Bodenhorn*, D.: „The Problem of Economic Assumptions in Mathematical Economics", The Journ. of Pol. Ec., Vol. 64 (1956), S. 25 ff.
321. *Boehmert*, W.: „W. Stanley Jevons und seine Bedeutung für die Theorie der Volkswirtschaftslehre in England", Schm. Jhrb., Bd. 15 (1891), S. 711 ff.
322. *Bordas*, Ch.: „De la mesure de l'utilité des travaux publics", Ann. des Ponts et Chaussées, Vol. 13 (1847, I).
323. *Boulding*, K. A.: „The Role of Mathematics in Economics", The Journ. of Pol. Ec., Vol. 56 (1948), pp. 187 ff.
324. *Brems*, H.: „Mathematik und Wirtschaftstheorie", Jhrb. f. Natök. u. Stat., Bd. 168 (1956), S. 337 ff.
325. *Brunner*, K.: „Gravitationszentrum und dynamischer Ablauf", Kyklos, Bd. 4 (1950), S. 24 ff.
326. *Burchardt*, F.: „Die Schemata des stationären Kreislaufs bei Böhm-Bawerk und Marx", W.W.A., Bd. 34 (1931), S. 526 ff. und Bd. 35 (1932), S. 116 ff.
327. *Carnap*, R.: „Die alte und die neue Logik", Erkenntnis, Bd. 1 (1930/31), S. 12 ff.

328. *Carnap, R.*: „Die Mathematik als Zweig der Logik", Bl. f. Dtsch. Phil., Bd. 4 (1930/31), S. 298 ff.
329. *Carnap, R.*: „Die logizistische Grundlegung der Mathematik", Erkenntnis, Bd. 2 (1931), S. 91 ff.
330. *Carnap, R.*: „Die physikalische Sprache als Universalsprache der Wissenschaft", Erkenntnis, Bd. 2 (1931), S. 432 ff.
331. *Carnap, R.*: „Formalwissenschaft und Realwissenschaft", Erkenntnis, Bd. 5 (1935), S. 30 ff.
332. *Cherry, C.*: „On the Mathematics of Social Communications", Int. Soc. Sc. Bull., Vol. 6 (1954), S. 609 ff.
333. *Clark, J. M.*: „Mathematical Economists and others: A Plea for Communicability", Econometrica, Vol. 15 (1947), S. 75 ff.
334. *Croce, B.*: „Sul principio economico", Giorn. d. Econ., 1900, II, S. 15 ff. Engl. in Int. Ec. Pap., Vol. 3 (1953), S. 172 ff.
335. *Croce, B.*: „Replica all'articolo del Professore Pareto", Giorn. d. Econ., 1901, I, S. 121 ff. Engl. in Int. Ec. Pap., Vol. 3 (1953), S. 197 ff.
336. *Dubislav, W.*: „Über das Verhältnis der Logik zur Mathematik", Ann. d. Phil., Bd. 5 (1925), S. 193 ff.
337. *Dubislav, W.*: „Die sog. Grundlagenkrise der Mathematik", Unterrichtsbl. f. Math. u. Natw., Bd. 37 (1931), S. 146 ff.
338. *Dupuit, E.-J.*: „De la mesure de l'utilité des travaux publiques", Ann. des Ponts et Chaussées, 2ème série, Vol. 8 (1844, II), S. 332 ff. Engl. in Int. Ec. Pap., Vol. 2 (1952), S. 83 ff.
339. *Dupuit, E.-J.*: „De l'influence des péages sur l'utilité des voies de communications", Ann. des Ponts et Chaussées, 2ème série, Vol. 17 (1849, I), S. 170 ff.
340. *Dürr, K.*: „Die Einheit der Wissenschaften", Erkenntnis, Bd. 7 (1937/38), S. 65 ff.
341. *Dürr, K.*: „Die mathematische Logik von Leibniz", Studia Philosophica, Bd. 7 (1947), S. 87 ff.
342. *Eisermann, G.*: „Bemerkungen über das Verhältnis zwischen ökonomischer Theorie und sozio-ökonomsicher Struktur", Ztschr. f. d. ges. Stw., Bd. 110 (1954), S. 457 ff.
343. *Eulenburg, F.*: „Naturgesetze und soziale Gesetze", Arch. f. Sozw. u. Sozpol., Bd. 31 (1910), S. 711 ff. u. Bd. 32 (1911), S. 689 ff.
344. *Evans, G. C.*: „The Mathematical Theory of Economics", The Am. Math. Month., Vol. 32 (1925), S. 104 ff.
345. *Feuer, L. S.*: „Causality in the Social Sciences", The Journ. of Phil., Vol. 51 (1954), S. 681 ff.
346. *Fisher, I.*: „Mathematical Method in the Social Sciences", Econometrica, Vol. 9 (1941), S. 185 ff.
347. *Föhl, C.*: „Kritik der progressiven Einkommensbesteuerung", Finanzarch., N. F., Bd. 14 (1953/54), S. 88 ff.
348. —: Fortune, März 1952.
349. *Fraenkel, A.*: „Das Problem des Unendlichen in der neueren Mathematik", Bl. f. Dtsch. Phil., Bd. 4 (1930/31), S. 279 ff.
350. *Franz, W.*: „Modell, Anschauung und Wirklichkeit in der Physik", Math.-Phys. Sember., Bd. 3 (1953), S. 48 ff.
351. *Fréchet, M.*: „Dégager les possibilités et les limites de l'application des sciences mathématiques (et en particulier du calcul des probabilités) à l'étude des phénomènes économiques et sociaux", Rev. de l'Inst. Int. de Stat., Vol. 14 (1946), S. 16 ff.

352. *Frey*, G.: „Das Residuum der natürlichen Sprache", Methodos, Vol. 3 (1951), S. 1 ff.
353. *Freytag-Löringhoff*, B. v.: „Über die Bedeutung der Mathematik für die Philosophie", Studium Generale, Bd. 6 (1953), S. 600 ff.
354. *Freytag-Löringhoff*, B. v.: „Das Verstehen in den exakten Wissenschaften", Arch. f. Rechts- u. Sozphil., Bd. 39 (1950/51), S. 63 ff.
355. *Frisch*, R.: „Monopole — polypole — la notion de force dans l'économie", Nationaløkonomisk Tidsskrift, 1933 suppl. (Festschrift für H. Westergaard), engl. in Int. Ec. Pap., Vol. 1 (1950), S. 23 ff.
356. *Fueter*, W.: „Das Jahrhundert der Mathematik", Forsch. u. Fortschr., Bd. 14 (1938), S. 381 ff.
357. *Fürstenberg*, F.: „Die soziologische Dimension wirtschaftstheoretischer Aussagen", Ztschr. f. d. Ges. Stw., Bd. 112 (1956), S. 398 ff.
358. —: Giorn. d. Econ., Vol. 65 (1924), (Sonderheft V. Pareto), S. 1 ff.
359. *Goldiner*, F.: „Kausalität und Funktionalität in der Wirtschaftstheorie", Ztschr. f. Natök., Bd. 10 (1944), S. 446 ff. u. 561 ff.
360. *Gordon*, H. S.: „The Pragmatic Basis of Economic Theory", The Can: Journ. of Ec. and Pol. Sc., Vol. 16 (1950), S. 475 ff.
361. *Grunau*, J.: „Rationalprinzip, Wirtschaftsrechnung und Wirtschaftssystem", W.W.A., Bd. 64 (1950, I), S. 255 ff.
362. *Haavelmo*, T.: „The Probability Approach in Econometrics", Econometrica, Vol. 12 suppl. (1944), S. 1 ff.
363. *Hagstroem*, K. G.: „Pure Economics as a Stochastical Theory", Econometrica, Vol. 6 (1938), S. 40 ff.
364. *Hahn*, H.: „Die Bedeutung der wissenschaftlichen Weltauffassung, insbesondere für Mathematik und Physik", Erkenntnis, Bd. 1 (1930/31), S. 96 ff.
365. *Hartmann*, B.: „Mathematik und Betriebswirtschaft", Ztschr. f. Betrw., Bd. 23 (1953), S. 73 ff.
366. *Hasse*, H.: „Mathematik als Geisteswissenschaft und Denkmittel der exakten Naturwissenschaften", Studium Generale, Bd. 6 (1953), S. 392 ff.
367. *Hermes*, H.: „Über den Begriff der Grenze in der Mathematik", Studium Generale, Bd. 5 (1952), S. 585 ff.
368. *Heyting*, A.: „Die intuitionistische Grundlegung der Mathematik", Erkenntnis, Bd. 2 (1931), S. 106 ff.
369. *Hilbert*, D.: „Axiomatisches Denken", Math. Ann., Bd. 78 (1918), S. 405 ff.
370. *Hilbert*, D.: „Die logischen Grundlagen der Mathematik", Math. Ann., Bd. 88 (1923), S. 151 ff.
371. *Holzapfel*, W.: „Bemerkungen zur Wissenschaftslehre des Wiener Kreises", Erkenntnis, Bd. 7 (1937/38), S. 45 ff.
372. *Husserl*, E.: „Philosophie als strenge Wissenschaft", Logos, Bd. 1 (1910).
373. *Hutchison*, T. W.: „Theoretische Ökonomie als Sprachsystem", Ztschr. f. Natök., Bd. 8 (1937), S. 78 ff.
374. *Ischboldin*, B.: „Die statischen und dynamischen Modelle in der modernen Wirtschaftstheorie", Schm. Jhrb., Bd. 76 (1956), S. 33 ff.
375. *Jäger*, H.: „Der Systemzusammenhang der ökonomischen Größen", Finanzarch., Bd. 7 (1940), S. 428 ff.
376. *Jørgensen*, J.: „Über die Ziele und Probleme der Logistik", Erkenntnis, Bd. 3 (1932/33), S. 73 ff.

377. *Juhos,* B.: „Bemerkungen zur Wissenschaftstheorie des Physikalismus", Erkenntnis, Bd. 4 (1934), S. 397 ff.

378. *Juhos,* B.: „Die neue Logik als Voraussetzung wissenschaftlicher Erkenntnis", Studium Generale, Bd. 6 (1953), S. 593 ff.

379. *Juhos,* B.: „Die erkenntnisanalytische Methode", Ztschr. f. Phil. Forsch., Bd. 6 (1951/52), S. 42 ff.

380. *Kaufmann,* F.: „Logik und Wirtschaftswissenschaft. Eine Untersuchung über die Grundlagen der ökonomischen Theorie", Arch. f. Sozw. u. Sozpol., Bd. 54 (1925), S. 614 ff.

381. *Kaufmann,* F.: „Bemerkungen zum Grundlagenstreit in Logik und Mathematik", Erkenntnis, Bd. 2 (1931), S. 262 ff.

382. *Kaufmann,* F.: „Was kann die mathematische Methode in der Nationalökonomie leisten?", Ztschr. f. Natök., Bd. 2 (1931), S. 754 ff.

383. *Kempski,* J. v.: „Wie ist Theorie der Politik möglich?", Ztschr. f. d. ges. Stw., Bd. 106 (1950), S. 447 ff.

384. *Kempski,* J. v.: „Zur Logik der Ordnungsbegriffe, besonders in den Sozialwissenschaften", Studium Generale, Bd. 5 (1952), S. 205 ff.

385. *Kempski,* J. v.: „Handlung, Maxime und Situation. Zur logischen Analyse der mathematischen Wirtschaftstheorie", Studium Generale, Bd. 7 (1954), S. 60 ff.

386. *Kempski,* J. v.: „Über die Einheit der Sozialwissenschaft", Ztschr. f. d. ges. Stw., Bd. 112 (1956), S. 385 ff.

387. *Kempski,* J. v.: „Der Aufbau der Erfahrung und das Handeln", Arch. f. Phil., Bd. 6 (1956/57), S. 177 ff.

388. *Kneser,* H.: „Soziologie und Wirtschaftswissenschaft in heutiger mathematischer Behandlung", Studium Generale, Bd. 6 (1953), S. 666 ff.

389. *Kraft,* J.: „Soziale Erscheinungen als Naturerscheinungen", Köln. Vjhrsh. f. Soz., Bd. 8 (1929/30), S. 273 ff.

390. *Kraft,* J.: „Das Problem der Geisteswissenschaft", Erkenntnis, Bd. 6 (1936), S. 211 ff.

391. *Kraft,* V.: „Einheit der Wissenschaft", Studium Generale, Bd. 9 (1956), S. 333 ff.

392. *Krelle,* W.: „Wirtschaftstheorie als Mathematik. Bemerkungen zu Paul Anthony Samuelsons Foundations of Economic Analysis", Jhrb. f. Natök. u. Stat., Bd. 163 (1951), S. 49 ff.

393. *Krelle,* W.: „Die Grenzanalyse in der Nationalökonomie", Studium Generale, Bd. 5 (1952), S. 594 ff.

394. *Kuenne,* R. R.: „Walras, Leontief, and the Interdependence of Economic Activities", Quart. Journ. of Ec., Vol. 68 (1954), S. 323 ff.

395. *Kühne,* O.: „Über die mathematische Methode in der deutschen theoretischen Nationalökonomie. Eine literarhistorisch-kritische Studie", Jhrb. f. Natök. u. Stat., Bd. 123 (1925), S. 653 ff.

396. *Lamprecht,* A.: „Vom Sachgut zur sozialen Willensfunktion", Jhrb. f. Natök. u. Stat., Bd. 127 (1927), S. 577 ff.

397. *Landgrebe,* L.: „Vom geisteswissenschaftlichen Verstehen", Ztschr. f. Phil. Forsch., Bd. 6 (1951/52), S. 3 ff.

398. *Lange,* O.: „Die allgemeine Interdependenz der Wirtschaftsgrößen und die Isolierungsmethode", Ztschr. f. Natök., Bd. 4 (1933), S. 52 ff.

399. *Launhardt,* W.: „Der zweckmäßigste Standort einer gewerblichen Anlage", Ztschr. d. V.D.I., 1882.

400. *Launhardt,* W.: „Wirtschaftliche Fragen des Eisenbahnwesens", Centralbl. d. Bauernverw., 1883.

401. *Leigh,* H. A.: „Von Thünen's Theory of Distribution and the Advent of Marginal Analysis", The Journ. of Pol. Ec., Vol. 54 (1946), S. 481 ff.
402. *Leone,* E.: „Leon Walras und die hedonistisch-mathematische Schule von Lausanne", Arch. f. Sozw. u. Sozpol., Bd. 32 (1911), S. 36 ff.
403. *Leontief,* W.: „Mathematics in Economics", Bull. of the Am. Math. Soc., Vol. 60 (1954), S. 215 ff.
404. *Lévi-Strauss,* C.: „The Mathematics of Man", Int. Soc. Sc. Bull., Vol. 6 (1954), S. 581 ff.
405. *Lewin,* K.: „Der Übergang von der aristotelischen zur galileischen Denkweise in Biologie und Psychologie", Erkenntnis, Bd. 1 (1930/31), S. 421 ff.
406. *Liefmann-Keil,* E.: „Leibniz und Cournot", Ztschr. f. Natök., Bd. 9 (1939), S. 505 ff.
407. *Linke,* P. F.: „Was ist Logik?", Ztschr. f. Phil. Forsch., Bd. 6 (1951/52), S. 372 ff.
408. *Löffelholz,* J.: „Die Betriebswirtschaftslehre — eine Kunstlehre?", Ztschr. f. Betrw., Bd. 23 (1953), S. 531 ff.
409. *Löffelholz,* J.: „Mathematik und Betriebswirtschaft", Ztschr. f. Betrw., Bd. 25 (1955), S. 385 ff.
410. *Löwe,* A.: „Über den Sinn und die Grenzen verstehender Nationalökonomie", W.W.A., Bd. 36 (1932, II), Schrifttum, S. 149 ff.
411. *Löwe,* A.: „On the Mechanistic Approach in Economics", Soc. Res., Vol. 18 (1951), S. 403 ff.
412. *Machlup,* F.: „Why bother with Methodology?", Economica, N. S., Vol. 3 (1936), S. 39 ff.
413. *Machlup,* F.: „Marginal Analysis and Empirical Research", Am. Ec. Rev., Vol. 36 (1946), S. 519 ff.
414. *Machlup,* F.: „The Characteristics and Classifications of Oligopoly", Kyklos, Bd. 5 (1951/52), S. 145 ff.
415. *Machlup,* F.: „Oligopolistic Indeterminacy", W.W.A., Bd. 68 (1952, II), S. 1 ff.
416. *Machlup,* F.: „The Problem of Verification in Economics", So. Ec. Journ., Vol. 22 (1955/56), S. 1 ff.
417. *Mackenroth,* G.: „Über den Versuch eines ökonomischen Gleichungssystems auf mathematischer Grundlage", W.W.A., Bd. 33 (1931, I), Schrifttum, S. 163 ff.
418. *Marchal,* J.: „Gegenstand und Wesen der Wirtschaftswissenschaft: von einer mechanischen Wissenschaft zu einer Wissenschaft vom Menschen", Ztschr. f. d. ges. Stw., Bd. 106 (1950), S. 577 ff.
419. *Mast,* H.: „Warum Kausalforschung in der Wirtschaftstheorie?", Ztschr. f. Natök., Bd. 10 (1944), S. 589 ff.
420. *Meadows,* P.: „Models, Systems, and Science", Am. Soc. Rev., Vol. 22 (1957), S. 3 ff.
421. *Mehlberg,* H.: „The Range and Limits of the Scientific Method", The Journ. of Phil., Vol. 51 (1954), S. 285 ff.
422. *Mellerowicz,* K.: „Betriebswirtschaftslehre am Scheidewege", Ztschr. f. Betrw., Bd. 23 (1953), S. 265 ff.
423. *Mellerowicz,* K.: „Idealtypische und realtypische Betrachtungsweise in der Betriebswirtschaftslehre", Ztschr. f. Betrw., Bd. 23 (1953), S. 553 ff.
424. *Menger,* K.: „Der Intuitionismus", Bl. f. Dtsch. Phil., Bd. 4 (1930/31), S. 311 ff.

425. *Mises*, L.: „Soziologie und Geschichte", Arch. f. Sozw. u. Sozpol., Bd. 61 (1929), S. 465 ff.

426. *Mises*, L.: „Bemerkungen über die mathematische Behandlung nationalökonomischer Probleme", Studium Generale, Bd. 6 (1953), S. 662 ff.

427. *Molitor*, A.: „Zur neupositivistischen Philosophie der Mathematik", Phil. Jhrb. d. Görres-Ges., Bd. 53 (1940), S. 427 ff.

428. *Molitor*, A.: „Bemerkungen zur neuesten Kritik des mathematischen Konventionalismus", Arch. f. Phil., Bd. 6 (1956/57), S. 123 ff. u. 314 ff.

429. *Möller*, H.: „Die Rationalität der wirtschaftlichen Handlungen", Jhrb. f. Natök. u. Stat., Bd. 156 (1942), S. 241 ff.

430. *Morgenstern*, O.: „Logistik und Sozialwissenschaft", Ztschr. f. Natök., Bd. 7 (1936), S. 1 ff.

431. *Morgenstern*, O.: „Oligopoly, Monopolistic Competition, and the Theory of Games", Am. Ec. Rev., Bd. 38 (1948), No. 2, S. 11 ff.

432. *Morgenstern*, O.: „Vollkommene Voraussicht und wirtschaftliches Gleichgewicht", Ztschr. f. Natök., Bd. 6 (1935), S. 337 ff.

433. *Morgenstern*, O.: „Experiment und Berechnung großen Umfangs in den Wirtschaftswissenschaften", W.W.A., Bd. 76 (1956, II), S. 194 ff.

434. *Morlat*, G.: „De l'usage du calcul des probabilités en matière économique", Rev. d'Econ. Pol., Vol. 66 (1956), S. 889 ff.

435. *Müller*, J. H.: „Grundlagen einer allgemeinen Theorie der Wahlakte", Jhrb. f. Natök. u. Stat., Bd. 164 (1952), S. 81 ff. u. 186 ff.

436. *Neill*, Th. P.: „The Physiocrats' Concept of Economics", Quart. Journ. of Ec., Vol. 63 (1949), S. 532 ff.

437. *Neisser*, H.: „Der Gegensatz von ‚anschaulich' und ‚rational' in der Geschichte der Volkswirtschaftslehre", Arch. f. Sozw. u. Sozpol., Bd. 65 (1931), S. 225 ff.

438. *Neumann*, J. v.: „Die formalistische Grundlegung der Mathematik", Erkenntnis, Bd. 2 (1931), S. 116 ff.

439. *Neurath*, O.: „Zur Theorie der Sozialwissenschaften", Schm. Jhrb., Bd. 34 (1910, I), S. 37 ff.

440. *Neurath*, O.: „Nationalökonomie und Wertlehre", Ztschr. f. Vw. Sozpol. u. Verw., Bd. 20 (1911), S. 142 ff.

441. *Neurath*, O.: „Das Begriffsgebäude der Wirtschaftslehre und seine Grundlagen", Ztschr. f. d. ges. Stw., Bd. 73 (1917), S. 484 ff.

442. *Neurath*, O.: „Physicalism — The Philosophy of the Viennese Circle", The Monist, Vol. 41 (1931).

443. *Neurath*, O.: „Physicalism", Scientia, Vol. 50 (1931), S. 297 ff.

444. *Neurath*, O.: „Radikaler Physikalismus und wirkliche Welt", Erkenntnis, Bd. 4 (1934), S. 346 ff.

445. *Nicolas*, M.: „Statistisch-mathematische Methoden als Instrumente der Wirtschaftsforschung", Vjhrsh. z. Wirtschforsch., Jhrg. 1952, S. 358 ff.

446. *Nogaro*, B.: „Les mathématiques considérées comme logique formelle et la mise en équation des problèmes économiques", Rev. d'Econ. Pol., Vol. 54 (1940/44), S. 467 ff.

447. *Novick*, D.: „Mathematics, Logic, Quantity and Method", The Rev. of Ec. and Stat., Vol. 36 (1954), S. 357 ff.

448. *Ottel*, F.: „Zwei Nationalökonomien", Jhrb. f. Natök. u. Stat., Bd. 168 (1956), S. 206 ff.

449. *Papandreou*, A. G.: „Economics and the Social Sciences", The Ec. Journ., Vol. 60 (1950), S. 715 ff.

450. *Pareto*, V.: „Di un errore del Cournot di trattare l'economia politica colla matematica", Giorn. d. Econ., Vol. 6 (1892), S. 1 ff.

451. *Pareto*, V.: „Sul fenomeno economico", Giorn. d. Econ., 1900, II, engl. in Int. Ec. Pap., Vol. 3 (1953), S. 180 ff.

452. *Pareto*, V.: „Sul principio economico", Giorn. d. Econ., 1901, I, engl. in Int. Ec. Pap., Vol. 3 (1953), S. 203 ff.

453. *Pareto*, V.: „L'économie et la sociologie au point de vue scientifique", Scientia, Vol. 26 (1907).

454. *Parsons*, T.: „Some Reflections on the Nature and Significance of Economics", Quart. Journ. of Ec., Vol. 48 (1934), S. 511 ff.

455. *Peter*, H.: „Aufgaben und Grenzen der mathematischen Nationalökonomie", Arch. f. math. Wirtsch.- u. Sozforsch., Bd. 1 (1935), S. 1 ff.

456. *Peter*, H.: „Über exakte Forschungsmethoden in den Wirtschafts- und Sozialwissenschaften", Finanzarch., N. F., Bd. 10 (1945), S. 288 ff.

457. *Peter*, H.: „Zur Axiomatik der modernen Wirtschaftstheorie", Jhrb. f. Natök. u. Stat., Bd. 165 (1953), S. 285 ff.

458. *Phillips*, A. W.: „Mechanical Models in Economic Dynamics", Economica, N. S., Vol. 17 (1950), S. 283 ff.

459. *Popper*, K.: „The Poverty of Historicism I", Economica, N. S., Vol. 11 (1944), S. 86 ff.

460. *Preiser*, E.: „Das Rationalprinzip in der Wirtschaft und in der Wirtschaftspolitik", Jhrb. f. Natök. u. Stat., Bd. 158 (1943), S. 1 ff.

461. *Quittner-Bertolasi*, E.: „Die Stellung der Lausanne Schule in der Grenznutzenlehre", Arch. f. Sozw. u. Sozpol., Bd. 64 (1930), S. 16 ff.

462. *Rashevsky*, N.: „Physico-mathematical Methods in Biological and Social Sciences", Erkenntnis, Bd. 6 (1936), S. 357 ff.

463. *Reichenbach*, H.: „Logistic Empiricism in Germany and the Present State of its Problems", The Journ. of Phil., Vol. 33 (1936), S. 141 ff.

464. *Reidemeister*, K.: „Exaktes Denken", Phil. Anz., Bd. 3 (1928), S. 15 ff.

465. — Revue de Metaphysique et Morale, Vol. 13 (1905) (Gedenkschrift f. A. A. Cournot).

466. *Richter*, R.: „Probleme des Rationalprinzips", Ztschr. f. d. ges. Stw., Bd. 110 (1954), S. 88 ff.

467. *Robertson*, R. M.: „Mathematical Economics before Cournot", The Journ. of Pol. Ec., Vol. 57 (1949), S. 523 ff.

468. *Rocher*, P.: „Remarques sur le principe ‚autant d'équations que d'inconnues' appliqué aux théories de l'équilibre économique", Rev. d'Écon. Pol., Vol. 55 (1945), S. 178 ff.

469. *Röpke*, W.: „Der wissenschaftliche Ort der Nationalökonomie", Studium Generale, Bd. 6 (1953), S. 374 ff.

470. *Roy*, R.: „L'oeuvre économique d'Augustin Cournot", Econometrica, Vol. 7 (1939), S. 134 ff.

471. *Russell*, B.: „Mathematical Logic as based on Theory of Types", The Am. Journ. of Math., Vol. 30 (1908), S. 222 ff.

472. *Ryle*, G., C. *Lewy* und K. H. *Popper*: „Symposium: Why are the Calculuses of Logic and Arithmetic Applicable to Reality", Arist. Soc. suppl., Vol. 20 (1946), S. 20 ff.

473. *Samuelson*, P. A.: „Economic Theory and Mathematics — an Appraisal", Am. Ec. Rev., Vol. 42 (1952), No. 2, S. 56 ff.

474. *Schams*, E.: „Die Casselschen Gleichungen und die mathematische Wirtschaftstheorie", Jhrb. f. Natök. u. Stat., Bd. 127 (1927), S. 385 ff.

475. *Schams,* E.: „Zur Geschichte und Beurteilung der exakten Denkform in den Sozialwissenschaften", Ztschr. f. d. ges. Stw., Bd. 85 (1928), S. 491 ff.
476. *Schams,* E.: „Die zweite Nationalökonomie. Bemerkungen zu W. Sombarts Buch ‚Die drei Nationalökonomien'", Arch. f. Sozw. u. Sozpol., Bd. 64 (1930), S. 453 ff.
477. *Schams,* E.: „Konstanz und Variabilität ökonomischer Größenbeziehungen", W.W.A., Bd. 31 (1930, I), S. 393 ff.
478. *Schams,* E.: „Komparative Statik", Ztschr. f. Natök., Bd. 2 (1931), S. 27 ff.
479. *Schams,* E.: „Die Determinierbarkeit des Wirtschaftsgeschehens", Ztschr. f. Natök., Bd. 5 (1934), S. 617 ff.
480. *Schams,* E.: „Wirtschaftslogik", Schm. Jhrb., Bd. 58 (1934), S. 513 ff.
481. *Schilling,* K.: „Apriori und Faktizität in der Geschichte", Arch. f. Rechts- u. Sozphil., Bd. 39 (1950/51), S. 12 ff.
482. *Schlick,* M.: „Die Wende der Philosophie", Erkenntnis, Bd. 1 (1930/31), S. 1 ff.
483. *Schlick,* M.: „Philosophie und Naturwissenschaft", Erkenntnis, Bd. 4 1934), S. 379 ff.
484. *Schlick,* M.: „Über das Fundament der Erkenntnis", Erkenntnis, Bd. 4 (1934), S. 79 ff.
485. *Schmidt,* A.: „Die mathetische Struktur eines Wissensgebietes und ihre Festlegung", Studium Generale, Bd. 3 (1950), S. 678 ff.
486. *Schneider,* E.: „Sinn und Grenzen der quantitativen Wirtschaftsforschung", Ztschr. f. d. ges. Stw., Bd. 108 (1952), S. 594 ff.
487. *Schneider,* E.: „Der Realismus der Marginalanalyse in der Preistheorie", W.W.A., Bd. 73 (1954), S. 38 ff.
488. *Schoeffler,* S.: „Mathematics in Economics: Some Dangers", The Rev. of. Ec. and Stat., Vol. 38 (1956), S. 88 ff.
489. *Scholz,* H.: „Natürliche Sprachen und Kunstsprachen", Bl. f. Dtsch. Phil., Bd. 12 (1938/39), S. 253 ff.
490. *Scholz,* H.: „Leibniz und der gegenwärtige Stand der mathematischen Grundlagenforschung", Jhrber. d. Dtsch. Math.-Ver., Bd. 52 (1942), S. 217 ff.
491. *Scholz,* H.: „Wal will die formalisierte Grundlagenforschung?", Dtsch. Math., Bd. 7 (1943), S. 206 ff.
492. *Scholz,* H.: „Der klassische und der moderne Begriff einer mathematischen Theorie", Math.-Phys. Sember., Bd. 3 (1953), S. 30 ff.
493. *Scholz,* H.: „Formalisierte Sprachen", Arch. f. Phil., Bd. 5 (1954), S. 1 ff.
494. *Schröter,* K.: „Was ist eine mathematische Theorie?", Jhrber. d. Dtsch. Math.-Ver., Bd. 53 (1943), S. 69 ff.
495. *Schumpeter,* J.: Über die mathematische Methode in der theoretischen Ökonomie", Ztschr. f. Vw. Sozpol. u. Verw., Bd. 15 (1906), S. 30 ff.
496. *Schuster,* E.: „Untersuchungen zur Frage nach der Möglichkeit einer theoretischen Wirtschaftswissenschaft", Arch. f. Sozw. u. Sozpol., Bd. 49 (1922), S. 133 ff.
497. *Schutz,* A.: „Concept and Theory Formation in the Social Sciences", The Journ. of Phil., Bd. 51 (1954), S. 257 ff.
498. *Sebba,* G.: „The Development of the Concepts of Mechanism and Model in Physical Science and Economic Thought", Am. Ec. Rev., Vol. 43 (1953), No. 2, S. 259 ff.
499. *Sombart,* W.: „Nationalökonomie", W.W.A., Bd. 30 (1929, II), S. 1 ff.

500. *Sommer*, L.: „Zum Wirklichkeitsgehalt ökonomischer Theorien", Schw. Ztschr. f. Vw. u. Stat., Bd. 83 (1947), S. 119 ff. u. 224 ff.
501. *Spann*, O.: „Die mechanisch-mathematische Analogie in der Volkswirtschaftslehre", Arch. f. Sozw. u. Sozpol., Bd. 30 (1910), S. 786 ff.
502. *Sultan*, H.: „Gesellschaftliche Strukturwandlungen und nationalökonomische Theorie", Ztschr. f. d. ges. Stw., Bd. 109 (1953), S. 602 ff.
503. *Sundbom*, I.: „Gesetz und Norm in der nationalökonomischen Theorie", Ztschr. f. Natök., Bd. 8 (1937), S. 615 ff.
504. „Symposion: Mathematics in Economics — Discussion of Mr. Novick's Article", The Rev. of Ec. and Stat., Vol. 36 (1954), S. 359 ff.
505. *Tarski*, A.: „Fundamentale Begriffe der Methodologie der deduktiven Wissenschaften", Mtsh. f. Phys., Bd. 37 (1930), S. 361 ff.
506. *Tarski*, A.: „Der Wahrheitsbegriff in den formalisierten Sprachen", Stud. Phil., Bd. 1 (1935), S. 261 ff.
507. *Tinbergen*, J.: „Möglichkeiten und Grenzen der Anwendung mathematischer Verfahren in der Wirtschaftswissenschaft", Ztschr. d. d. ges. Stw., Bd. 105 (1949), S. 638 ff.
508. *Topitsch*, E.: „Gesetz und Handlung — Zur Kritik der marxistischen Geschichtsphilosophie", Merkur, Bd. 8 (1954), S. 320 ff.
509. *Tustin*, A., und *R. C. Booton*: „The Role of Mathematics in Economic Prediction and Stabilization", Int. Soc. Sc. Bull., Vol. 6 (1954), S. 628 ff.
510. *Wald*, A.: „Über einige Gleichungssysteme der mathematischen Ökonomie", Ztschr. f. Natök., Bd. 7 (1936), S. 637 ff.
511. *Walras*, L.: „Un économiste inconnu: H. H. Gossen", Journ. des Econ., Vol. 30 (1885), S. 68 ff. u. 260 f.
512. *Weinberger* O.: „Über die Ursächlichkeit im Ablauf sozialer Erscheinungen", Köln. Vjhrsh. f. Soz., Bd. 4 (1924/25), S. 85 ff.
513. Weinberger, O.: „Vilfredo Pareto", Ztschr. f. d. ges. Stw., Bd. 85 (1928), S. 521 ff.
514. *Weippert*, G.: „Die idealtypische Sinn- und Wesenserfassung und die Denkgebilde der formalen Theorie", Zeitschr. f. d. ges. Stw., Bd. 100 (1940), S. 257 ff.
515. *Weippert*, G.: „Instrumentale und kulturtheoretische Betrachtung der Wirtschaft", Jhrb. f. Sozw., Bd. 1 (1950), S. 30 ff.
516. *Weyl*, H.: „Über die neue Grundlagenkrise der Mathematik", Math. Ztschr., Bd. 10 (1921), S. 39 ff.
517. *Weyl*, H.: „Über den Symbolismus der Mathematik und mathematischen Physik", Studium Generale, Bd. 6 (1953), S. 219 ff.
518. *Wicksell*, K.: „Mathematische Nationalökonomie", Arch. f. Sozw. u. Sozpol., Bd. 58 (1927), S. 252 ff.
519. *Wiese*, L. v.: „Das Verstehen (Bemerkungen zu Werner Sombarts Vortrag auf dem Sechsten Soziologentage)", Köln. Vjhrsh. f. Soz., Bd. 8 1929/30), S. 78 ff.
520. *Wiese*, L. v.: „Wirtschaftstheorie und Wirtschaftssoziologie", Schm. Jhrb., Bd. 60 (1936), S. 647 ff.
521. *Wiese*, L. v.: „Wirtschaftstheorie und Wirtschaftssoziologie", Der Volkswirt, Bd. 8 (1954), Nr. 48, Beilage „Wissenschaft und Wirtschaft", S. 28 ff.
522. *Winkler*, W.: „Mathematik, Ökonometrie und Volkswirtschaftstheorie", Stat. Vjhrsschr., Bd. 2 (1949), S. 173 ff.
523. *Zermelo*, E.: „Untersuchungen über die Grundlagen der Mengenlehre I", Math. Ann., Bd. 65 (1908), S. 261 ff.
524. *Zilsel*, E.: „Bemerkungen zur Wissenschaftslogik", Erkenntnis, Bd. 3 (1932/33), S. 143 ff.

Kolibri 360 GmbH
Ferdinand-Jühlke-Straße 7
99095 Erfurt, Deutschland
produktsicherheit@kolibri360.de

Druck:
CPI Druckdienstleistungen GmbH
im Auftrag der
Kolibri 360 GmbH
Ferdinand-Jühlke-Str. 7
99095 Erfurt